D1719504

Herausgegeben im Auftrag
des Landesdenkmalamtes Baden-Württemberg,
des Förderkreises für die
ur- und frühgeschichtliche Forschung in Baden
und
der Gesellschaft für Vor- und Frühgeschichte
in Württemberg und Hohenzollern
von
Dieter Planck

Archäologische Ausgrabungen in Baden-Württemberg 1982

Konrad Theiss Verlag Stuttgart

Redaktion: Gabriele Süsskind

CIP-Kurztitelaufnahme der Deutschen Bibliothek

Archäologische Ausgrabungen in Baden-Württemberg
... / hrsg. im Auftr. d. Landesdenkmalamtes
Baden-Württemberg ... – Stuttgart : Theiss
   Erscheint jährl.
   Entstanden aus: Archäologische Ausgrabungen u.:
   Archäologische Nachrichten aus Baden
1981 (1982) –

Umschlag: Michael Kasack

Titelbild: Inschriftenstein aus dem
Benifiziarier-Weihebezirk in Osterburken
(s. S. 138)

© Konrad Theiss Verlag GmbH,
Stuttgart 1983
ISBN 3 8062 0339 3
Alle Rechte vorbehalten
Satz und Druck: Grafische Betriebe
Süddeutscher Zeitungsdienst, Aalen
Printed in Germany

Vorwort

Mit dem Band »Archäologische Ausgrabungen in Baden-Württemberg 1981« gab das Landesdenkmalamt Baden-Württemberg erstmals einen Jahresüberblick über archäologische Ausgrabungen in unserem Bundesland. Die große Resonanz, die diese Veröffentlichung in der Öffentlichkeit erfuhr, spiegelt den hohen Stellenwert unserer Arbeit innerhalb der Kulturpolitik unseres Landes wider. Wir freuen uns heute mit dem Band »Archäologische Ausgrabungen in Baden-Württemberg 1982« diese Reihe fortsetzen zu können. Neben dem Landesdenkmalamt Baden-Württemberg teilt sich die Herausgeberschaft der Förderkreis für die ur- und frühgeschichtliche Forschung in Baden und die Gesellschaft für Vor- und Frühgeschichte in Württemberg und Hohenzollern. Die beiden Gesellschaften haben zusammen heute fast 5000 Mitglieder, auch dies ein Zeichen, wie groß das Interesse der Bevölkerung an der Landesarchäologie ist. Dieses Jahrbuch ist in der Thematik wesentlich erweitert dank der Berichterstattung auch der Archäologie des Mittelalters, die in Baden-Württemberg der Bau- und Kunstdenkmalpflege angegliedert ist. Damit gibt diese Publikation einen vollständigen Überblick über wesentliche archäologische Untersuchungen in unserem Lande.

Baden-Württemberg gehört wohl zu den fundreichsten Landschaften Deutschlands. Ohne zu übertreiben, können wir annehmen, daß es in unserem Land weit über 100 000 archäologische Denkmäler gibt. Da wir aber nur von einem Teil die genaue Lage kennen, ist es die tägliche Aufgabe und Pflicht der Archäologen des Landesdenkmalamtes, Notgrabungen durchzuführen, wenn der Bagger auf bisher unbekannte archäologische Denkmäler stößt. Nur selten gelingt es, in diesem Stadium noch das Denkmal vor Ort zu retten, es gilt dann, wenigstens die Befunde zu bergen und zu dokumentieren, damit sie wissenschaftlich ausgewertet werden können. Eine wesentliche Aufgabe der archäologischen Denkmalpflege ist es daher, als Träger öffentlicher Belange, alle Bauanträge, Bebauungs-, Flurbereinigungs-, Straßenbaupläne und vieles andere zu prüfen und zu ihnen Stellung zu nehmen. Allein im Jahre 1982 bearbeiteten die Konservatoren der Bodendenkmalpflege des Landesdenkmalamtes Baden-Württemberg insgesamt ca. 2800 Planungsvorgänge. Neben den archäologischen Grabungen und deren Auswertung ist dies heute die Hauptaufgabe der insgesamt neun Konservatoren der Bodendenkmalpflege in den Gebietsreferaten Freiburg, Karlsruhe, Stuttgart und Tübingen und der vier Konservatoren der Archäologie des Mittelalters. Schon allein daraus wird deutlich, wie angespannt die Pesonallage der archäologischen Bodendenkmalpflege im Lande ist.

Das Jahr 1982 brachte für die archäologische Landesforschung eine wichtige Neuerung. Dank dem Verständnis des Innenministeriums war es möglich, im Juli 1982 auch in Baden-Württemberg mit der systematischen Luftbildarchäologie zu beginnen. Schon heute verdanken wir diesem wichtigen Instrument der Prospektion archäologischer Fundstellen eine Fülle von neuen Entdeckungen und genaueren Fixierungen bisher unbekannter Fundstellen. Die einzigartigen Witterungsverhältnisse des Jahres 1982 sind hier zweifellos eine wesentliche und wichtige Voraussetzung gewesen. Tausende von Luftbildaufnahmen wurden bei den verschiedenen Flügen angefertigt. Wir hoffen, daß wir auch der dringend notwendigen Auswertung dieser Luftbilder in Zukunft entsprechen können.

Die verminderte finanzielle Ausstattung der Archäologie im Landesdenkmalamt Baden-Württemberg führte dazu, daß bei vielen Grabungen nur noch Schwerpunkte gesetzt werden konnten und zahlreiche Objekte ohne die notwendige Untersuchung aufgegeben werden mußten. Trotz dieser schwierigen Situation gelang es auch 1982, vor allen Dingen dank dem unermüdlichen Einsatz der Konservatoren, Techniker und Grabungshelfer vor Ort zahlreiche Fundstellen zu untersuchen und somit der archäologischen Forschung zuzuführen. Bei der Beanspruchung der wenigen Archäologen, die für diese Aufgabe zur Verfügung stehen, ist es mehr als verständlich, daß die Auswertung und die dringend notwendige Publikation nicht in dem notwendigen Umfang durchgeführt werden können.

Die Situation der archäologischen Denkmalpflege in Baden-Württemberg wurde 1982 durch zwei Veranstaltungen in der Öffentlichkeit besonders vorgestellt. So führte Innenminister Prof. Roman Herzog im Juli 1982 eine Pressefahrt zur Denkmalpflege durch. Am Beispiel der Stadtkernarchäologie, die 1979 durch die Bodendenkmalpflege in Ladenburg aufgenommen wurde, zeigte der Minister der Presse die Aufgaben und die Probleme der Bodendenkmalpflege. Im September führte das Deutsche Nationalkomitee für Denkmalschutz in Verbindung mit dem Verband der Landesarchäologen in der Bundesrepublik eine zweitägige Presseinformationsfahrt zur archäologischen Denkmalpflege in Süddeutschland durch. Ca. 25 Pressevertreter aus der gesamten Bundesrepublik wurden in eineinhalb Tagen mit den Problemen der Landesarchäologie vertraut gemacht. Schwerpunkte waren dabei vor allem Ausgrabungen des Pro-

jektes Bodensee-Oberschwaben im Federseebereich sowie Grabungen im Ostalbraum. Die Landesregierung von Baden-Württemberg, vertreten durch Wissenschaftsminister Professor Dr. Engler, hat anläßlich eines Empfangs in Bad Buchau die Situation der Bodendenkmalpflege im Lande dargestellt und dabei vermerkt, daß die Landesregierung auch in Zukunft bestrebt sein wird, dieser wichtigen Aufgabe Rechnung zu tragen.

Am 15. November 1982 wurde zum ersten Mal der von den Württembergischen Volksbanken und Raiffeisenbanken gestiftete Württembergische Archäologiepreis verliehen. Im Weißen Saal des Neuen Schlosses in Stuttgart überreichte Staatssekretär Robert Ruder vom Innenministerium Baden-Württemberg den ersten Preis an Herrn Walter Joachim aus Stuttgart, der schon seit Jahren als ehrenamtlicher Mitarbeiter der Bodendenkmalpflege archäologische Fundstellen im Großraum Stuttgart entdeckt und teilweise selbst untersucht hat. Seine vorzügliche Dokumentation bis hin zu eigenen wissenschaftlichen Abhandlungen in den Fundberichten aus Baden-Württemberg wurden dabei besonders gewürdigt. Der zweite Preis ging an die Ortsgruppe Köngen des Schwäbischen Albvereins, die unter ihrem langjährigen Vorsitzenden Walter Huttenlocher in freiwilliger Arbeit den 1911 errichteten Kastellturm hergerichtet und mit einem vielbesuchten Museum ausgestattet hat. Der Württembergische Archäologiepreis ist die erste Ehrung dieser Art in der Bundesrepublik und zeigt deutlich, wie sehr die Öffentlichkeit der archäologischen Forschung in unserem Lande Beachtung schenkt.

Der großen Verpflichtung, die das Land Baden-Württemberg durch den Denkmalschutz und die Denkmalpflege trägt, kann nur Rechnung getragen werden, wenn diese Denkmalpflege auch weiterhin personell und finanziell den Anforderungen entsprechend ausgestattet wird. Wir sind besonders dankbar, daß die Landesregierung dies in den verschiedensten Stellungnahmen auch im Jahre 1982 deutlich zum Ausdruck gebracht hat. Wenn die Landesarchäologie nicht, wenigstens durch Rettungsgrabungen, die Zeugnisse der frühesten Geschichte unseres Landes registrieren und erfassen kann, so führt dies zu unwiderruflichen Verlusten an wichtigen Quellen unserer Geschichte.

Im Namen der Herausgeber möchte ich allen Mitarbeitern an diesem Band für die Bereitstellung ihrer Berichte besonders danken. Ich bin mir voll und ganz bewußt, daß es oft sehr schwierig ist, unmittelbar nach Abschluß einer archäologischen Ausgrabung, einen ersten zusammenfassenden Bericht abzufassen. Die Öffentlichkeit des Landes Baden-Württemberg, in deren Auftrag und mit deren Mitteln wir die Landesarchäologie betreiben, hat jedoch Anspruch auf eine möglichst frühzeitige und präzise Berichterstattung durch den Archäologen. Das Landesdenkmalamt Baden-Württemberg als Träger der Landesarchäologie steht zu dieser Verpflichtung. Die hier vorgestellten ar-

chäologischen Ausgrabungen von der Altsteinzeit bis zur Neuzeit geben einen kleinen Einblick in die vielfältigen Aufgaben der Bodendenkmalpflege und der Archäologie des Mittelalters in unserem Lande. Als herausragende Entdeckung sei auf den bei Straßenbauarbeiten entdeckten römischen Weihebezirk in Osterburken hingewiesen. Zum ersten Male gelang es hier im römischen Imperium, einen Weihebezirk der Benefiziarier noch an Ort und Stelle zu entdecken und zu erfassen. Einer der zahlreichen Inschriftensteine ziert daher auch den Umschlag dieses Bandes.

Einen wesentlichen Anteil am Gelingen des Jahrbuches verdanken wir den technischen Mitarbeitern unseres Amtes. Vor allen Dingen die Grabungstechniker, die Restauratoren, die wissenschaftlichen Zeichner und Fotografen haben dabei entscheidenden Anteil. Nicht zuletzt möchte ich aber im Namen der Herausgeber dem Konrad Theiss Verlag in Stuttgart und hier ganz besonders Frau Gabriele Süsskind und Herrn Rolf Bisterfeld für die vorbildliche redaktionelle Betreuung und für die technische Aufbereitung des Bandes danken.

Stuttgart, im Februar 1983

Dr. Dieter Planck
Leiter der Bodendenkmalpflege
des Landesdenkmalamtes
Baden-Württemberg

Inhalt

9

Verzeichnis der Autoren

Dr. Jörg Aufdermauer, Kreisarchäologe, Singen

Dr. Rolf-Heiner Behrends, Oberkonservator, Landesdenkmalamt Baden-Württemberg, Abt. Bodendenkmalpflege, Außenstelle Karlsruhe

Dr. Jörg Biel, Oberkonservator, Landesdenkmalamt Baden-Württemberg, Abt. Bodendenkmalpflege, Stuttgart

Dr. André Billamboz, Landesdenkmalamt Baden-Württemberg, Abt. Bodendenkmalpflege, Gaienhofen-Hemmenhofen

Dr. Rolf Dehn, Oberkonservator, Landesdenkmalamt Baden-Württemberg, Abt. Bodendenkmalpflege, Außenstelle Freiburg

Hanns Dietrich, M.A. Landesdenkmalamt Baden-Württemberg, Abt. Bodendenkmalpflege, Stuttgart

Dr. Gerhard Fingerlin, Oberkonservator, Landesdenkmalamt Baden-Württemberg, Abt. Bodendenkmalpflege, Außenstelle Freiburg

Professor Dr. Franz Fischer, Institut für Vor- und Frühgeschichte der Universität Tübingen

Rolf Gensheimer, Hauptmann a. D., Landesdenkmalamt Baden-Württemberg, Außenstelle Karlsruhe

Uwe Groß, cand. phil., Institut für Vor- und Frühgeschichte der Universität Heidelberg

Dr. Joachim Hahn, Institut für Urgeschichte der Universität Tübingen

Dr. Friedrich-Wilhelm von Hase, Städtisches Reiss-Museum Mannheim

Dr. Jörg Heiligmann, Landesdenkmalamt Baden-Württemberg, Abt. Bodendenkmalpflege, Außenstelle Tübingen

Hermann Huber, Oberstudienrat, Giengen/Brenz

Hartmut Kaiser, M.A., Landesdenkmalamt Baden-Württemberg, Abt. Bodendenkmalpflege, Außenstelle Karlsruhe

Joachim Köninger, cand. phil., Institut für Ur- und Frühgeschichte der Universität Freiburg

Martin Kolb, cand. phil., Institut für Ur- und Frühgeschichte der Universität Freiburg

Siegfried Kurz, cand. phil., Institut für Vor- und Frühgeschichte der Universität Tübingen

Dr. Dietrich Lutz, Oberkonservator, Landesdenkmalamt Baden-Württemberg, Referat Archäologie des Mittelalters, Außenstelle Karlsruhe

Martin Mainberger, cand. phil., Institut für Ur- und Frühgeschichte der Universität Freiburg

Peter Marzolff, Dipl.-Ing., Institut für Vor- und Frühgeschichte der Universität Heidelberg

Dr. Dieter Planck, Hauptkonservator, Landesdenkmalamt Baden-Württemberg, Abt. Bodendenkmalpflege, Stuttgart

Dr. Hartmann Reim, Oberkonservator, Landesdenkmalamt Baden-Württemberg, Abt. Bodendenkmalpflege, Außenstelle Tübingen

Dr. Alfred Rüsch, Oberkonservator, Landesdenkmalamt Baden-Württemberg, Abt. Bodendenkmalpflege, Stuttgart

Dr. Egon Schallmayer, Konservator z. A., Landesdenkmalamt Baden-Württemberg, Abt. Bodendenkmalpflege, Außenstelle Karlsruhe

Hartmut Schäfer, Konservator, Landesdenkmalamt Baden-Württemberg, Abt. Archäologie des Mittelalters, Stuttgart

Anne Scheer, cand. phil., Institut für Urgeschichte der Universität Tübingen

Dr. Siegwalt Schiek, Hauptkonservator, Landesdenkmalamt Baden-Württemberg, Abt. Bodendenkmalpflege, Stuttgart

Dr. Helmut Schlichtherle, Landesdenkmalamt Baden-Württemberg, Abt. Bodendenkmalpflege, Gaienhofen-Hemmenhofen

Dr. Michael Schmaedecke Landesdenkmalamt Baden-Württemberg, Referat Archäologie des Mittelalters, Außenstelle Freiburg

Dr. Erhard Schmidt, Konservator, Landesdenkmalamt Baden-Württemberg, Referat: Archäologie des Mittelalters, Außenstelle Tübingen

Dr. Peter Schmidt-Thomé, Konservator, Landesdenkmalamt Baden-Württemberg, Referat Archäologie des Mittelalters, Außenstelle Freiburg

Klaus Schmitt, cand. phil., Institut für Ur- und Frühgeschichte der Universität Freiburg

Gunter Schöbel, cand. phil., Institut für Ur- und Frühgeschichte der Universität Freiburg

Günter Stachel, Oberlehrer, Langenburg-Unterregenbach

Dr. Ingo Stork, Konservator z. A., Landesdenkmalamt Baden-Württemberg, Abt. Bodendenkmalpflege, Stuttgart

Dr. Wolfgang Struck, Landesdenkmalamt Baden-Württemberg, Abt. Bodendenkmalpflege, Außenstelle Freiburg

Luftbildarchäologie in Baden-Württemberg

Die heutige Archäologie hat mit der früheren Altertumskunde nur noch wenig Gemeinsames. Zwar wird auch heute noch mit Kreuzhacke, Spaten und Spachtel gearbeitet, es werden Suchgräben und Schnitte angelegt, aber der Schwerpunkt hat sich vom Freilegen des Objektes auf die Beobachtung und Dokumentation der Befunde verlagert. Stand im Mittelpunkt der Archäologie früher der Fund und die Architektur, so bilden sie heute eine wesentliche Voraussetzung für eine gute und wissenschaftlich brauchbare Auswertung.

Im Gegensatz zu früher legt man heute besonderen Wert etwa auf fein herauspräparierte Profile, bei denen die verschiedenen Bodenschichten wie aus einem Buch abgelesen werden können. Wer gab sich früher die Mühe die bei einer heutigen Ausgrabung unumgänglichen Begleitfunde festzuhalten wie etwa Speisereste, Textilfragmente, Knochenteile und Küchenabfälle, die einer umfangreichen wissenschaftlichen Auswertung zugeführt werden. Erst die Untersuchung dieser zunächst wertlosen Gegenstände vervollständigen das Gesamtbild eines Fundplatzes. Daß diese Vielzahl von Arbeiten nicht nur von einer Person, nämlich dem Archäologen durchgeführt werden kann, liegt wohl auf der Hand. Die vom Archäologen vor Ort geborgenen Befunde und Funde werden heute in der Regel von einer ganzen Anzahl von Wissenschaftlern aus den verschiedensten Disziplinen wie der Geistesgeschichte, der Landesgeschichte, der Naturwissenschaften und der Technologie behandelt. Jeder für sich erarbeitet sein Ergebnis, so daß sich später ein lückenloses Bild vom Aussehen, von der Struktur und von der Anlage einer Siedlung nachvollziehen läßt. Für die Auffindung vorgeschichtlicher Objekte besitzen wir in unserer hochtechnisierten Welt eine ganze Anzahl von Hilfsmitteln, deren wohl wichtigstes die Luftbildarchäologie ist. Es gilt hier Zusammenhänge aus der Luft, so etwa die gesamte Ausdehnung eines römischen Gutshofes mit den verschiedenen Gebäuden und der Umfassungsmauer zu erkennen. Gerade in einer Zeit, in der eine intensive landwirtschaftliche Nutzung tagtäglich zur Zerstörung archäologischer Fundstätten führt, muß der Erkundung derartiger Siedlungspunkte mit technischen Hilfsmitteln Priorität eingeräumt werden. Erst ein Zusammenwirken der verschiedensten Techniken ermöglicht der modernen Archäologie den gewünschten Erfolg.

Seit dem 1. Juli 1982 verfügt die Abteilung Bodendenkmalpflege des Landesdenkmalamtes Baden-Württemberg über einen Luftbildarchäologen, der systematisch das Land zu allen Jahreszeiten befliegt, Fundstellen entdeckt, kartiert und möglichst umgehend dem Archäologen an die Hand gibt. Nachdem schon seit 1978 das Land, insbesondere die östlichen Landesteile in zahlreichen Befliegungen erkundet wurden, die wir vor allen Dingen Herrn Oberstleutnant a. D. Otto Braasch verdanken, war es nur noch eine Frage der Zeit, bis auch das Land Baden-Württemberg einen dem Land zur Verfügung stehenden Piloten und Fotografen einstellte. In Herrn Hauptmann a. D. Rolf Gensheimer konnten wir einen Piloten und Fotografen gewinnen, der in mehrmonatiger Ausbildung beim Bayerischen Landesamt für Denkmalpflege, Abt. für Vor- und Frühgeschichte in Landshut ausgebildet wurde, und der seit seiner Tätigkeit in

13

Abb. 1   Obermarchtal, Alb-Donau-Kreis. Grabhügelfeld im Gewann »Langhaus«.
Freigegeben RP Stuttgart B 14268

Baden-Württemberg schon eine ganze Anzahl von wichtigen Entdeckungen vorlegen kann. Die Luftbildarchäologie als ein Teil des Gesamtkomplexes der modernen Landesarchäologie hat nun folgende Aufgaben:

– Fotografieren der bekannten obertägigen Denkmäler (Abb. 1).
– Aufsuchen und Aufnehmen von bis jetzt unbekannten Denkmälern, die oberirdisch noch sichtbar sind, aber unterirdisch nur durch Verfärbungen des Bodens, oder durch unterschiedliche Bewuchsspuren, sich bemerkbar machen (Abb. 2).
– Überprüfung von Baustellen, die durch die Nähe eines bekannten archäologischen Denkmals verdächtig sind. Darunter fällt auch das Absuchen aus der Luft von Grabungsstellen (Abb. 3).

– Beobachtung von Veränderungen und Zerstörungen an bekannten ober- und untertägigen Denkmälern (Abb. 4).
– Vorbereitung, Katalogisierung und Dokumentation der fertiggestellten Bilder.

Diese Liste zeigt, daß dem Landesdenkmalamt Baden-Württemberg und dem Archäologen schon bei der Planung Unterlagen zur Verfügung stehen, die die Entscheidung, ob gegraben werden muß oder nicht, wesentlich erleichtern. Häufig handelt es sich um Fundplätze, die durch den Bau von Autobahn- und Eisenbahntrassen, Siedlungserweiterungen und durch die modernen tieferpflügenden Ackergeräte gefährdet sind ((Abb. 5).

Auch der Entschluß, ein Denkmal der Nachwelt zu erhalten, kann anhand der Bilddokumentation erleichtert werden. Ein weiterer

*Abb. 2   Berkheim, Kreis Biberach. Keltische Viereckschanze nordöstlich von Bonlanden.
Freigegeben RP Stuttgart B 22302*
*Abb. 3   Sontheim/Brenz, Kreis Heidenheim. Neubaugebiet »Braike« mit großer römischer
Siedlung im Vordergrund (vgl. S. 124 ff.). Freigegeben RP Stuttgart B 14558*

15

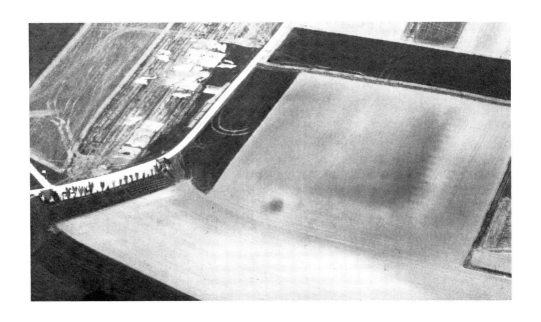

Punkt, den es zu berücksichtigen gilt, ist die gerade für Baden-Württemberg charakteristische Fundfülle. In unserem Nachbarland Bayern, wo Otto Braasch seit ca. drei Jahren die Luftbildarchäologie durchführt, haben sich die Fundstellen verdreifacht. Ähnliches ist auch aus unserem Lande zu erwarten. Sowohl in Bayern als auch bei uns hat es sich herausgestellt, daß ein zweisitziges Motorflugzeug (Hochdecker) kostengünstig und unproblematisch eingesetzt werden kann. Für spezielle Aufträge, wo der Wissenschaftler sein Betätigungsfeld aus der Vogelperspektive begutachten will, steht der Kopilotensitz zur Verfügung. Nun einige technische Daten:

Das Bildmaterial, herkömmliche Dia-Filme, wie Kodakchrome 64, Ektachrome 400, Ektachrome Falschfarben und hochempfindliche Schwarzweißfilme von Ilford werden mit Kleinbildkameras 24 x 36 mm und den verschiedenen Objektiven bei aufgeklapptem Flugzeugfenster und verringerter Geschwindigkeit, angefertigt. Der belichtete Film wird zur Herstellerfirma geschickt, dort entwickelt und gerahmt. Beim Schwarzweißfilm wird ein Kontaktbogen erstellt. Nach der Rücksendung wird jedes Bild mit der entsprechenden Karten- und Objektnummer versehen und ins zentrale Luftbildarchiv bei der Abteilung Bodendenkmalpflege in Stuttgart zur weiteren Verarbeitung, wie Freigabe, Abzüge, Erstellung von Karteikarten mit den dazugehörenden Angaben, Einmessung in die Katasterblätter usw. gesandt. Dieses Archiv wird von Herr R. Maile betreut.

Nach dieser Inventarisierung erhalten die Außenstellen die Unterlagen zur weiteren Veranlassung.

Die listenmäßige Erfassung aller Denkmäler durch den Luftbildarchäologen wird jedoch nie verwirklicht werden können. Viele Fundplätze liegen in Wäldern, andere sind durch Überbauung verschwunden. Auch die unterschiedlichen Bodenarten, Bewuchs und Jahreszeiten sowie intensive Landwirtschaft tragen dazu bei, Denkmäler der verschiedenen Kategorien auszulöschen oder fast unkenntlich zu machen.

Es besteht kein Zweifel, daß mit der Einführung der Luftbildarchäologie in Baden-Württemberg ein neuer Markstein in der Landesarchäologie unseres Landes gelegt wurde. Nur durch den Einsatz modernster Hilfsmittel ist die Bodendenkmalpflege imstande, hervorragende Denkmale aus der Frühgeschichte unseres Landes erhalten, konservieren und schützen zu können. Eine Aufgabe, die oberstes Gebot der Landesarchäologie sein muß, um hier für zukünftige Generationen archäologische Reservate zu schaffen, damit mit verfeinerten und verbesserten Methoden genauere Ergebnisse erzielt werden können, um weiteres Licht in die Vor- und Frühgeschichte unseres Landes zu bringen.

Dieter Planck / Rolf Gensheimer

Literaturhinweise
R. Christlein u. Otto Braasch, Das unterirdische Bayern (1982) 24 ff. – J. Biel, Archäologische Ausgrabungen in Baden-Württemberg 1981, 86 ff.

◀ *Abb. 4   Walldürn, Neckar-Odenwald-Kreis. Stark zerpflügtes Kastell am Limes und Grabungsareal 1982. Freigegeben RP Stuttgart B 22303*

◀ *Abb. 5   Markgröningen, Kreis Ludwigsburg. Große bisher unbekannte, wohl späthallstattzeitliche Grabhügel. Freigegeben RP Stuttgart B 22304*

Luftbildarchäologie in der südlichen Oberrheinebene

Die Niederterrasse des Rheins, deren eiszeitliche Schotterflächen eine meist nur dünne Lehmauflage tragen, eignet sich hervorragend für die archäologische Erforschung aus der Luft. Jeder tieferreichende Eingriff in den Untergrund vermischt humosen Boden mit dem anstehenden Kies, weswegen diese Stellen länger die Bodenfeuchtigkeit erhalten, was sich wiederum auf den Pflanzenwuchs auswirkt. Da die Niederterrassenebene intensiv ackerbaulich genutzt wird, sind obertägig sichtbare Bodendenkmäler schon lange nur noch selten vorhanden, in Luftbildern aber zeigen sich um so mehr Spuren dieser einstmals hier sehr zahl-

reichen Denkmälergattung. Vor allem das fundreiche Kaiserstuhlvorgelände um Breisach und Riegel wurde über Jahre hinweg von dem ehrenamtlichen Mitarbeiter Peter Rokosch, Freiburg, erfolgreich beflogen. Wesentliche Aufnahmen verdanken wir O. Braasch, Landshut, der im Auftrag des Landesdenkmalamtes Baden Württemberg in Stuttgart seit 1978 Befliegungen durchgeführt hat. Einige instruktive Bilder von Objekten vor- und frühgeschichtlicher und mittelalterlicher Zeitstellung werden hier vorgestellt. Sie zeigen beispielhaft, wie gefährdet diese uns bisher unbekannten Denkmäler durch die landwirtschaft-

Abb. 6   Ihringen. Grabhügel S der großen Nekropole »Löhbücke«. Freigegeben RP Stuttgart B 14922

18

liche Nutzung, aber vor allem auch durch un-
überwachte Überbauung sind. Um so notwendiger wird daher der systematische Einsatz der
Luftbildarchäologie in Baden-Württemberg,
deren Ergebnisse dann auch Eingang in die Li-
sten der Kulturdenkmäler finden. Bei vielen
Objekten fällt die zeitliche Einordnung
schwer, durch Geländebegehungen und Probegrabungen müssen vorläufige Ansprachen
erst noch überprüft werden, weswegen auch
die Zuweisung der folgenden Objekte im einzelnen nur unter Vorbehalt erfolgen kann.

Die am sichersten zu erkennenden Denkmäler
sind Grabhügel, die sich auf den Schotterflächen meist nur noch durch die sie häufig umgebenden Kreisgräben als Bewuchsmerkmal im
Luftbild zu erkennen geben. Zwar ist der
größte Teil des Hügels dann schon abgetragen,
doch ist immer noch mit Bestattungen zu rechnen, die in den Boden eingetieft sind.

Der Hügel S aus dem großen Grabhügelfeld
»Löhbücke« bei Ihringen, Landkreis Breis-

gau-Hochschwarzwald ist schon seit langem
bekannt, doch erst im Luftfoto wird die ehemalige Größe des Hügels durch den ihn be-
grenzenden Kreisgraben deutlich (Abb. 6). Er
hatte einen Durchmesser von 65 m, ins Denkmalbuch eingetragen ist er aber nur mit einem
Durchmesser von 43 m. Während er um die
Jahrhundertwende noch fast 3 m hoch war, ist
er durch die landwirtschaftliche Nutzung auf

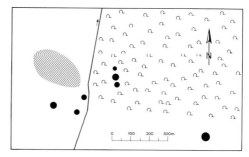

Abb. 7   Gündlingen. Plan des Grabhügel-
feldes.

Abb. 8   Ihringen. Verziertes Goldarmband. Dm. ca. 6 cm

Abb. 9   Breisach-Hochstetten. Keltische Viereckschanze. Freigegeben RP Stuttgart B 15217

1 m Höhe reduziert worden. Dank dieser Luftfotos konnte der Bau eines landwirtschaftlichen Gebäudes an dieser Stelle gerade noch rechtzeitig verhindert werden, was um so wichtiger ist, da gerade dieser Hügel als einziger nicht durch frühere Grabungen berührt worden war. Wie die anderen großen Hügel dieser Nekropole dürfte auch er bereits in der mittleren Bronzezeit angelegt worden sein.

Andere Beobachtungsbedingungen wiederum bestehen bei einem neu entdeckten Grabhügelfeld auf der Gemarkung Gündlingen, Landkreis Breisgau-Hochschwarzwald. Hier im Süden des Kaiserstuhls ist im Bereich eines breiten, eiszeitlichen Rheinarmes das Gelände durch Eingriffe in den Naturhaushalt in nachrömischer Zeit versumpft und erst in diesem Jahrhundert entwässert worden. Die aus Schwemmlöß aufgeschütteten Grabhügel hoben sich auf dem gepflügten Feld durch ihre Trockenheit deutlich von dem sie umgebenden anmoorigen Boden ab. Drei Grabhügel waren

zu erkennen, von denen zwei danach auch im Gelände als flache Erhebung identifiziert werden konnten, der dritte ist vollständig verflacht. Sie gehören zu einer größeren, verstreuten Grabhügelgruppe (Abb. 7), in deren Bereich (im Plan schraffiert) 1859 beim Einebnen eines Hügels ein Skelett mit Ton- und Bronzegefäßen und einem verzierten Goldblecharmband der späten Hallstattkultur (Ha D) gefunden wurde (Abb. 8). Wichtig ist auch der den Plan durchziehende Streifen (Abb. 7). Er konnte als Teil des Ende des 2. Weltkrieges angelegten Panzergrabens identifiziert werden, wodurch auch eine damals angeschnittene urnenfelderzeitliche Siedlung wieder lokalisiert werden konnte.

Bereits weniger sicher vom Luftbild her anzusprechen sind die berühmten keltischen Viereckschanzen, von denen in jüngster Zeit auch im südlichen Oberrheintal immer mehr entdeckt werden. Etwa 700 m südöstlich der spätlatènezeitlichen Siedlung von Breisach-Hoch-

20

stetten, Landkreis Breisgau-Hochschwarzwald wurde von P. Rokosch und O. Braasch ein großes, von einem dunklen Streifen umgebenes Rechteck entdeckt (Abb. 9). Es liegt 200 m nordöstlich des Hochgestades, ist etwa 80 m lang und etwa 65 m breit. Wegen der typischen Form und der Lage wurde diese Anlage als Viereckschanze gedeutet, was durch einen Baggerschnitt abgesichert werden sollte, der in diesem Herbst durchgeführt wurde. Um eine mögliche Torsituation nicht zu gefährden, wurde dafür eine Stelle nahe der Nordecke gewählt. Der Schnitt hatte eine Länge von 43 m und führte weit in den Innenraum der Anlage hinein. Der dunkle Streifen stellte sich erwartungsgemäß als Bewuchsmerkmal über einem Graben heraus, der 6,30 m breit und 1,75 m tief war (Abb. 10) mit relativ flach geböschten Wänden und spitzmuldiger Sohle. Er durchschlug eine unter dem Humus liegende Lößlehmschicht und schnitt in den anstehenden Kies ein. Entsprechend bestand seine Füllung aus einem Gemisch aus Lehm und Kies, wobei eine Lehmlinse mit deutlich weniger Kies als Einfüllzone zu erkennen war. Weitere Befunde (die z. B. bei einem römischen Lager zu erwarten wären) zeigten sich nicht. Außer einigen Tierknochen von der Grabsohle (Rind, Schaf/Ziege), die noch nach der C 14-Methode

untersucht werden sollen, wurden auch keinerlei Funde gemacht, so daß dieser negative Befund die Deutung als keltische Viereckschanze unterstützt. Gut dazu paßt auch der Kreisgraben eines Grabhügels hart vor der Nordseite der Anlage, der auf einer Infrarotaufnahme aus dem Jahrhundertsommer 1976 erkennbar ist.

Bereits weit weniger sicher dieser Denkmälergattung zuzuweisen ist eine leicht trapezförmige Anlage bei Merdingen, Landkreis Breisgau-Hochschwarzwald (Abb. 11), deren Graben sich durch seine hellere, trockenere Füllung vom leicht anmoorigen Boden des gepflügten Feldes abhebt. Ein vor Jahrzehnten noch im Wiesengelände sichtbarer, einfacher Erdwall spricht wie die bisherige Fundlosigkeit am ehesten auch hier für eine keltische Viereckschanze. Auch eine von O. Braasch entdeckte Grabenanlage bei Kehl, Ortenaukreis könnte dem Augenschein nach hierzu gehören. Im Vorfeld von Kehl ist die Geländesituation durch mehrfaches, neuzeitliches Verlegen von Kinzig, Schutter und Rhein nicht recht zu beurteilen, doch konnte die Anlage auf der genauen Tullakarte, die vor der Rheinregulierung 1851 veröffentlicht wurde, lokalisiert werden. Sie liegt demnach etwas von der alten Kinzig entfernt in weitgehend hochwasser-

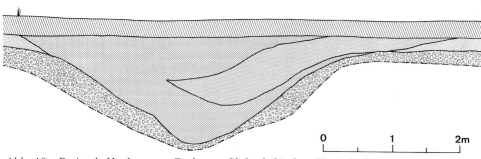

Abb. 10 Breisach-Hochstetten. Grabenprofil der keltischen Viereckschanze

freiem Gelände dicht am Rande eines alten Schutterlaufes. Einer der im Kehler Raum so zahlreichen neuzeitlichen Schanzen konnte sie nicht zugeordnet werden, was höheres Alter wahrscheinlich macht. Bei genauem Hinsehen zeigt sich aber hinter der helleren Grabenverfärbung noch eine weitere, dunkle Verfärbung, die auf eine den Graben begleitende Holzbefestigung hinweisen könnte. So ist auch mit der Möglichkeit eines römischen Lagers zu rechnen, das im Vorfeld von Straßburg auf der rechten Rheinseite für das 1. Jahrhundert n. Chr. durchaus denkbar ist. Diese Deutung muß natürlich vorläufig ungesichert bleiben,

doch genügen die Anhaltspunkte bereits, um dieses wichtige Kulturdenkmal vor Überbauung schützen zu können.

Aus der Römerzeit liegen uns leider noch keine Detailaufnahmen von Gebäudegrundrissen vor, dagegen konnte bei Buggingen, Landkreis Breisgau-Hochschwarzwald die rechtsrheinische römische Hauptstraße, die kilometerweit noch als flacher Damm im Gelände verläuft und früher teilweise als Feldweg benutzt worden ist kurz vor der Zerstörung durch die Flurbereinigung im Luftbild dokumentiert werden. Auch im Bereich der Mittelalterarchäologie bringt die Luftbildforschung

Abb. 11   Merdingen. Wohl keltische Viereckschanze. Freigegeben RP Freiburg P 7541

war die Feststellung einer Burganlage in der sumpfigen Niederung zwischen Appenweier und Urloffen, Ortenaukreis. Vor der rechteckigen Hauptburg befindet sich eine trapezförmige Vorburg, weitere kleine Burgen sind auf anderen Luftbildern auszumachen. Von dieser sicher nicht unbedeutenden Anlage, die sich im Gelände nur durch Ziegelbruchstücke, Scherben und wenige Steine zu erkennen gibt, sind keine schriftlichen Überlieferungen bekannt.

Diese kleine Auswahl archäologischer Objekte auf Luftbildern sollte zeigen, welche Aussagen und Möglichkeiten durch systematische Befliegungen der Oberrheinebene gewonnen werden. Vielfach wird es sich dabei um eine Dokumentation des letzten »Augenblickes« handeln, mit einem ganz enormen Anstieg von archäologischen Fundstellen ist auf jeden Fall zu rechnen. *Wolfgang Struck*

Abb. 12 Vörstetten. Gräben und Wälle einer Burg. Freigegeben RP Freiburg P 8744

wichtige Ergebnisse. Deutlich sind auf einer Aufnahme bei Vörstetten, Landkreis Emmendingen die runden Gräben und Wälle einer allerdings auch im Gelände sichtbaren Burg zu erkennen (Abb. 12). Um so überraschender

Literaturhinweise
J. Biel, Archäologische Ausgrabungen in Baden-Württemberg 1981, 86 ff. – W. Struck, Ein Goldarmband der späten Hallstattkultur von Ihringen, Landkrs. Breisgau-Hochschwarzwald. Archäologische Nachrichten aus Baden 25, 1980, 26 ff.

Ausgrabungen in der Höhle Geißenklösterle bei Blaubeuren-Weiler, Alb-Donau-Kreis

Im Jahre 1982 wurden vom 8. März bis 28. Mai und vom 30. August bis 8. Oktober zwei längere Untersuchungen in dieser altsteinzeitlichen Höhlenfundstelle durchgeführt. Wie in den vergangenen Jahren beschränkten sie sich auf den südlichen Eingangsbereich. Hier sollte

der restliche Sedimentblock an der Nordwand bis zur Basis der Schichten aus der jüngeren Altsteinzeit abgegraben werden. Nur eine vollständig ausgegrabene Fläche wird eine umfassende Auswertung und Rekonstruktion der damaligen Lebensbedingungen ermöglichen.

Abb. 13   Blaubeuren. Geißenklösterle-Höhle. Ausgrabung der Gravettienhorizonte

Die Grabungen erfaßten hauptsächlich die Gravettien-Fundhorizonte. Sie konnten in dem oben genannten Block völlig ausgegraben werden (Abb. 13). Die wand- und hangnahen Bereiche waren relativ fundleer. Das mag daran liegen, daß hier ursprünglich ein sehr niedriger Gesteinssims die ehemalige Oberfläche überkragte. Direkt davor im hinteren Höhlenteil fand sich jedoch eine auffällige Fundanreicherung. Sie bestand vor allem aus Abschlägen, Klingen, Abfällen der Klingenherstellung und aus Steinwerkzeugen, zudem einigen Werkzeugen aus Geweih, Knochen und Elfenbein wie einem verzierten Pfriemen, einem Elfenbeinstab und mehreren Elfenbeinanhängern in verschiedenen Stadien ihrer Herstellung. Die meisten dieser Funde wurden dem Horizont It zugewiesen, der sich durch einen lockeren, teilweise frostzersprengten Kalkschutt auszeichnet. Die Funde konzen-

trierten sich in und um eine kleine Mulde. Wieweit hier eine oder mehrere Begehungen vorliegen und wieweit Frostsortierung oder Bodenfließen spätere Veränderungen hervorriefen, kann erst die Auswertung entscheiden. Auffällig blieb das Fehlen von Feuerstellen. Tierknochen sind in diesem Bereich sehr selten und beschränkten sich auf Steinbock, Hase, Fuchs und Fischwirbel sowie Fischschuppen. Das Aurignacien dieses Sedimentblocks wurde bisher nur auf einer kleinen Fläche in seinem oberen Abschnitt erfaßt. In dem obersten Aurignacienhorizont IIn war dabei für das Geißenklösterle das Vorkommen von plattigem Kalk eine neue Feststellung. Dieser muß aus einer gewissen Entfernung herangeschafft worden sein. Aus dem nur in einem kleinen Ausschnitt untersuchten Aschenhorizont IIb kamen nur wenige Funde: einige Steinwerkzeuge, ein Geschoßspitzenfragment aus Geweih und mehrere aus Elfenbein, dazu Knochenbruchstücke von Mammut, Fuchs und Hasen.

Die untersten Aurignacienhorizonte wurden im rückwärtigen Höhlenteil ergraben, wo sie zur Rückwand hin ausdünnen. Zum Eingang hin ließ sich dieser Horizont III in drei Abschnitte untergliedern. Der mittlere zeichnete sich durch eine hohe Fundkonzentration, Rötelflecken und eine Feuerstelle aus. Diese läßt sich aber nur aus einer Aschenlage und oberflächlich angebrannten Kalksteinen rekonstruieren. Außen herum fand sich die für Feuerstellen übliche Werkzeugansammlung, die aus Klingenkratzern, Kiel- und Nasenkratzern sowie retuschierten Klingenbruchstücken besteht. Bisher wurde nur ein einziges Schmuckstück, ein längliches durchbohrtes Elfenbeinstück, angetroffen.

In einer abschließenden Untersuchung soll 1983 in dem restlichen Block der verbleibende Teil der Aurignacienhorizonte ergraben werden. Damit lassen sich dann alle Horizonte der jüngeren Altsteinzeit des südlichen Höhleneingangs auswerten.

Nach der Beendigung der Grabung in den Gravettienhorizonten I s bis I c läßt sich eine wichtige Fundklasse vorläufig auswerten: die Elfenbeinanhänger. Tropfenförmige dünne Anhänger mit einer Durchbohrung werden als charakteristische Typen des mitteleuropäischen Gravettien angesehen. Im Geißenklösterle fand sich jedoch ein tropfenförmiger Anhänger auch in dem Aurignacienhorizont II a. Mit insgesamt 40 Exemplaren hat das Geißenklösterle bisher die größte Anzahl geliefert (Brillenhöhle VII: 33; Hohler Fels: 4; Klausenhöhle: 1). Die horizontale Verteilung der Elfenbeinanhänger läßt entgegen der bisherigen Annahme im Geißenklösterle drei

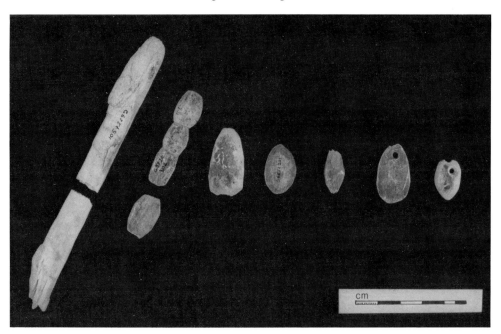

Abb. 14   Blaubeuren. Herstellungsfolge von Elfenbeinanhängern (von links nach rechts): Rohstab, Kernstab, 3 Rohlinge, Anhänger, reparierter Anhänger

25

deutliche Anhäufungen erkennen: eines im Südwesten, eines im Zentrum und eines im Nordosten. In der kleinen südwestlichen Anhäufung gibt es keine Rohlinge, dagegen zehn in der mittleren Konzentration und einen einzigen im Nordosten. Die hohe Anzahl der Rohlinge, der Kerbstab und der Rohstab (Abb. 14) der mittleren Konzentration deuten an, daß hier ein Herstellungszentrum für Anhänger bestand, in dem zwei verschiedene Kerbstäbe verarbeitet wurden. Dieser enge Bereich weist einen Tiefenunterschied von mehr als zehn Zentimetern auf; daher ist es nicht sicher, ob die Stücke aus einer Belegung resultieren. Nach den bei der Grabung unterschiedenen Horizonten entfallen der Rohstab, der Kerbstab und die Hälfte aller Anhänger auf den Horizont I t. Eine größere Zahl, vor allem in der südwestlichen Anreicherung, lag in I a.

Der Rohstab und der Kerbstab belegen eine serienmäßige Fertigung der Elfenbeinanhänger, was durch die Rohlinge verschiedenster Stadien unterstrichen wird. Die Oberflächen der fertigen Anhänger sind sowohl mit einem Steinwerkzeug zugeschnitten bzw. geglättet als auch mit einem körnigen Stein (Kalk?) geschliffen worden. Vor der Durchbohrung erzeugte man mit längs verlaufenden Schnitten zwei Vertiefungen. Nach den Längen und Dikken lassen sich zwei Größenklassen unterscheiden: kleine Anhänger bis 21 mm Länge und 5 mm Dicke und große ab 23 mm Länge und 6 mm Dicke. Der Durchmesser der Durchbohrung ist auffallend konstant: die Lochgröße von etwa 2,2 mm dürfte von der Stärke des Nähmaterials abhängig sein. Dies würde bedeuten, daß man mit einem Faden von knapp 2 mm die Anhänger auf die Kleidung nähte.

Wie die Befunde zeigen, sind die Elfenbeinanhänger im Geißenklösterle hergestellt, repariert und verloren worden. Daneben stellte man ebenfalls längliche Abschnitte aus Röhrenknochen her, von denen aber fast nur die Abfallstücke übrigblieben. Während Schmuckschnecken auffälligerweise völlig fehlen, benutzte man kleine Ammoniten aus dem Lias, die man vom Nordrand der Alb beschafft hatte. Die Vielfalt der Anhänger läßt vermuten, daß man komplexe Muster benutzte, die auf die Kleidung aufgenäht, selten wohl als Halsketten, wohl kaum eine Schmuckfunktion im heutigen Sinne besaßen. Vielmehr kann man nach völkerkundlichen Parallelen annehmen, daß sie die Gruppenzusammengehörigkeit kennzeichnen und verstärken sollten.

Joachim Hahn und Anne Scheer

Literaturhinweis
J. Hahn, Archäologische Ausgrabungen in Baden-Württemberg 1981, 17 ff.

Archäologische Untersuchungen in einer bandkeramischen Siedlung bei Ulm-Eggingen, Stadtkreis Ulm

Zwischen Ehingen und Ulm erstreckt sich, von Donau-, Ach-, Blau- und Schmiechtal begrenzt, das Hochsträß, ein schwach reliefierter Höhenrücken, der mit seinen flachen Trockentälern und Kuppen eine Teillandschaft der leicht nach Süden geneigten Albhochfläche bildet. Die Besiedlung läßt sich hier bis in die Jungsteinzeit zurückverfolgen. Einblick in die Anlage dieser meist auf lößbedeckten Kuppen liegenden Siedlungsstellen erhielt man 1978 durch eine Grabung bei Ringingen, wo erst-

mals in Südwürttemberg Hausgrundrisse der Bandkeramiker nachgewiesen werden konnten.
Eine weitere, bislang völlig unbekannte bandkeramische Siedlung wurde 1982 rund 1 km südwestlich von Ulm-Eggingen entdeckt (Abb. 15). Ihre Lage auf einem spornartig nach Osten sich vorschiebenden, flachen Ausläufer des Heiligenbergs entspricht der nur 6 km Luftlinie entfernten bandkeramischen Siedlung von Ringingen. Fruchtbarer Löß-

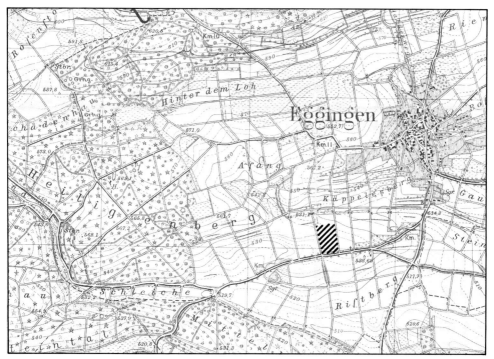

Abb. 15   Ulm-Eggingen. Lage der bandkeramischen Siedlung (schraffierte Fläche).
Ausschnitt aus der Tk 1:25000, Blatt 7625

boden sowie ein im Norden den Höhenzug säumender Bachlauf waren zweifellos ausschlaggebend für die Platzwahl der neolithischen Siedler, wobei aufgrund der relativ großen Höhe von 530 m NN ein recht rauhes Klima in Kauf genommen werden mußte.

In den Höhenzug sind von Westen, Osten und Süden her drei mächtige Sandgruben vorgetrieben, von denen letztere, bereits vor längerer Zeit aufgelassen, als Mülldeponie der Stadt Ulm dient. Eine Erweiterung der westlichen Sandgrube, die in naher Zukunft schrittweise nach Osten auf das gesamte, noch in ursprünglichem Zustand erhaltene 2,2 ha große Gelände ausgedehnt werden soll, führte in den Fluren »Erdbeerhecke« und »Lippenöschle« Ende Juli 1982 zur Entdeckung der Siedlung. Am Rande eines neu abgeschobenen Areals, innerhalb dessen man schon mit dem Sandabbau begonnen hatte, registrierten die Herren Hoffmann und Kneer aus Ulm mehrere dunkle Verfärbungen sowie zahlreiche an der Oberfläche liegende Keramikfragmente. Sie informierten darüber den zuständigen ehrenamtlichen Beauftragten des Landesdenkmalamtes, Herrn R. Blumentritt, der die Meldung sofort an die Außenstelle Tübingen weiterleitete. Bereits wenige Tage später konnte eine Rettungsgrabung im akut gefährdeten Bereich angesetzt werden. Unser Dank für die Unterstützung und Hilfe gilt hierbei dem Besitzer der Sandgrube, Herrn Hoffmann, der Gemeinde Ulm-Eggingen, vertreten durch Herrn Ortsvorsteher Schwer, sowie dem Stadtmessungsamt Ulm, das die Einmessung der Grabung auf das Katasternetz besorgte.

Die Grabung dauerte vom 26. 7. bis 30. 9. 1982 und wurde vom Landesdenkmalamt Baden-Württemberg, Außenstelle Tübingen mit dem Ziel durchgeführt, über die Untersuchung der durch den Sandgrubenbetrieb aufgedeckten Siedlungsspuren bei einem, durch die Situation bedingten möglichst geringen Zeitaufwand erste Einblicke in die Anlage der Siedlung sowie die Erhaltung der Befunde zu bekommen und somit eine Ausgangsbasis für weitere, aufgrund des fortschreitenden Sandabbaus dringend erforderliche Grabungskampagnen zu schaffen.

Gegraben wurde eine 5 m breite und 95 m lange zusammenhängende Fläche am Ostrand des abgeschobenen Areals, wo die Siedlungsspuren noch weitestgehend ungestört geblieben waren. Allerdings hatte auch hier der ständige Einsatz der schweren Sandgrubenfahrzeuge vor Grabungsbeginn zu einer starken Verdichtung der Oberfläche beigetragen, so daß zum einen der nunmehr steinharte Boden die Grabungstätigkeit sehr erschwerte, zum anderen ein erneuter Maschineneinsatz bei der Grabung nicht mehr möglich war.

Über die gesamte Grabungsfläche erstreckte sich ein ausgedehnter Komplex von mehreren Abfallgruben, die noch bis zu einer Tiefe von 0,9 m erhalten waren. Neben solchen mit annähernd rechteckigem Grundriß sind vor allem drei, zwischen 6 und 18 m lange und 1–2 m breite NNW-SSO verlaufende Gräben zu nennen, die, wie von anderen bandkeramischen Siedlungen bekannt, die Längswände der Langhäuser säumten. Pfostengruben wurden, durch den Grabungsausschnitt bedingt, nur in geringer Zahl angetroffen, doch erwecken sie berechtigte Erwartungen, daß bei fortschreitender Untersuchung die Bebauungsstruktur der Siedlung klar zutage treten wird.

Die aus den Gruben geborgenen Funde bestehen zum überwiegenden Teil aus Keramik, deren Spektrum von dickwandigen Vorratsgefäßen bis zu dünnwandigen, mit Bogenband und Stichreihen verzierten Kümpfen reicht. Steinwerkzeuge, wie Klingen, Stichel und Bohrer sowie zwei Schuhleistenkeile runden das Fundbild weiter ab, während Knochenmaterial aufgrund der Bodenbeschaffenheit sich nicht erhalten hat. Das Fundmaterial zeigt eine große Übereinstimmung mit dem der Ringinger Siedlung und datiert somit die Befunde ins mittlere und späte Frühneolithikum (4. Jahrtausend v. Chr.).

Neben bandkeramischen Siedlungsresten wurden außerdem mittelalterliche Baubefunde angetroffen. Es handelt sich um zwei, aufgrund von Webgewichtfunden als Werkstätten zu interpretierende Grubenhäuser, von denen das eine in seinem Grundriß vollständig erfaßt werden konnte. Seine nur flach in den Boden eingetiefte, 2,5 x 3 m große, rechteckige Grube säumten sechs Pfostenlöcher. Sie waren mit Ausnahme des die Frontseite bezeichnenden Pfostenlochs alle schräg nach außen in das anstehende Erdreich vorgetrieben, so daß das einst die Grube überdeckende Dach an den Längsseiten wie auch an der Rückfront zeltartig bis auf den Boden reichte.

Diese ersten Grabungsergebnisse zeigen, daß hier, vor allem für die Erforschung der ältesten Ackerbaukultur in unserem Raum äußerst wichtige Quellen von der endgültigen Zerstörung bedroht sind. Ihre archäologische Untersuchung wird daher im Rahmen des Schwerpunktprogramms Denkmalpflege der Landesregierung von Baden-Württemberg 1983 in größerem Stil fortgesetzt werden.

Jörg Heiligmann

Literaturhinweise
D. Tonn, Archäologische Ausgrabungen 1979, 20 ff. – Chr. Seewald in: Der Stadt- und Landkreis Ulm. Amtliche Kreisbeschreibung (1972) 190 ff. Archäologischer Fundkatalog.

Ein bandkeramischer Friedhof beim Viesenhäuser Hof, Stuttgart-Mühlhausen

Die lößbedeckten Höhen beiderseits des Neckartales sind nördlich von Stuttgart von reichen Siedlungsresten vor allem der Jungsteinzeit und der Späthallstattzeit bedeckt. Der in einer sich nach Osten zu öffnenden Mulde außerordentlich siedlungsgünstig gelegene Viesenhäuser Hof weist hierbei besonders dichte und intensive archäologische Reste auf. So führte das damalige Landesamt für Denkmalpflege unter W. Veeck von 1931 bis 1933 umfangreiche Ausgrabungen in diesem Gebiet durch, bei denen vor allem Siedlungen der Bandkeramik und der Großgartacher Kultur untersucht wurden. Leider sind die Ergebnisse dieser Grabungen nur in Auszügen publiziert worden, die Grabungsunterlagen sind während des Krieges zum Teil vernichtet worden, während sich der umfangreiche Fundbestand noch im Württembergischen Landesmuseum Stuttgart befindet. Seit diesen Grabungen wurden von privater Seite immer wieder Lesefunde vom Viesenhäuser Hof vorgelegt, auch konnten an verschiedenen Stellen ausgepflügte Skelette beobachtet werden, so etwa die Reste eines schnurkeramischen Grabes.

1977 beobachtete G. Lämmle, Hochberg, am Südhang der Mulde in Flur »Wanne« auf einer größeren Fläche ausgepflügte Skeletteile. Einige Stellen wurden daraufhin untersucht, dabei zeigte es sich, daß diese Gräber schon weitgehend zerstört waren. Zu erkennen war jedoch, daß es sich um Hockergräber, wohl der Bandkeramik handeln mußte. Da dieser umfangreiche Friedhof durch die landwirtschaftliche Nutzung außerordentlich gefährdet erschien, wurde er 1982 durch eine von Mai bis

Abb. 16   Stuttgart-Mühlhausen. Plan des bandkeramischen Gräberfeldes. Gräber mit unsicherer Zeitstellung weiß

August dauernde Ausgrabung komplett untersucht (Abb. 16). Für ihre tatkräftige Unterstützung unserer Arbeit sind wir der Stadt Kornwestheim zu Dank verpflichtet. In der untersuchten Fläche konnten insgesamt 80 Bestattungen beobachtet werden. Da der Bereich des Friedhofs in späterer Zeit immer wieder besiedelt war (vgl. Beitrag S. 81 ff.), sind zahlreiche weitere Gräber durch jüngere Eingriffe in vorgeschichtlicher Zeit zerstört worden. Sie sind an zahlreichen Skeletteilen und Steinbeilfunden noch teilweise nachzuweisen. Schließlich ist wegen der starken Erosion und vor al

lem durch den Ackerbau mit einer größeren Zahl an schon abgetragenen Gräbern zu rechnen, so daß die ursprüngliche Belegungszahl weit über 80 gelegen haben dürfte. Durch die Ausgrabung wurden die Grenzen des Friedhofs zumindest im Westen und Osten mit Sicherheit erfaßt. Im Süden hat die Erosion besonders stark eingegriffen, so daß hier mit tiefergreifenden Abtragungen zu rechnen ist, die auch die späteren Siedlungsreste stark betroffen haben. Ob die ergrabene Grenze des Friedhofes auf dieser Seite tatsächlich die antike Grenze markiert, ist demnach nicht gesichert. Gegen Norden wurde die Grabung durch einen Feldweg begrenzt, doch dürfte auch hier die Belegungsausdehnung im wesentlichen erreicht sein. Die Gräber sind Nordwest-Südost orientiert, meist liegt der Schädel im Südosten, doch kommt auch die Gegenrichtung vor. Es handelt sich um Körperbestattungen, die in der Regel in Hockerlage beigesetzt sind, doch sind auch hier Abweichungen zu beobachten. Die Skelette sind, soweit sie nicht nachträglich gestört waren, wegen des kalkreichen Lößbodens hervorragend erhalten, selbst Rippen, Hand- oder Fußknochen sind noch vorhanden (Abb. 17). Vergleichsweise spärlich sind dagegen die Grabausstattungen – nur etwa 40 Prozent der Gräber waren mit Beigaben versehen – sieht man von häufig in der Grabgrubenfüllung oder beim Skelett liegenden bandkeramischen Einzelscherben ab. Als häufigste Beigabe wurden Steinbeile bzw. Schuhleistenkeile beobachtet, dazu kommen Tongefäße, Feuerstein –, Knochen- und Geweihgerät (Abb. 18). Sehr selten ist Muschelschmuck, der jedoch immer einfach

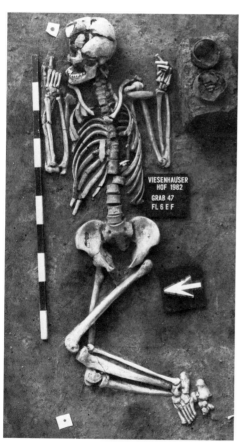 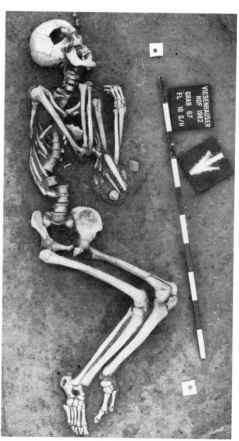

Abb. 17 Stuttgart-Mühlhausen. Bandkeramisches Hockergrab mit Steinbeil und 2 Gefäßen

Abb. 18 Stuttgart-Mühlhausen. Bandkeramisches Hockergrab mit Silex, Knochen- und Hirschhorngeräten

Abb. 19   Stuttgart-Mühlhausen. Auswahl an bandkeramischen Grabfunden

ist und aus einfachen Teich- oder Flußmuscheln besteht, während Spondylusschmuck völlig fehlt. Sehr auffällig ist, daß viele der Beigaben antike Fehler oder Brüche aufweisen – Tongefäße waren schadhaft, Pfeilspitzen oder Steinbeile zerbrochen oder beschädigt – anstelle von Klingen sind unbrauchbare Silexabschläge beigegeben worden. Nach einer ersten, vorläufigen anthropologischen Bestimmung sind vor allem die Männergräber mit Beigaben ausgestattet worden, während die Frauen- und Kindergräber weitgehend beigabenlos sind.

Insgesamt liegt jedoch ein recht umfangreiches bandkeramisches Fundinventar vor (Abb. 19), und besonders das vorzüglich erhaltene Skelettmaterial wird eine detaillierte anthropologische Untersuchung erlauben. Die Ausgrabung am Viesenhäuser Hof hat nicht nur den Bestand an gesicherten bandkeramischen Bestattungen in Baden-Württemberg vervielfacht, zum ersten Mal konnte hier ein gesamter Friedhof untersucht werden, der uns nicht nur Einblicke in Fundbestand und Bestattungsriten gestattet, sondern dank des Skelettmaterials die Menschen dieser Zeit greifbar macht. Der Friedhof liegt in nächster Nähe der Siedlung – innerhalb des Bestattungsareals konnten keine eindeutigen Siedlungsreste festgestellt werden. Die wissenschaftliche Auswertung des Friedhofes ist im Rahmen einer Magisterarbeit vorgesehen.   *Jörg Biel*

Literaturhinweis
A. Stroh, Die Rössener Kultur in Südwestdeutschland. Ber. Röm.-Germ.-Komm. 28, 1938, 8 ff.

Sondagen in dem neolithischen Siedlungsplatz Langenau, Breiter Weg, Alb-Donau-Kreis

Seit dem Schuljahr 1978/79 gibt es an der Ganztagesschule Werkgymnasium Heidenheim eine Arbeitsgemeinschaft über die Steinzeit, der 30 bis 40 Schüler angehören. Die Organisation einer solchen AG erschien dem Verfasser aus folgenden Überlegungen sinnvoll:

1. Der Verfasser besitzt eine umfangreiche Sammlung steinzeitlicher Artefakte verschiedener Epochen, so daß Schüler steinzeitliche Fundgattungen am Original studieren können.

2. Im Kreis Heidenheim liegen in den Höhlen des Lonetals viele paläolithische und auf dem Ackerland der Flächenalb viele neolithische Wohnplätze, die bei Exkursionen aufgesucht werden können.

3. Es erscheint generell notwendig, an der Vorgeschichte interessierte Schüler mit der Arbeit der Bodendenkmalpflege bekannt zu machen. Sie sollten erfahren, daß man als »Hobby-Archäologe« mit dieser offiziellen Stelle zusammenarbeiten muß und auch sinnvoll, d. h. in für beide Seiten befriedigender Weise, zusammenarbeiten kann, wenn man bei seiner Tätigkeit den unverzichtbaren Erfordernissen moderner Bodendenkmalpflege Rechnung trägt; daß aber andererseits die offizielle Bodendenkmalpflege auf die Mitarbeit von interessierten Privatpersonen angewiesen ist.

Diesem letzten Anliegen des Verfassers konnte natürlich am besten praktisch, d. h. durch irgendeine Art von Geländearbeit entsprochen werden. Die Gelegenheit dazu war gegeben, als eine vom Verfasser neu entdeckte neolithische Siedlung bei Langenau nahe der Hofgruppe »Breiter Weg« vom Besitzer sehr tief gepflügt wurde, so daß an der Oberfläche zahlreiche dunkle Verfärbungen sehr deutlich sichtbar waren, Spuren der für derartige im Lehmboden liegenden Siedlungen typischen großen Gruben. Auf den dunklen Flecken lagen zahlreiche mit der Grubenfüllung herausgepflügte Scherben und Steinartefakte. Es erschien lohnend, diese Gruben systematisch, d. h. jede getrennt für sich, abzusammeln, wofür selbstverständlich ein Lageplan der Gruben erforderlich war. Es wurde beschlossen,

Abb. 20 Langenau. Vermessung der neolithischen Siedlung

33

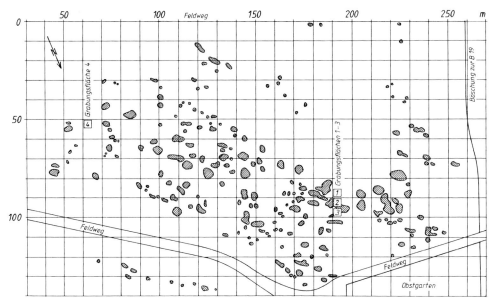

Abb. 21   Langenau. Neolithische Siedlung »Breiter Weg«. 1980 kartierte Gruben und Lage der 1982 ausgegrabenen Flächen

gleich Nägel mit Köpfen zu machen, d. h. nicht nur eine Lageskizze, sondern einen genau vermessenen Plan der Gruben zu erstellen. Diese Arbeit wurde im März und April 1980 mit Einverständnis des Besitzers, Landwirt Schmidt aus Langenau, an freien Nachmittagen und Samstagen durchgeführt (Abb. 20). Das Ergebnis war ein Plan des Areals mit ca. 240 eingemessenen und durchnumerierten Gruben (Abb. 21) und fast ebensovielen entsprechend numerierten Plastiktüten mit Hunderten von Scherben und Feuersteinartefakten. Der Plan ergab ziemlich genau die Ausdehnung der Siedlungsspuren, soweit sie überhaupt noch erhalten sind (s. u.), die Kleinfunde die Datierung der Siedlung in die Bandkeramik.

Natürlich äußerten die Schüler während der Arbeit häufig den Wunsch, hier auch zu graben. Der Verfasser hatte schon früher in der jungsteinzeitlichen Siedlung Wolfsbühl bei

Schwäbisch Hall Ausgrabungen mit Schülern durchgeführt. Diese Siedlung wurde jedoch durch Baumaßnahmen zerstört, es handelte sich um Notgrabungen. Bei einer Siedlung im Ackerland schien ein anderer Fall vorzuliegen. Eine Besprechung mit Dr. D. Planck fand statt. Die Abteilung Bodendenkmalpflege des Landesdenkmalamts hielt eine Grabung in Form einer kleinen Sondage auch in der Siedlung bei Langenau für sinnvoll, und zwar aus denkmalpflegerischen Gründen:

Neolithische Siedlungen in Löß- und Lehmbodengebieten- und um eine solche handelt es sich hier – weisen einen ganz unterschiedlichen Erhaltungszustand auf, je nachdem wie stark die Abspülung in den letzten sechs Jahrtausenden an dieser Stelle war, was wiederum von Geländeform, Klima und wirtschaftlicher Nutzung abhängt. War die Abspülung stark, sind von den Gruben nur die untersten, erfahrungsgemäß fundarmen Teile und von den Pfosten-

34

gruben der Bauten überhaupt nichts mehr übrig. D. h. eine Flächengrabung großen Stils ist in diesem Fall nicht sehr lohnend. Die Denkmaleigenschaft ist stark reduziert. In neuester Zeit wird dieses Problem noch durch das Tiefpflügen verstärkt. Sozusagen mit einem Schlag wurden 10–15 cm des gewachsenen Bodens samt den darin enthaltenen archäologischen Befunden mit umgepflügt und sind damit für eine Untersuchung verloren.

Der Acker, auf dem die 1981 vermessene Siedlung liegt, wird seit einigen Jahren tief gepflügt und es konnte deshalb der Fall vorlie-

gen, daß dadurch die Spuren von Gebäuden weitgehend oder ganz zerstört worden waren. In der Zeit vom 1. bis 31. März 1982 wurde diese Frage durch die AG mit Hilfe einer kleinen Sondage untersucht. Mit Genehmigung der offiziellen Stellen und des Grundeigentümers, Herrn Schmidt, dem an dieser Stelle herzlich gedankt sei, wurden vor Beginn der Frühjahrsfeldbestellung vier Flächen von je 4×4 m (5×5 m Vermessung) ausgegraben. Die Flächen 1–3 lagen nebeneinander z. T. auf, z. T. neben zwei Gruben, die bei der Vermessung 1980 viele Oberflächenfunde gelie-

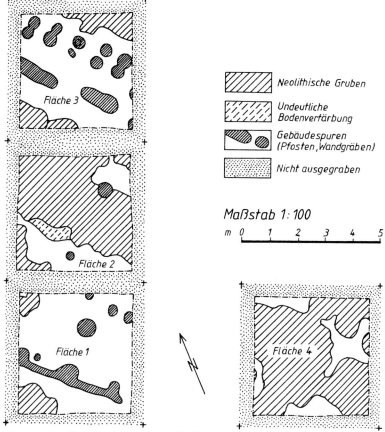

Abb. 22 *Langenau. Plan der in der neolithischen Siedlung ausgegrabenen Flächen*

fert hatten (Abb. 21). Das Gelände war hier fast eben. Fläche 4 wurde weiter östlich in leicht abschüssigem Gelände gegraben, wo nur wenige Gruben lagen, die kaum Oberflächenfunde gebracht hatten (Abb. 21). Das Ergebnis der Grabung zeigen die Pläne (Abb. 22). Es ist zu erkennen, daß neben den Gruben, die schon bei der Oberflächenvermessung 1980 festgestellt worden waren (Fläche 2 und 3) eine weitere Grube (SW-Ecke von Fläche 1) angeschnitten wurde und auch in reichem Maße Spuren von Gebäuden erhalten sind: Einzelne Pfosten (Fläche 1), ein Wandgraben mit angesetzten Pfosten (Fläche 1), eine Reihe von Doppelpfosten (Fläche 3) u. a. Das sind Befunde, wie sie von vollständig ausgegrabenen bandkeramischen Häusern gut bekannt sind. Es ließen sich auch Überschneidungen feststellen: Auf Fläche 2 liegt ein Pfosten in einer Grube, auf Fläche 3 überschneiden sich 2 Gruben. Profilschnitte zeigten, daß unter der tiefgepflügten Humuszone (30–35 cm) die Pfosten noch 15–45 cm, die Gruben bis zu 70 cm tief in den anstehenden Lehm hineinreichen. Die Zerstörung durch das tiefe Pflügen dürfte hier im wesentlichen schon beendet sein, d. h. die weitere Zerstörung der jetzt noch reichlich vorhandenen Siedlungsreste wird nur noch langsam mit der Geschwindigkeit der natürlichen Abspülung fortschreiten. Die Befunde sind also in näherer Zukunft durch den Ackerbau nicht gefährdet.

Etwas anders liegen die Verhältnisse auf Fläche 4 (Abb. 22). Auf dem Planum wurden nur Gruben angetroffen, und diese zeigten die zerlappte Form, die die untersten Teile solcher Gruben häufig haben. Durch die Profilschnitte wurde dies bestätigt. Die Gruben reichten nur noch max. 25 cm in den anstehenden Lehm hinein. In diesem Bereich der Siedlung war die Abspülung also sehr stark, Hausgrundrisse dürften hier nicht mehr zu erwarten sein.

Die Grabung kann in vielerlei Hinsicht als Erfolg bezeichnet werden. Die Fragen der Bodendenkmalpflege waren beantwortet. Das geschah durch eine Schüleraktivität, die von den Beteiligten auch dann noch als sehr reizvoll empfunden wurde, als sie merkten, daß Bodendenkmalpflege wenig mit Schatzgräberei zu tun hat. Das zeigte das bis zum Schluß – d. h. zum Zuschaufeln der vier Grabungsflächen – anhaltende Engagement und das Bemühen um Genauigkeit beim Graben und Aufnehmen der Befunde. Den Schülern wurde Notwendigkeit, Aufgabenstellung und Arbeitsmethode moderner Bodendenkmalpflege durch praktisches Tun, d. h. harte Arbeit, nahegebracht und es hat ihnen auch noch großen Spaß gemacht.

Hermann Huber

Neolithische Siedlungen bei Giengen/Brenz, Ortsteil Hohenmemmingen und Sachsenhausen, Kreis Heidenheim

Nach dem zufriedenstellenden und nützlichen Ergebnis der Grabung in der neolithischen Siedlung Langenau, Breiter Weg, (vgl. S. 35) lag es nahe, solche Sondagen auch in anderen vergleichbaren Lehmbodensiedlungen durchzuführen, trifft doch die für die obengenannte Siedlung beschriebene Problematik für alle Siedlungen im Löß- und Lehmboden zu. Für die Unternehmungen im Herbst 1982 wurden zwei Siedlungen bei Giengen/Brenz ausgewählt, die ein ehrenamtlicher Mitarbeiter des Landesdenkmalamts, Abt. Bodendenkmalpflege, Herr Kettner, in der jüngeren Vergangenheit entdeckt hatte. Eine Siedlung liegt beim Ortsteil Hohenmemmingen im Gewann »Loch«. Herr Kettner hatte hier auf dem Akker Verfärbungen beobachtet und bandkeramische Scherben sowie eine wahrscheinlich Schussenrieder Scherbe aufgelesen. Die zweite Siedlung liegt beim Ortsteil Sachsenhausen in der Flur Bauernholz. Hier waren beim Bau einer Landstraße und einer Wasserleitung neben

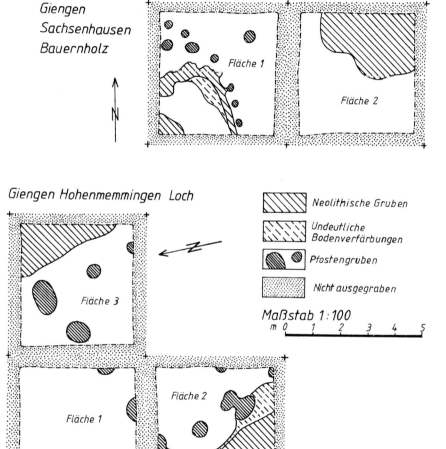

Abb. 23   Giengen. Plan der in den neolithischen Siedlungen gegrabenen Flächen von Schülern gezeichnet

urnenfelderzeitlichen Scherben auch solche der Rössener Kultur geborgen worden.

Bei einer Geländebegehung mit Herrn Kettner war bei Hohenmemmingen eine große Verfärbung deutlich sichtbar und deshalb konnten die Grabungsflächen gleich plaziert werden. Bei Sachsenhausen dagegen mußten die Schüler die neolithischen Gruben mit Suchlöchern erst finden. Herr Kettner hat die Leitung dieser Arbeit dankenswerterweise übernommen und auch in der Folgezeit immer wieder mitgeholfen. In beiden Siedlungen wurde wieder mit einem System von 4 x 4 m Flächen (5 x 5 m Vermessung) gegraben, wobei die Flächen so plaziert wurden, daß mindestens eine davon randlich in eine der festgestellten neolithischen Gruben hineinschnitt.

In der Siedlung bei Hohenmemmingen wurden nebeneinander drei derartige Flächen ausgegraben (Abb. 23). Auf diesen wurden zwei große Gruben angeschnitten, aus denen jeweils mehrere verzierte bandkeramische Scherben geborgen werden konnten. Zwischen diesen Gruben lagen mehrere Pfostengruben, die sich eindeutig zum Teil eines Gebäudes anordneten. Das Planum der Grabung lag 5–10 cm unter dem Humus. Die Profilschnitte durch die Pfostengruben zeigten, daß manche vom Planum aus noch bis zu 20 cm, andere aber nur noch 2–5 cm tief in den sandigen Lehm hineinreichten. Der Besitzer des Ackers hat hier noch nicht tief gepflügt (Humusschicht 15–20 cm).

Tiefgepflügt, wenn auch nicht in extremem Ausmaß, war der Acker im Bauernholz bei Sachsenhausen (Humusschicht 30 cm). Hier wurden zwei Flächen 4 x 4 m ausgegraben (Abb. 24, 23). Auf jeder der beiden Flächen wurde eine Grube angeschnitten, auf Fläche 1 kamen auch mehrere kleinere Pfostengruben zum Vorschein. Die Verfärbungen waren hier – vor allem direkt unter dem Humus – nicht ganz so deutlich zu erkennen wie bei den vor-

Abb. 24   Giengen. Grabung bei Sachsenhausen. Fläche 1 wird gezeichnet

herigen Grabungen. Deshalb wurde das erste Planum 10–18 cm unter der Humusschicht angelegt. Von diesem aus reichten die Gruben noch bis zu 40 cm, die Pfosten noch 2–22 cm in den anstehenden Lehm hinein. Die Befunde dürften also durch den Ackerbau nicht gefährdet sein.

Die Grabungen wurden zwischen Ernte und Winterbestellung vom 14. 9. 1982 bis 25. 10. 1982 durchgeführt. Den Besitzern, Herrn Ehrlinger aus Hohenmemmingen und Herrn Roth aus Sachsenhausen soll an dieser Stelle für die Zustimmung und gute Zusammenarbeit – sie haben es z. B. übernommen, den Humus in die Grabungsgruben zurückzufüllen – herzlich gedankt werden.

Hermann Huber

38

Die jungsteinzeitliche Befestigung auf dem »Silberberg« in Leonberg, Kreis Böblingen

Die Grabenanlage der Michelsberger Kultur auf dem »Silberberg«, über die wir in den »Archäologischen Ausgrabungen 1981« bereits berichtet haben, beschäftigte die Bodendenkmalpflege auch 1982 mehrfach. So mußten im Zuge von Baumaßnahmen im April, Juni, Juli und Oktober weite Teile der Befestigung in mehrtägigen Notgrabungen untersucht werden. Einzelne Abschnitte der Anlage fielen vor der Grabung Einzelbauvorhaben zum Opfer.

Dankenswerterweise erklärte sich das Kulturamt der Stadt Leonberg bereit, die anfallenden Maschinenkosten zu übernehmen. Wie im Vorjahr wurde der Graben im Planum aufgenommen, seine Form durch mehrere Profile dokumentiert. Die Bergung des Fundguts lag hierauf in Händen von Herrn E. Bernt, dem ehrenamtlichen Beauftragten der Bodendenkmalpflege, der diese Aufgabe in bewährter Weise durchführte.

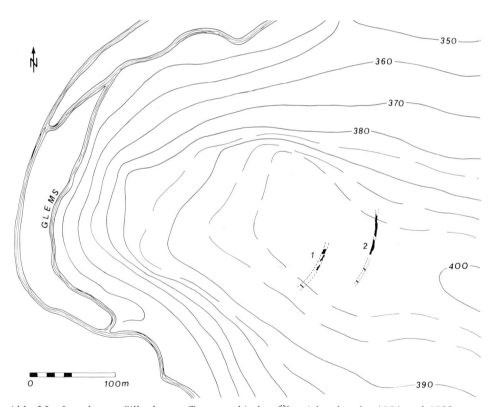

Abb. 25   Leonberg. »Silberberg«. Topographischer Übersichtsplan der 1981 und 1982 festgestellten Abschnittsbefestigung der Michelsberger Kultur

Der Grabenverlauf konnte nun zweifelsfrei festgelegt werden (Abb. 25). Die Befestigung riegelt den nach Westen, zur Glems gelegenen Bergsporn an der schmalsten Stelle ab. Dem 1981 festgestellten Graben (1) ist im Osten ein zweiter (2) vorgesetzt, der auf eine Länge von 80 Metern beobachtet werden konnte. Auch bei diesem handelt es sich um einen Sohlgraben von über 4 m oberer Breite und etwa 2 m breiter Sohle. Er ist damit etwas schmaler als die Anlage von 1981. Abgesehen von diesem Unterschied zeigten sich aber bemerkenswerte Übereinstimmungen. Wiederum lag über den unteren Einfüllungen eine Brandschicht. Von Westen, also vom Innenraum her, waren abermals Steine in den Graben verstürzt. Sie wiesen eine starke Brandrötung auf. Es handelt sich möglicherweise um Steine einer Wallaufschüttung bzw. Mauer. Gemeinsam mit den Befunden des Vorjahres sprechen diese Beobachtungen dafür, daß die Anlage ein gewaltsames Ende durch Feuer gefunden hat. Etwa in der Spornmitte lagen westlich des Grabens zwei längliche Gruben. Sie könnten eine zusätzliche Verstärkung der Befestigung im Bereich eines möglichen Tores gebildet haben. Der direkte Nachweis eines Tores gelang jedoch nicht. Moderne Störungen und starke Erosion hatten das Gelände stark verändert. Reste von Abfallgruben belegen die Besiedlung des westlich und südwestlich der Befestigung gelegenen Areals.

Das Fundmaterial gehört einheitlich der Michelsberger Kultur an. Zu erwähnen sind Reste weitgehend erhaltener Tongefäße sowie Knochengeräte. In den unteren Grabenfüllungen fanden sich auch Menschenknochen, die nicht mit der Zerstörung der Anlage in Verbindung gebracht werden können. Ähnliche Befunde wurden vielmehr schon häufiger in Michelsberger Befestigungen beobachtet. Sie weisen möglicherweise auf Kannibalismus hin. Die mächtige Befestigung des 3. Jahrtausends v. Chr. auf dem Silberberg ist mittlerweile weitgehend der Wohnbebauung unserer Zeit gewichen. Die Spuren der ältesten Siedler im Stadtgebiet von Leonberg konnten in letzter Minute dokumentiert und der Wissenschaft wie der Allgemeinheit erschlossen werden.

Ingo Stork

Literaturhinweis
I. Stork, Archäologische Ausgrabungen in Baden-Württemberg 1981, 53 ff.

Moor- und Seeufersiedlungen
Die Sondagen 1982 des »Projektes Bodensee-Oberschwaben«

Die systematische Erfassung der »Pfahlbausiedlungen« Baden-Württembergs durch das »Projekt Bodensee-Oberschwaben« (unterstützt durch die Deutsche Forschungsgemeinschaft) hat seit den ersten Anfängen im Sommer 1979 erhebliche Fortschritte gemacht. Ein Großteil der jungsteinzeitlichen und bronzezeitlichen Siedlungsflächen in den Seen und Mooren des Alpenvorlandes ist inzwischen durch Bohrungen lokalisiert und durch Sondagen weiter erkundet worden. Der Bestand der schwer zugänglichen Denkmäler wird somit erstmals überschaubar. Die überragende wissenschaftliche Bedeutung der Anlagen – bedingt durch die außergewöhnlich gute Konservierung organischer Materialien im feuchten Milieu – findet vor allem durch die Ergebnisse bioarchäologischer Untersuchungen ihre Bestätigung. Überschaubar wird aber auch das ganze Ausmaß der Zerstörung der Siedlungsplätze durch Abspülung, Grundwasserabsenkung und Baumaßnahmen sowie die anhaltende Gefährdung des verbliebenen Denkmälerbestandes. Noch vor Abschluß der Sondagearbeiten, der auf den Sommer 1983 geplant ist, sind deshalb bereits erste Konsequenzen gezogen worden:

Eine Auswahl der besterhaltenen Siedlungsanlagen zur Eintragung ins Denkmalbuch ist getroffen worden, einige Eintragungsverfahren sind bereits im Gang. In der Ufersiedlung Sipplingen-Osthafen und in der Moorsiedlung Reute-Schorrenried sind mit Mitteln der regulären Bodendenkmalpflege Rettungsgrabungen in akut bedrohten und durch andere Maßnahmen kaum mehr erhaltungsfähigen Siedlungsbereichen begonnen worden.

Wie sich bereits durch die Altfunde andeutete, ist der größte Teil der Bodenseeufersiedlungen jungsteinzeitlich und gehört in den Zeitraum von 4000 bis 2000 v. Chr. Funde der Pfyner Kultur (benannt nach der Moorsiedlung Pfyn, Kanton Thurgau, Schweiz) und der sie ablösenden Horgener Kultur (benannt nach der Ufersiedlung Horgen am Zürichsee), sind in nahezu allen Pfahlfeldern vertreten. Schnurkeramische Funde, die das Ende der neolithischen Besiedlungsphase markieren, sind dagegen selten. Auch die meisten Moorsiedlungen Oberschwabens sind jungsteinzeitlich. Die seit langem bekannten Siedlungen der Aichbühler und Schussenrieder Kultur, mit charakteristisch verzierten Keramikfunden, haben hier bisher das Bild geprägt. Völlig neue Gesichtspunkte ergeben sich dadurch, daß daneben bereits vier Siedlungen festgestellt werden konnten, deren Fundmaterial zwischen der Pfyner

Kultur und der bayerischen Altheimer Kultur vermittelt. Welcher der beiden kulturellen Strömungen die Stationen eher zuneigen und inwieweit sie gar Eigenständigkeiten zeigen, wird sich erst nach Auswertung der Grabungsergebnisse sagen lassen. Durch dendrochronologische Untersuchungen konnte inzwischen ihre Gleichzeitigkeit mit Siedlungen der Pfyner Kultur am Bodensee und in der Schweiz erwiesen werden. Im Gegensatz zum Bodensee sind endneolithische Siedlungen in Oberschwaben selten. Die eigenartigen Fundkomplexe vom Schreckensee und vom Dullenried

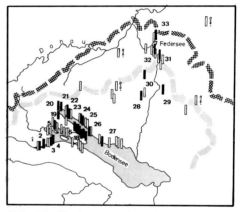

Abb. 26 Verbreitung der Ufer- und Moorsiedlungen in der Zone zwischen Bodensee und Endmoränen. Die Sondageunternehmungen des Jahres 1982 sind schwarz markiert: 1 Öhningen-Oberstaad, 2 Wangen-Hinterhorn, 3 Hornstaad-Schlößle, 4 Hornstaad-Hörnle, 5 Markelfingen-Große Espen, 6–18 zahlreiche Stationen zwischen Staad und Wallhausen, 19 Bodman-Weiler, 20 Bodman-Schachen, 21 Ludwigshafen-Seehalde, 22 Sipplingen-Osthafen, 23 Süßenmühle-Seepumpwerk, 24 Nußdorf-Seehalde, 25 Nußdorf-Strandbad, 26 Unteruhldingen-Stollenwiesen, 27 Hagnau-Burg, 28 Ruprechtsbruck-Blinder See, 29 Reute-Schorrenried, 30 Musbach-Seewiesen, 31 Schussenried-Riedschachen, 32 Buchau-Siedlung Forschner, 33 Alleshausen-Ödenahlen

Abb. 27   Wangen. Hinterhorn. Der Senkkasten wird gesetzt

im Federsee sind hier ohne Parallelen geblieben. Der Bestand der ohnehin seltenen früh- und spätbronzezeitlichen Feuchtbodensiedlungen am Bodensee und in Oberschwaben hat sich durch die neuen Forschungen nur unwesentlich erweitert; dies unterstreicht die Bedeutung der wenigen, noch gut erhaltenen Anlagen.

Die Untersuchungen des Projektes ließen sich in bewährter Weise in zwei Kampagnen zusammenfassen, in denen jeweils mehrere Grabungsmannschaften an verschiedenen Orten tätig waren. Während der Winter- und Frühjahrsmonate wurden die niederen Wasserstände und klaren Sichtverhältnisse des Bodensees für Sondagen genutzt. Die Grabungen in den oberschwäbischen Mooren fanden zur Zeit des absinkenden Grundwassers im Sommer statt. Wie die Karte (Abb. 26) zeigt, ist in diesem Jahr in 33 Siedlungsplätzen gearbeitet worden.

Den Gemeinden, Forstämtern und Landwirten, die vor allem in Oberschwaben bereit waren, dem Archäologenspaten vorübergehend einige Wiesenstücke zu opfern und die Arbeiten mit Interesse verfolgten, sei hier für die Unterstützung ein besonderer Dank ausgesprochen.

Zunächst galt es die im Vorjahr durch Wassereinbruch vorzeitig abgebrochenen Sondagen in den Ufersiedlungen von Wangen-Hinterhorn abzuschließen. Ungünstige Pegelstände des Bodensees zwangen erneut dazu, im überfluteten Uferbereich zwei auspumpbare Senkkästen zu setzen (Abb. 27). Durch Ausweitung des Bohrnetzes gelang es damit, die exakte Ausdehnung der untersten Pfyner Kulturschicht des jungsteinzeitlichen Siedlungsareales zu erfassen. Die Schicht läuft, was im Vorjahr noch nicht erkannt werden konnte, im Südwesten an die Strandoberfläche aus und ist, wie die weiter östlich austretenden jüngeren

42

Schichten, über große Strecken der nagenden Zerstörung durch die Wellen ausgesetzt.

Die Erhaltung der am Untersee in ihrer Abfolge von jung- und endneolithischen Siedlungsflächen einzigartigen »Pfahlbaustation« bringt für die Bodendenkmalpflege Probleme, die im Augenblick kaum lösbar erscheinen; es sei denn, es gelänge in den kommenden Jahren, die Abrasion großflächig zu stoppen. Zwei Grabungsschnitte in der Uferböschung und Tiefbohrungen durch den Sedimentologen M. Joos, Labor für Urgeschichte der Universität Basel, brachten weitere Auskünfte über die jüngste Kulturschicht der Pfyner Kultur, die unter hoher Sandbedeckung 50 m ans feste Land reicht. Die Ablösung und Überlagerung der Pfyner Siedlungen durch Kulturschichten der Horgener Kultur im Nordosten der Bucht sollten durch Aufschlüsse und Bohrungen weiter geklärt werden. Die Untersuchungsmöglichkeiten waren aber hier durch die ungünstigen Wasserstände genauso beschränkt wie im Bereich der Horgener Siedlung von Öhningen-Oberstaad, die nur durch Bohrungen erfaßt werden konnte.

In Fortsetzung der vorjährigen Sondagen in Nußdorf-Strandbad wurde die Bucht bei der Seehalde näher untersucht, die in den alten Berichten als eigentliche »Pfahlbaustation« von Nußdorf beschrieben ist. Insgesamt sind vier Kulturschichten angetroffen worden, die sich teilweise in ihrer Lage überschneiden. Ein Sondierschnitt auf dem trockengefallenen Uferstreifen erbrachte zwei durch Seekreide getrennte, lessivierte Siedlungsablagerungen, die beide Fundmaterial vom Typ Hornstaad enthielten.

Damit ist der früheste neolithische Besiedlungshorizont am Bodenseeufer um eine weitere Station bereichert und gibt sich als zeitlich gestaffeltes Phänomen zu erkennen. In der nur wenige Quadratmeter umfassenden Sondage kam neben Keramik- und Feuersteinobjekten

ein außergewöhnlich schöner Fund zum Vorschein: Eine Steinbeilklinge in komplettem Zusammenhang mit dem Holzschaft und dem verbindenden Geweihzwischenfutter lag unversehrt unter Zweigstücken und Rindenbahnen (Abb. 28). Seewärts schiebt sich über diese Befunde ein Schichtpaket der Horgener Kultur, das eine hervorragende Erhaltung aufweist. Die Kulturschichten zu frühbronzezeitlichen Oberflächenfunden waren nicht ausfindig zu machen. Wahrscheinlich sind sie bereits abgespült, worauf auch ein Pfahlfeld im seewärtigen Bereich hindeutet, in dem nur noch Pfahlspitzen erhalten sind. Auch zu Oberflächenfunden der Pfyner Kultur konnten keine entsprechenden Schichten gefunden werden.

Abb. 28 Nußdorf. Seehalde. Komplette Steinbeilschäftung mit Hirschgeweih-Zwischenfutter in originaler Fundlage

43

In der benachbarten Siedlung Nußdorf-Strandbad gelang es durch Tauchuntersuchungen zwei bisher nicht datierte Kulturschichtflächen durch entsprechende Fundstücke der Jungsteinzeit zuzuordnen. Auch hier erweisen sich die frühbronzezeitlichen Oberflächenfunde, für die bisher ein Zusammenhang mit den Schichten erwogen wurde, nun als letzte Reste bereits abgespülter Siedlungen. Auf der Strandfläche von Markelfingen-Grosse Espen konnte gleicherweise nur ein bereits ausgespültes Pfahlfeld ohne Kulturschicht festgestellt werden.

Die wesentliche Neuerung in der Arbeit des Projektes Bodensee-Oberschwaben bestand 1982 im vielseitigen Einsatz von Taucharchäologen, ohne die eine große Zahl der Siedlungen nicht hätte erreicht werden können. Erste Schritte auf dem Gebiet der Unterwasserarchäologie waren – initiiert durch den Einsatz von Tauchern der Stadtarchäologie Zürich in Sipplingen und Bodman – bereits im Vorjahr unternommen worden. Die Anschaffung spezieller Ausrüstungsgegenstände und die Ausbildung grabungserfahrener Fachleute erlaubten nun erstmals eigene Unterwasserprospektionen größeren Ausmaßes, über die im folgenden noch näher berichtet wird.

Auch in oberschwäbischen Seen haben erste Suchaktionen unter Wasser stattgefunden. Die wesentlichen Aktionen der Sommerkampagne wurden jedoch ohne großen technischen Aufwand in bereits verlandetem und von Torf überwachsenem Gelände durchgeführt. In der jungsteinzeitlichen Siedlung Ödenahlen im nördlichen Federseemoor, wo bereits 1981 eine ausgedehnte jungsteinzeitliche Siedlung mit außerordentlich gut erhaltenen Häusern festgestellt worden war, kam es zur erneuten Öffnung von Profilen. Die Aktion wurde vor allem zur Bergung von botanischem Probenmaterial durchgeführt, zudem hatte sich bei der Auswertung der letztjährigen Grabung ge-

zeigt, daß kritische Stellen der komplizierten Schichtenfolge zwischen Siedlung und umgebenden Seeablagerungen einer erneuten Überprüfung bedürfen. Die Paläoethnobotanikerin U. Körber-Grohne, Universität Hohenheim, war zur Bergung des vor allem auch moorgeologisch aufschlußreichen Probenmateriales ins Gelände gekommen.

Während der Grabungen in den diesjährig sehr niederschlagsarmen Frühsommermonaten wurden wir auf ein weiteres Phänomen aufmerksam: Durch Austrocknung und Schrumpfung der Mooroberfläche wurden plötzlich kleine Hügel im sonst flachen Wiesengelände sichtbar. Es waren dies aus dem Untergrund durchgedrückte Steinpackungen der Herdstellen; so konnten weitere jungsteinzeitliche Hausplätze eingemessen werden. Bereits nach wenigen Wochen waren die Strukturen nach ersten Niederschlägen wieder verflacht. Auf die ergebnisreichen Grabungen im südlichen Federseebecken sowie im benachbarten Musbacher Ried wird im folgenden in eigenen Berichten eingegangen werden. Weniger Erfolg war zwei Sondagen am Blinden See bei Ruprechtsbruck und im Olzreuter Ried beschieden. Unerwartet starker Grundwasserandrang behinderte die Arbeit derart, daß in der verfügbaren Zeit die Siedlungsschichten nicht erreichbar waren.

Neben den laufenden Geländearbeiten vollzog sich dieses Jahr eine Hinwendung zur Auswertung der angesammelten Rohdaten und Funde. Aus den zu klein gewordenen Magazinräumen in Bodman konnte nach Hemmenhofen am Untersee umgezogen werden, wo Büro- und Laborräume angemietet wurden, die auch für große Grabungen der kommenden Jahre eine ideale Arbeitsbasis bieten. Die Anschaffung einer eigenen dendrochronologischen Meßanlage mit Kleincomputer war – angesichts der bereits mehr als 4000 magazinierten Holzproben – ein notwendiger Schritt zur

Durchführung dendroarchäologischer Forschungen. Unser Dank sei an dieser Stelle der Gesellschaft für Vor- und Frühgeschichte ausgesprochen, die den Kauf ermöglichte. Die Pfahlfelder, Hausböden, Zäune und Palisaden aber auch die Gefäße und Geräte aus Holz gehören zu den wertvollsten, weil aussagefähigsten Informanten zur Erforschung von Chronologie, Technologie und Umwelt der Ufer- und Moorsiedlungen.

Eine schnelle Bearbeitung der Proben ist notwendig, da diese durch Austrocknen während der Lagerung bald unbrauchbar werden. Durch das Projekt Paläoethnobotanik Bodensee-Oberschwaben der Universität Freiburg sind die pollenanalytischen Untersuchungen vor allem der Siedlungen Wangen und Schrekkensee weitergeführt worden. In enger Zusammenarbeit erfolgten systematische Holzbestimmungen und Analysen von Sämereien und Getreidefunden. Die Grabungen in Wangen und eine erneute Profilöffnung in Hornstaad boten ideale Bedingungen zur Entnahme systematischer C 14-Proben aus unterschiedlichen organischen Materialien. Die vor allem methodisch interessierenden Radiokarbon-Seriendatierungen werden durch J. Jaguttis-Emden, Universität Tübingen, in Zusammenarbeit mit dem Labor für Umweltphysik der Universität Heidelberg durchgeführt. Weitere C 14-Datenserien aus dem umfangreichen Sondageprogramm sind inzwischen in den Laboratorien Köln und Bern erarbeitet worden. Lichtbildervorträge, Grabungsführungen, Vorberichte und Pressemitteilungen setzten die seit dem letzten Jahrhundert an der Pfahlbauforschung rege interessierte Öffentlichkeit auch dieses Jahr über neue Ergebnisse ins Bild. Besondere Aufmerksamkeit fand die Württembergische Sonderausstellung »Pfahlbauten – Neue Forschungen in Südwestdeutschland«, die im Frühsommer im Landesmuseum in Stuttgart aufgebaut war und in der Aufgaben,

Arbeitsweise und neue Entdeckungen des Projektes Bodensee-Oberschwaben anschaulich wurden. Die Wanderausstellung war im Vorjahr bereits im Federseemuseum zu Gast und wird auf den aktuellen Stand gebracht, 1983 in Konstanz zu sehen sein.

Helmut Schlichtherle

Taucharchäologie am Bodensee (Kreis Konstanz und Bodenseekreis)

Zahlreiche Pfahlbausiedlungen des Bodensees, vor allem solche der ausgehenden Jungsteinzeit und der Bronzezeit, liegen auch bei winterlichem Niederwasser so tief, daß sie durch kleine Senkkästen oder Sandsackdämme vom Archäologen nicht mehr erreicht werden können. Bohrungen und Beobachtungen vom Boot aus, bei denen sich ein mobiler Schwimmkasten mit Glasboden als reflexfreies Guckfenster in die Tiefe bewährt hat, sind hier zunächst die letzten Mittel zur Erkundung der Stationen. Erst durch die Entwicklung geeigneter Methoden, mit denen als Taucher ausgerüstete Wissenschaftler und Techniker unter Wasser ausgraben, vermessen und zeichnen können, sind auch die rätselhaften Pfahlfelder in der Tiefe leichter erforschbar. Eine Alternative würden lediglich große Caissons mit eingerammten Stahlspundwänden bieten, die dann leergepumpt werden können, wie das für archäologische Forschungen am Bodensee bisher nur einmal 1929/30 in Sipplingen der Fall war. Für Sondagen und übersichtsmäßige Forschungen ist die beweglichere Taucharchäologie jedoch viel besser geeignet und trotz beträchtlichem technischem Aufwand weniger teuer. Das technische »know how« für die Unternehmungen am Bodensee lieferte die vorbildlich ausgerüstete Tauchgruppe der Züricher Stadtarchäologie, deren langjährige Erfahrung wir in Anspruch nahmen. Bei Ausgrabungen im Zürichsee wurden seit 15 Jahren Verfahren der Unterwasserarchäologie entwickelt, die den besonderen Verhältnissen der Pfahlbaustationen angepaßt sind. Die Sondagen am Bodensee haben wir in Anlehnung an das Vorbild, auf einem allerdings noch nicht vergleichbaren, technischen Niveau der Ausrüstung, in folgender Weise angelegt (Abb. 29):

Die Ausgräber tragen Trockentauchanzüge, die bei den Untersuchungen im kalten aber klaren Wasser der Wintermonate einen gewissen Wärmeschutz bieten. Die Arbeitsbasis über Wasser findet ihren Platz in einem Pon-

Abb. 29   Die Technik der Sondagen unter Wasser. 1 Pontonboot, 2 Tauchhelfer, 3 Sedimentkorb, 4 Motorpumpe, 5 Ansaugstutzen, 6 Druckschlauch, 7 Strahlrohr, 8 Grundplatte, 9 Signalleine, 10 Taucharchäologe

tonboot (1), welches an der Grabungsstelle verankert wird. Unter Wasser besteht die Einrichtung neben einem mobilen Meßrahmen vor allem aus dem sogenannten Strahlrohr, das auf einer Grundplatte montiert ist. Dieses Strahlrohr (7) ist an eine Motorpumpe (4) im Boot angeschlossen und erzeugt durch zahlreiche Düsen eine künstliche Strömung, die den aufgewirbelten Schlamm von der Ausgrabung wegzieht. Bei so erzeugter Klarsicht werden die Kulturschichten freigelegt. Das abgetragene Material der Siedlungsschichten wird in Plastikkörbe gefüllt und ins Boot gehievt. An Land wird es dann später durch eine Siebanlage gespült. Diese, bei konventionellen Ausgrabungen bewährte Methode, gewährleistet auch bei den Untersuchungen unter Wasser das Auffinden kleinster Objekte. Die zeichnerische Dokumentation wird mit Hilfe einer 1 qm großen, durchsichtigen Plexiglasscheibe bewerkstelligt. Die Scheibe wird einfach auf die freipräparierte Fläche gelegt oder vor ein Profil gestellt und die Kontur der Strukturen in Originalgröße mit einem Wachsstift durchgezeichnet. Eine kleinmaßstäbliche Zeichnung wäre umständlich herzustellen und mit größeren Fehlern behaftet, da mit dicken Gummihandschuhen gearbeitet werden muß. Das große Original läßt sich problemlos mittels eines Leuchtkastens und einer dem Prinzip der Laterna magica entsprechenden Spiegel-Linsenkombination in einen üblichen Maßstab übertragen. Notizen werden mit wasserfesten Stiften auf speziellem Papier gemacht; Fotografien mit Unterwasserkameras vervollständigen die Dokumentation, deren Qualität kaum hinter regulären archäologischen Unternehmungen zurückbleibt.

Ein Schwerpunkt der diesjährigen Winterkampagne lag auf der Sondage des Uferabschnittes von Wallhausen bis Konstanz-Hohenegg am südwestlichen Ufer des Überlinger Sees. Von dort waren bereits zahlreiche Pfahl-

baustationen bekannt, die man durch eine planmäßige Aufnahme zu erfassen versuchte. Das wichtigste Hilfsmittel neben der Tauchausrüstung war hierbei das Bohrgerät, welches es ermöglichte, auch unter Sedimentbedeckung liegende Kulturschichten auf weite Flächen festzustellen. War durch planmäßiges Abschwimmen die Siedlungsstelle durch Pfahlköpfe gefunden, wurden Ausdehnung und Zustand durch Unterwasserbohrungen festgehalten. Die zeitliche Einordnung erfolgte durch kleine Probegrabungen in gut erhaltenen Teilen der Siedlungen oder durch Aufsammeln des auf dem Seegrund liegenden Keramikmaterials. So konnten auf der 10 km langen Strecke 13 Siedlungsplätze eingemessen werden, die, soweit nachweisbar, alle in das Neolithikum gestellt werden können.

Bei einigen Siedlungen war die Abspülung so weit fortgeschritten, daß lediglich noch vereinzelte Pfähle von der Existenz ehemals ausgedehnter Pfahlfelder zeugten. Der hohe Grad der Zerstörung der Überreste vorgeschichtlicher Siedlungen ist an diesem Uferabschnitt neben menschlichen Eingriffen, wie etwa Hafenausbaggerungen und Uferaufschüttungen, auf die speziellen geologischen Bedingungen zurückzuführen. Die Siedlungsschichten fallen ausnahmslos stark in das Seebecken ab, es konnten Neigungswinkel bis ca 18° beobachtet werden. Dies hat zur Folge, daß stets der landwärtige Teil einer Siedlung zerstört ist, und Kulturschichten oft nur als lange, schmale Streifen im See erhalten sind.

Kennzeichnend für diesen Uferabschnitt ist die Situation im Areal des Hafens von Wallhausen. Im Uferbereich liegt hier, wie auch in den anderen Stationen, der glaziale Ton an der Oberfläche. Die seewärtigen Teile der ehemaligen Siedlung sind größtenteils bei der Anlage des Hafens durch Ausbaggerungen des Seegrundes zerstört worden. Unter den Hafenstegen haben sich stellenweise noch Sediment-

Abb. 30   Neue Tauchfunde; Gefäße der Horgener Kultur aus Wallhausen, Sipplingen und Bodman

blöcke erhalten, an denen im März erste Tauchgrabungen durchgeführt wurden. In zwei Schnitten konnte eine mehrschichtige Stratigraphie aufgedeckt werden, deren Fundmaterial eine Zuweisung zur Horgener- und zur Pfyner Kultur ermöglichte. Die ehemals gute Erhaltung ausgedehnter Kulturschichtflächen der Wallhauser Bucht zeigten sich an Textilien und »in situ« vorgefundenen kompletten Gefäßen (Abb. 30).

Die bisher einzige Station der ausgehenden Frühbronzezeit des Bodensees, deren Reste erwiesenermaßen noch im Schichtverband liegen, befindet sich an abgelegener Stelle in der den Überlinger See nach Westen abschließenden Bucht, am Schachenhorn, einem ehemaligen Mündungsdelta der Stockacher Aach. Die

in verstärktem Maße fortschreitende Zerstörung weiter Teile der Station durch starke Abspülungskräfte, die auf die extrem windexponierte Lage dieses Uferabschnittes zurückzuführen ist, sowie durch Raubgräber im Tauchanzug, machte eine überblickverschaffende Sondage dringend erforderlich. Die weitab vom Ufer gelegenen Siedlungsreste, das Pfahlfeld sowie die an der Oberfläche liegende Kulturschicht, ließen sich durch Bojen markiert, vom Ufer aus einmessen, nachdem über Bohrungen und planmäßiges Abschwimmen, ihre Ausdehnung ermittelt worden war.

Um die Schichtverhältnisse detaillierter zu erfassen, wurden zwei Probeschnitte angelegt, die eine 15–20 cm mächtige, im unteren Bereich gut erhaltene Kulturschicht ergaben. Ke-

48

ramikfunde lassen sich sowohl der Form nach, als auch durch reiche Verzierung gut mit den Gefäßen von Arbon Bleiche am schweizerischen Bodenseeufer vergleichen und gehören demnach der späten Frühbronzezeit an. Neben der zahlreich vorhandenen Keramik konnten Flecklinge – Bretter, die das Einsinken, der in sie eingezapften Pfähle in den Seegrund, verhindern sollten – sowie Eichenspältlinge geborgen werden, deren im Seegrund steckendes Ende stufenförmig behauen war (Abb. 31). Diese Hölzer geben einen Einblick in die Baugeschichte der Station am Schachenhorn und eröffnen die Möglichkeit der absoluten Datierung dieses frühbronzezeitlichen Dorfes. Aufgrund des bedenklichen Zustandes weiterer Siedlungsflächen sind für die Winterkampagne 82/83 wieder Sondagen geplant.

Einen weiteren Schwerpunkt der Tauchaktionen bildete eine zehntägige Aktion im Bereich des Sipplinger Osthafens. Unser Hauptaugenmerk galt dabei einer Station, die durch

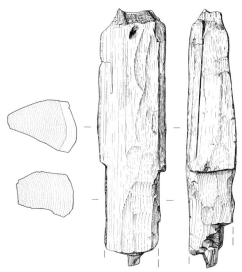

Abb. 31   Bodman-Schachen. Bearbeitetes Bauholz der frühbronzezeitlichen Ufersiedlung

Saugbaggerung im Zuge des Hafenbaues 1970 bereits stark in Mitleidenschaft gezogen worden war. Durch die Baumaßnahmen dürften wohl 60 Prozent der Substanz der bislang besterhaltenen Horgener Siedlung am Bodensee zerstört worden sein. Innerhalb des Hafenbeckens sind unter Stegen und zwischen Pfostenreihen wenige zusammenhängende oder isoliert stehende Sedimentsockel erhalten geblieben, die noch Kulturschicht enthalten. Die Tauchaktion diente dazu, diese letzten, stark bedrohten »Zeugen« mit den Mitteln der Unterwasserarchäologie auszugraben und zu dokumentieren.

So wurden an verschiedenen Stellen des Hafens kleinere Flächen untersucht. Besonders informativ waren Aufschlüsse in unmittelbarer Nachbarschaft des 1929/30 bereits ausgegrabenen Areales. Dort hatten bereits die Zürcher Taucharchäologen U. Ruoff und P. Sutter eine sechsschichtige Stratigraphie nachgewiesen, die eine Mächtigkeit von einem Meter besitzt. Wie einzelne stratifizierte Funde andeuten, spielt diese Schichtfolge eine Schlüsselrolle zum Verständnis des südwestdeutschen Endneolithikums. Neben den Sondagen wurden in der Bucht östlich des Hafens Bohr- und Abschwimmaktionen weitergeführt. Dabei ließen sich mehrere Siedlungsareale mit großflächiger Kulturschichterhaltung registrieren, die verschiedenen Phasen der Pfyner Kultur angehören. Das zeigt deutlich, daß die Sipplinger Bucht zusammen mit Bodman-Weiler und Wangen-Hinterhorn zu den kulturschichtreichsten neolithischen Siedlungsplätzen gehört, die wir am Bodensee kennen.

Das bereits 1864 entdeckte spätbronzezeitliche Pfahlfeld östlich des Hafens von Unteruhldingen – nicht zu verwechseln mit den Rekonstruktionen des Pfahlbaumuseums im Westen – zählt aufgrund seines Reichtums an Fundmaterial zu den bekanntesten Ufersiedlungen am Bodensee. Bronzene Gegenstände,

49

vor allem reich verzierte Nadeln des Fundortes finden sich in zahlreichen Museen quer durch Europa. Alle bisherigen Funde kamen jedoch aus undokumentierten Grabungen. Flugaufnahmen und Erkundungen unter Wasser brachten 1980 erstmals Kenntnis von zahlreichen Palisadensystemen, die mindestens drei, in unterschiedlichen Bauphasen erstellte, Siedlungsareale umfassen. Die diesjährigen Untersuchungen, bei denen Bohrungen unter Wasser durchgeführt wurden, sollten vor allem den Erhaltungszustand der Anlage klären. Die z. T. mehrreihigen Pfahlstellungen der Palisaden sind durch die Erosion auf weite Strecken bereits in über einem Meter Länge freigelegt. Aus diesen Bereichen stammen auch zahlreiche freigespülte Funde (Abb. 32). Der Erhaltungszustand der an der Oberfläche stark zerfressenen und abgerollten Keramik läßt im Verbund mit den durchgeführten Bohrungen erschließen, daß Kulturschichten heute nur noch in Restflächen erhalten sein können. Die zum großen Teil aus Eichenholzstämmen erbaute Siedlungsanlage, in der auch noch andere Konstruktionselemente wie z. B. Schlammlatten erhalten sind, hat ihre besten Entsprechungen am Neuenburger See, wo

durch Luftaufnahmen zeitgleiche, palisadenumgebene Anlagen entdeckt worden sind. Vor allem durch die dendrochronologischen Möglichkeiten einer jahrgenauen Datierung der einzelnen Bauphasen, enthält der in seiner Vollständigkeit am Bodensee einzigartige, spätbronzezeitliche Siedlungskomplex von Unteruhldingen noch äußerst wertvolle Informationen.

Martin Kolb, Joachim Köninger,
Gunter Schöbel

Sondagen im Musbacher Ried (Gemeinde Ebersbach, Kreis Biberach)

Das auf halbem Wege zwischen Aulendorf und Saulgau gelegene Musbacher Ried war schon in den zwanziger Jahren von archäologischem Interesse, als der Biberacher Zahnarzt H. Forschner insgesamt drei Fundstellen im Ried namhaft machte. Beim Abstechen der Niedermoortorfe waren an verschiedenen Stellen Gefäßscherben, zugehauene Hölzer und eine Bronzenadel zum Vorschein gekommen.

Die exakte Erfassung der Bodendenkmäler im inzwischen veränderten Gelände war das diesjährige Ziel einer vierwöchigen Sondage.

Das Musbacher Ried erstreckt sich zwischen Moränenzügen der Würmeiszeit in Nord-Südrichtung auf eine Länge von 1,5 km bei einer Breite von 300–500 m. Durch zahlreiche Gräben, die durch den Riedbach nach Süden entwässern, ist das ehemalige Moorgebiet im Zuge der Abtorfung land- und forstwirtschaftlich nutzbar gemacht worden. Wie in Riedgebieten ähnlicher Dimension ist der ehemalige See bis auf einen kleinen Rest fast vollständig verlandet. Etwa 150 m südlich des Musbacher Sees konnte anhand der Kartierung Forschners eine ausgedehnte Kulturschicht gefunden

Abb. 32 Unteruhldingen. Stollenwiesen. Schale und kleines Keramik-Mondidol aus dem Pfahlfeld der Urnenfelderzeit

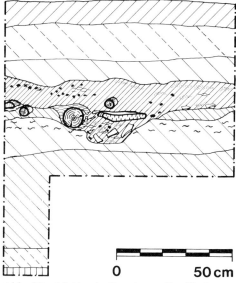

Abb. 33 Musbach. Seewiesen. Profil eines
Sondierschnittes mit dem Kulturschichtband
im Torf

gen in Oberschwaben leider nicht ganz stich-
haltig. Mehrere in einer Reihe stehende Bretter waren mit erstaunlicher Präzision aus
einem Eichenstamm von ca. 120 Jahren ge-
spalten und gehören wahrscheinlich zur Wand
eines jungsteinzeitlichen Hauses. Auch hier
wären, um mehr Sicherheit zu erlangen, größere Grabungsflächen erforderlich. Leider
sind trotz zahlreicher Holzfunde bisher keine
Eichen entdeckt worden, die für eine dendrochronologische Datierung der Station geeignet
wären. Die Spur der beiden anderen, durch
Forschner beschriebenen Fundpunkte im
Musbacher Ried, konnte trotz mehrerer Ver-
suche nicht aufgenommen werden, möglicherweise handelte es sich nicht um eigentliche
Siedlungsflächen.   *Joachim Köninger*

Die »Siedlung Forschner«
im Federseemoor
(Stadt Bad Buchau, Kreis Biberach)

werden. Bohrungen und zwei nur wenige Quadratmeter umfassende Schnitte gaben Auskunft über Zusammenhang und Zustand der
Station. Die Größe der Musbacher Siedlung
entspricht mit 60 m Durchmesser in etwa der-
jenigen von Ödenahlen im nördlichen Federseebecken. Eine 10–15 cm mächtige Kulturschicht (Abb. 33) lieferte neben Silexwerkzeu-
gen und bearbeiteten Hölzern ein reiches Keramikmaterial, welches sich mühelos an die
Funde von Reute und Ödenahlen anschließen
läßt und ebenfalls dem jüngeren Neolithikum
angehört.

Von großem Interesse ist die Vergesellschaf-
tung mit einer im Schussenrieder Stil verzierten Scherbe. Da das Keramikfragment abge-
rollte Kanten besitzt und somit sekundär in
den Fundzusammenhang geraten sein könnte,
ist der erste Beleg für eine Gleichzeitigkeit von
Pfyn-Altheimer und Schussenrieder Siedlun-

Im östlichen Taubried in unmittelbarer Nähe
des Segelfluggeländes 5 km südsüdwestlich
von Bad Buchau liegt die »Siedlung Forschner« welche bis jetzt im Schatten der berühmten Siedlungen des südlichen Federseemoores
geblieben ist. Um sie vor unbefugten Grabungen zu schützen, kaufte sich der Entdecker, H.
Forschner, Zahnarzt in Biberach und aktiver
Pionier der oberschwäbischen Archäologie,
1920 zwei Wiesenparzellen im Bereich des
Siedlungsareales. Wie an den anderen Fundplätzen des Federseemoores kamen hier seit
dem letzten Jahrhundert die Siedlungsreste
durch Abtorfung und mehrfache Absenkung
des Wasserspiegels immer weiter an die Oberfläche. Am Ende des trockenen Sommers 1947
konnte Oscar Paret durch die Grasnarbe herausragende Pfahlköpfe zweier bogenförmiger

Palisaden auf eine Länge von 90 m verfolgen. Ähnlich hatte sich bereits in den zwanziger Jahren der Landwirt Küchle in trockenen Perioden über den ständigen Nachwuchs von Pfahlköpfen auf seiner Wiese geärgert, was zur Entdeckung der benachbarten Wasserburg Buchau führte – die Pfähle wurden durch Schrumpfung der austrocknenden Schichten an die Oberfläche gepreßt.

Um die Ausdehnung des Siedlungsareales zu erfassen, führte die Außenstelle Tübingen des Landesdenkmalamtes Baden-Württemberg 1975 erste Ausgrabungen durch. Am südlichen Rand der Siedlung wurden durch drei parallel laufende Suchschnitte mehrere, lokkere Pfahlreihen angeschnitten, die mit einem Abstand von 2–4 m zueinander wohl ein umlaufendes Palisadensystem bilden.

In der Nordrichtung waren tiefsitzende Eichenpfosten mit sorgfältig behauenen Spitzen als Relikte der Innenbebauung anzusehen. Aufgrund der wenigen Funde und der ersten

naturwissenschaftlichen Untersuchungen konnte eine kulturelle Zuweisung zur mittleren Bronzezeit angenommen werden. Bis jetzt gilt die Siedlung Forschner als einziger Beleg einer Kontinuität der Besiedlung vom Neolithikum bis in die Spätbronzezeit in Mooren und an Seeufern des nördlichen Voralpenlandes. Die Siedlung inmitten des Federseebekkens, ihre Verzahnungen mit den natürlichen Ablagerungen sowie die Baubefunde der offenbar stark strukturierten Anlage bilden ein ideales Forschungsfeld. Sie bieten zudem die erfreuliche Möglichkeit, die Problematik der benachbarten »Wasserburg Buchau« wiederaufzunehmen, die quasi als Nachfolgestation anzusehen ist. Aus diesen Gründen ist die »Siedlung Forschner« als besonders geeignetes Objekt für siedlungsarchäologische Forschungen im Rahmen eines neuen Schwerpunktprogrammes der Deutschen Forschungsgemeinschaft vorgesehen.

Als Vorbereitung der Großgrabungen er-

Abb. 34   Buchau. Siedlung Forschner. Palisaden am Rande der Station in situ

laubte die Aktion diesen Sommer weitere Einblicke in die Siedlung. Die Untersuchungen am Rand der Station ließen bald fünf von den schon 1975 angeschnittenen Palisaden auftauchen (Abb. 34). In lockerem Abstand von 50–80 cm waren dünne, ungeschälte Stangen im Boden eingerammt. Die Holzbestimmung läßt eine gezielte Auswahl der Holzarten erkennen. Während die drei äußeren Palisaden an dieser Stelle ausschließlich aus Kiefernstangen bestehen, wurden Laubhölzer wie Birke, Buche und Erle zur Herstellung der beiden Innensysteme verwendet.

Nach der ersten dendrochronologischen Untersuchung erwiesen sich die drei Kiefernpalisaden als einheitliches Bauwerk. Die Schlagzeiten sind auf wenige Jahre verteilt, was für eine gewisse Organisation und Planung von der Besorgung des Baumaterials bis zu seiner Aufstellung spricht. 40 Jahre nach den dendrochronologischen Pionieruntersuchungen an der Palisade der »Wasserburg Buchau« durch B. Huber, hat sich auch hier die Paretsche Theorie einer ständigen Ausbesserung der Dorfzäune an ihren defekten Stellen nicht bewahrheitet. Die stratigraphischen Verhältnisse im Palisadenbereich bieten einen weiteren Vergleich zur »Wasserburg Buchau«. Während außerhalb der Dorfbegrenzung weitgehend sterile Schichten vorliegen, kommt es, beginnend ab der dritten Pfahlreihe, zu einer Anreicherung der Schicht mit organischem Material wie Zweigen, Ästen, Rundhölzern, Rindenstücken und sonstigen Pflanzenresten. Verkohlte Hölzer und Bretter sowie kleinere Holzkohlen vermehren sich in Richtung des Dorfzentrums und sind Belege für Brandzerstörungen der Innenbebauung. Das gesamte liegt einschließlich der Funde in einer muldenartigen Ablagerung, die einer Auswaschung des Siedlungsrandes entspricht. Eine definitive Antwort zur Lage der Siedlung im Verhältnis zum vorgeschichtlichen Federsee kann jedoch

Abb. 35 Buchau. Siedlung Forschner. Bronzezeitliches Gefäß aus der Kulturschicht im Palisadenbereich

noch nicht gegeben werden. Auch die kulturelle Zuweisung des Fundortes, dessen Keramikfunde (Abb. 35) früh- und mittelbronzezeitliche Merkmale tragen, ist noch rätselhaft. Die Grabungsergebnisse sind für siedlungsarchäologische Forschungen vielversprechend, die angeschnittenen Probleme bereits in den Fragenkatalog einer großflächigen Untersuchung eingeschrieben.

André Billamboz, Martin Kolb

Auf der Spur der »Schussenrieder Pfahlbauten« (Stadt Bad Schussenried, Kreis Biberach)

Wie schon 1980 in den Siedlungen Aichbühl und Taubried wurde dieses Jahr in der Sommerkampagne im benachbarten Siedlungsgelände Riedschachen eine Nachuntersuchung vorgenommen. Die mehrphasige Siedlung im südlichen Federseemoor – dem sogenannten Steinhauser Ried – ist seit der Entdeckung

53

durch Oberförster E. Frank 1875 sowohl umstrittener Kronzeuge in der Diskussion um das Pfahlbauproblem, als auch vielzitierter Beleg für ein komplett ausgegrabenes, palisadenumwehrtes Dorf der Jungsteinzeit. Die nun über hundertjährige Forschungstradition fand durch die bahnbrechenden Großgrabungen des Urgeschichtlichen Institutes der Universität Tübingen unter der Leitung von R. R. Schmidt in den Jahren 1920–1929, die zur Aufdeckung von mindestens 25 Gebäuderesten führten, ihren Höhepunkt. Insgesamt wurden dabei rund 2400 qm ausgegraben. Trotz detaillierter Publikation der Baubefunde verblieben aber zahlreiche Fragen und Widersprüche; das Fundmaterial sowie die stratigraphischen Zusammenhänge sind nie erschöpfend ausgewertet und veröffentlicht worden. Die Forschungstradition wurde erst in den fünfziger Jahren durch eine um die moorgeologische Geschichte des Federsees verdiente Gruppe von Wissenschaftlern um E. Wall wieder aufgenommen, deren Untersuchungen neue Gesichtspunkte, vor allem zur Topographie, Umwelt und Stratigraphie der Siedlungen brachte. Im Zuge der Ausgrabung der Siedlung Ehrenstein bei Ulm 1960 trat die vergleichbare Siedlung Riedschachen wiederum in das Blickfeld neuerer naturwissenschaftlicher Fragestellungen. Aber auch die neuen Pollendiagramme und C 14-Daten ergaben kein klares Bild.

Die Reste der Siedlung liegen im Gegensatz zu früher, als das abgetorfte Ried das Bild beherrschte, nun inmitten des namengebenden Waldes Riedschachen und werden durch den Entwässerungsgraben und den parallel dazu verlaufenden Weg auf 11 m Breite durchschnitten. Der in die eiszeitlichen Schotter eingetiefte Kanal, der das gesamte südliche Federseeried nach Steinhausen entwässert, war schon 1909/10 und besonders 1920 Anlaß für die damaligen Grabungen. Er bewirkte seit damals die völlige Trockenlegung der Siedlungsreste bis in die Kalkmudde und damit den unaufhaltsamen Zerfall der organischen Befunde in den noch vorhandenen Schichtresten. Der Schwerpunkt der diesjährigen Sondagen lag in der Nordosthälfte der alten Grabungsfläche, einem nun durch Aushubhaufen hügeligen Brennesselfeld. Die Südwesthälfte liegt vollkommen im Wald und ist, obwohl dort die meisten Häuser lagen, einer Untersuchung ohne größere Eingriffe nicht zugänglich. Die Nachuntersuchungen hatten zwei Hauptziele: die Bergung von dendrochronologisch verwertbaren Hölzern und die Wiederauffindung und Neuvermessung des umstrittenen »Palisadensystems«. Beide Ziele konnten nur teilweise erreicht werden. Es ergaben sich aber wichtige Befunde zum Erhaltungszustand und Vorhandensein letzter, weitgehend ungestörter Schichtreste in und außerhalb des Siedlungsgeländes. In insgesamt 29 Suchschnitten wurde neunmal die mutmaßliche Palisade oder zumindest der 1928 angelegte, dem Palisadenverlauf auf 1–4 m Breite folgende Suchgraben angeschnitten, der damals zusammen mit 25 Radialschnitten, die Basis für den Siedlungsplan Riedschachen I bildete.

In fünf Schnitten wurden ungestörte Kulturschichtreste in den Mudden, an einer Stelle am östlichen Siedlungsrand im Bereich der Moorbauten 14 und 15, sogar ungestört scheinende Estrichreste im Torf gefunden. Dort ist unter Umständen noch ein letzter Lehmboden auf einer Fläche von 25 qm erhalten. Der Erhaltungszustand sämtlicher Schichten ist katastrophal. Infolge der Trockenfällung bieten die erhaltenen, stark geschrumpften Muddeschollen, die in einem Gewirr von bis zu 20 cm breiten Trockenrissen liegen, ein ähnlich desolates Bild, wie es bereits bei der Sondage in Aichbühl 1980 zu sehen war. In solchen Schollen sind an einigen Stellen die Kulturschichten noch erhalten, wenn auch wegen der starken

Verdichtung, nur mit großer Mühe flächig verfolgbar und korrelierbar. Die angetroffenen Schichtreste in den Mudden außerhalb der Palisade und in einzelnen Torfhorsten innerhalb der Siedlung bieten bei sorgfältiger Grabungsmethode für stratigraphische Untersuchungen noch vielversprechende Aussagemöglichkeiten. Der dendrochronologisch auswertbare Holzbestand ist gering. Von den Weichhölzern der Palisade fanden sich nur noch einige, weitgehend zu Holzmulm zerfallene Pfahlreste in dem mehrfach angetroffenen, bis auf den Schottergrund eingetieften Suchgraben von 1928. Auch die Hoffnung unter den zahlreichen mit Keramik, Silex, Knochen und Holzkohlen durchsetzten Aushubhügeln verwertbare Hölzer, besonders der Hausböden zu finden, erfüllte sich nur teilweise. Ob die geborgenen, kärglichen Holzproben für dendrochronologische Datierungen ausreichen werden, ist fraglich. Wahrscheinlich ist die letzte Möglichkeit einer exakten Datierung der bedeutenden und für zwei Kulturen namengebenden Station bereits geschwunden.

Die Suche nach den Hölzern der Palisaden brachte jedoch erstmals verläßliche Daten zu ihrem Verlauf – der mit dem publizierten Plan nicht übereinstimmt – und damit zur exakten Lage des Siedlungsgeländes. Der Versuch, die verschiedenen Pläne der Grabungsaktionen seit 1875 zu einem Bild zusammenzuprojizieren, war bisher auf unstimmige Maß- und Richtungsangaben angewiesen. Die neuen Anhaltspunkte versprechen wenigstens einige Korrekturmöglichkeiten.

Die Sondageaktionen erbrachten zahlreiche Funde, vor allem Keramik und Steingeräte, die allerdings zum geringsten Teil aus ungestörten Schichten, sondern in der Masse aus dem alten Grabungsaushub stammen. Dies verwundert kaum, wenn man sich vor Augen hält, daß die Siedlungsschichten ehedem mit Schaufeln freigelegt und abgebaut wurden. Die allge-

Abb. 36 Schussenried. Riedschachen. Aichbühler Becher mit weißer Inkrustation der Muster

meine Funddichte der Abraumhalden könnte der einer unausgegrabenen Siedlung ohne weiteres entsprechen. Neben großen Mengen unverzierter Tonscherben liegen zahlreiche, verzierte Keramikstücke vor. Die ritzverzierten Belege des Schussenrieder Stils überwiegen deutlich die verhältnismäßig seltenen Scherben mit Aichbühler Furchenstich. Zwei Aichbühler Becher, davon einer mit gut erhaltener Inkrustation der Muster (Abb. 36) stammen aus offenbar nur wenig umgelagerten Lehmstrichen und sind ein wichtiger Beleg für die Existenz einer entsprechend frühen Bauphase. Die stratigraphischen Beobachtungen der zwanziger Jahre gewinnen damit einige Glaubwürdigkeit zurück. Die wenigen noch erhaltenen Befundflächen scheinen für die Klärung zahlreicher Fragen des berühmten Fundortes aussichtsreich, verschlechtern sich aber jährlich, infolge zunehmender Durchwurzelung und Auswaschung der Trockenrisse durch Regenwasser, so daß auch hier die allerletzten Chancen im Schwinden begriffen sind.

Helmut Schlichtherle, Klaus Schmitt

Ausgrabungen im Schorrenried
bei Reute
(Stadt Bad Waldsee, Kreis Ravensburg)

Das Schorrenried bei Reute liegt etwa 3,5 km westlich von Bad Waldsee mitten im Wall der Würmendmoräne in einer Landschaft, die durch das Auf und Ab der Moränenhügel, Schotterterrassen und der zahlreichen, größtenteils trockengelegten Moore einen eigentümlichen Reiz erhält. Eine inselartige Erhebung in dem von Moränen flankierten neolithischen See, dessen letzter Rest in einem mit Röhricht bewachsenen Tümpel noch heute sichtbar ist, trägt die 1934 entdeckte jungsteinzeitliche Siedlung. Im gleichen Jahr ließ O. Paret eine 100 qm große Fläche im nördlichen Teil der Siedlung aufdecken. Ein durch drei Pfahlreihen markierter Hausgrundriß besaß merkwürdigerweise keinen Bretterboden. Erst in den Jahren 1980 und 1981 nahm das Projekt Bodensee-Oberschwaben die Grabungstätigkeit wieder auf. Mit der Freilegung eines Hausbodens mit Feuerstelle und der Bergung zahlreicher Funde aus organischem Material rückte die Siedlung in den Blickpunkt der Öffentlichkeit.

Durch zahlreiche Bohrungen und Sondagen erwies sich, daß der Erhaltungszustand der Kulturschicht von den noch im Grundwasserbereich liegenden Abfallsäumen am Rand der Siedlung zum austrocknenden Kernbereich der Insel hin sich schnell verschlechtert. Dies war der Anlaß für erste Rettungsgrabungen, die unter der Regie des Projektes Bodensee-Oberschwaben und mit Mitteln der Außenstelle Tübingen des Landesdenkmalamtes Baden-Württemberg durchgeführt wurden. Ziel der Kampagne war die flächige Aufdeckung von Siedlungsstrukturen in den akut gefährdeten Bereichen (Abb. 37).

Nördlich an das 1981 freigelegte »Haus 1« zeigten sich weitere, parallellaufende Pfahlreihen, bestehend aus Eichenrundlingen und -spältlingen. Hier konnten bereits keinerlei Reste von Prügelböden mehr festgestellt werden; die ca. 30 cm unter der Oberfläche liegende Kulturschicht ist durch Sauerstoffzufuhr bereits weitgehend humifiziert. Allerdings deuten die Pfahlstellungen und zwei – offensichtlich oberflächlich gestörte – Ansammlungen aus größeren Steinen, Holzkohlen, kalzinierten Knochen und verziegeltem Lehm, die als Feuerstelle gedeutet werden müssen, darauf hin, daß wir uns in zwei weiteren Häusern befinden. Damit wird bereits eine ganze Häuserzeile des Dorfes rekonstruierbar. Ca. 12 m von »Haus 1« entfernt ließ die Schichtabfolge im Bohrer eine weitere Baustruktur erwarten. Tatsächlich konnte der letzte Rest eines weiteren Hausbodens dokumentiert und geborgen werden. Die zum Teil großen aufeinanderliegenden Steinplatten einer Feuerstelle hatten hier zahlreiche parallelliegende Hölzer, die zum Prügelboden eines »Moorbaus« gehörten, vor mechanischen Eingriffen geschützt. Ringsum ist alles, wohl durch Torfstich, tief gestört. Vielleicht ist dies auch der Grund, weshalb hier mit Ausnahme eines sorgfältig behauenen 35 cm breiten Eichenbrettes keinerlei senkrecht stehende Hölzer vorhanden waren. Am Nordrand der inselartigen Erhebung, die den Siedlungsplatz bildet, bot sich eine völlig andere Situation. Hier lag der Schwerpunkt unserer Aktivitäten. Unter einer rezenten Aufschüttung fand sich ein Torfpaket, das im unteren Bereich zunehmend sandig wird und an der Unterkante erste Funde enthält.

Darunter folgt die eigentliche Kulturschicht, bestehend aus größeren Lehmflecken, lokalen Konzentrationen von verkohlten Getreidekörnern und sandig, lehmigem Detritusmaterial mit größeren und kleineren Steinen, liegenden Hölzern und zahlreichen Funden. Sie liegt stratigraphisch auf den natürlichen Ablagerungen des ehemaligen Sees, auf einer noch

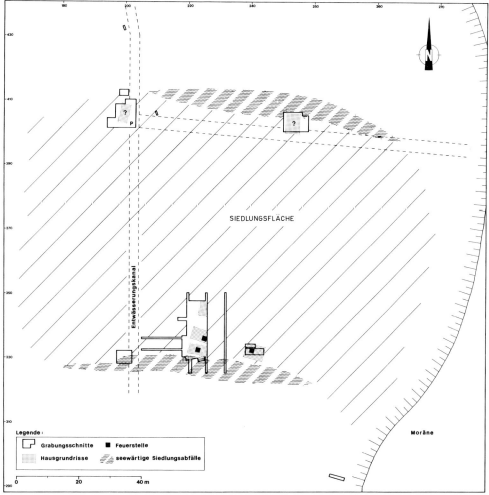

Abb. 37 Reute. Schorrenried. Plan der jungsteinzeitlichen Siedlungsfläche mit der Grabungs-
fläche Oscar Parets (P) und den neuen Grabungsschnitten

fundhaltigen Lebermudde, z. T. auch direkt auf Kalkmudde und keilt nach Süden hin, also landwärts, aus. Hier schiebt sich ein Torfband zwischen die Seesedimente und den Fundhorizont. Die bis dicht unter die Oberfläche reichenden Pfähle lassen Reibungen erkennen. Ihre Zugehörigkeit zur Schicht kann durch offensichtlich umgestürzte und horizontal einge-

lagerte Pfahlstücke wahrscheinlich gemacht werden. Dieses Bild stimmt bis auf Einzelheiten mit dem von O. Paret 1934 publizierten Befund überein. Paret, der später erbitterte Gegner der Pfahlbautheorie, hatte im Schorrenried von einem im offenen Wasser stehenden Pfahlbau gesprochen. Die eindrucksvolle Übereinstimmung mit dem Paretschen Befund, die stratigraphische Situation, die Zusammensetzung der Schicht selbst und das Fehlen eines Prügelbodens, bei ansonsten recht gut erhaltenen Hölzern, machen Wassereinwirkung bei der Schichtbildung wahrscheinlich. An der Möglichkeit abgehobener Bauweise kann durchaus festgehalten werden. Während der Siedlungskern aus ebenerdigen Häusern erbaut war, scheint am Rand pfahlbauartig in die Seefläche hinaus gebaut worden zu sein.

Das geborgene Fundmaterial mit glattpolierter wie auch schlickgerauhter Keramik gehört einheitlich in den jungneolithischen Horizont, der bereits aus der unteren Schicht vom Schreckensee und aus Ödenahlen bekannt ist. Reute erbrachte in diesem auch dendrochronologisch nachgewiesenen Zusammenhang den bisher umfangreichsten Fundkomplex. Unter Berücksichtigung auch der vorjährigen Ergebnisse kann zusammenfassend folgendes festgestellt werden: Große Teile der Kulturschichten, besonders im Kernbereich der Siedlung, sind bis auf Pfähle, Herdstellen und Funde aus nicht organischem Material, durch Tieferlegen des Grundwasserspiegels, Torf-

stich und landwirtschaftliche Nutzung bereits weitgehend zerstört. Bei relativ geringem Arbeitsaufwand kann hier jedoch auf großen Flächen die Suche nach Pfählen und Hausresten fortgesetzt werden. Durch die jahrgenauen Datierungsmöglichkeiten der Dendrochronologie sind diese Restbefunde immer noch äußerst wertvoll, denn sie geben die seltene Möglichkeit, die Entwicklung und Baugeschichte einer ganzen Siedlung detailliert nachzuvollziehen.

Im ehemaligen Uferbereich, wo die Schichten in den neolithischen See abkippen, blieben organische Materialien länger als im Kernbereich der Siedlung erhalten. In dieser schmalen Zone konnten bisher an drei Stellen Befunde aufgedeckt werden, wie sie in Oberschwaben seit den großen Ausgrabungen im Federsee zwischen 1920 und 1930 und in Ehrenstein 1952 und 1960 nicht mehr beobachtet werden konnten. Doch die zerstörende Wirkung aerober Bakterien macht sich bereits deutlich bemerkbar; vor allem hier gilt es, in den kommenden Jahren, die ungewöhnliche Befundfülle vor der sicheren Zerstörung zu retten.

Martin Mainberger

Ein Grab der jüngeren Steinzeit von Stuttgart-Bad Cannstatt

Im Frühjahr und Sommer 1982 wurde in Bad Cannstatt eine Fernheizleitung verlegt, die im »Hallschlag« im Bereich der ehemaligen Reiterkaserne auch das römische Kastell in südwest-nordöstlicher Richtung in dessen gesamter Länge durchschnitt. Der 3 m breite und durchschnittlich 2,5 m tiefe Graben verlief wenige Meter südöstlich der Kasernenbauten und parallel zu diesen.

Neben einer Reihe römischer Befunde wurde hierbei etwa 163 m östlich der westlichen Kasernenmauer auch ein jungsteinzeitliches Hockergrab angeschnitten, das hier kurz vorgestellt sei.

Die Grabgrube lag in etwa 2,5 m Tiefe auf dem Boden des Leitungsgrabens und zeichnete sich deutlich als dunkle Verfärbung im hellen Travertin ab. Der Tote – eine anthropologische

Bestimmung liegt noch nicht vor, aber vermutlich handelt es sich um einen Mann – lag mit dem Schädel nach Westen auf der linken Seite, der linke Arm entlang des Körpers ausgestreckt, der rechte über dem Unterkörper abgewinkelt. Die unteren Extremitäten waren bis auf die oberen Enden der Oberschenkel abgebaggert, die Reste ließen jedoch erkennen, daß die Beine recht stark angewinkelt waren. Nördlich des Schädels stand ein Tongefäß, außerhalb des linken Oberarms lag ein Steinbeil und in der Gegend des Halses ein Silexgerät. Die Funde: 1. Amphore aus grobem Ton (Abb. 38), rötlich-braun fleckig. Der Gefäßkörper ist in der Draufsicht oval, auf dem Umbruch des Bauches sitzen zwei breite, band-

Abb. 39 Stuttgart-Bad Cannstatt.
Funde aus dem schnurkeramischen Grab

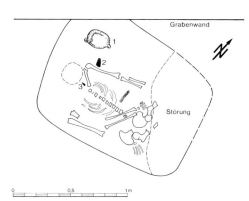

Abb. 38 Stuttgart-Bad Cannstatt.
Plan des schnurkeramischen Grabes

förmige Ösenhenkel. Die Schulter ist durch recht sorglos gearbeitete, senkrecht verlaufende Rillengruppen verziert, die unten durch ein ein- bis dreifaches Rillenband begrenzt werden. Der Boden ist leicht abgesetzt. Höhe

19 cm, Durchmesser am Umbruch (ohne Henkel) 19 cm, Durchmesser am Umbruch (ohne Henkel) 19 zu 21 cm. – 2. Beil aus Hornblendeschiefer (Abb. 39) mit rechteckigem Querschnitt. Länge 7,9 cm. – 3. Bruchstück eines Gerätes aus dunkelgrauem Silex. Länge noch 2,85 cm.

Das Tongefäß verrät uns, daß das Grab der jungsteinzeitlichen Schnurkeramik zuzuordnen ist. Die in der Draufsicht ovale Form der Amphore ist – wenn sie nicht durch das Ankneten der Henkel mehr oder weniger ungewollt entstanden sein sollte – ungewöhnlich.

Der Raum um Bad Cannstatt und der Ort selbst sind dank der siedlungsgünstigen Böden reich an Fundstellen – sowohl Siedlungen als auch Gräber – der jüngeren Steinzeit. Fundstellen des ausgehenden Neolithikums sind jedoch noch relativ selten, wodurch dem neuen Grab von Bad Cannstatt besondere Bedeutung zukommt.   *Siegwalt Schiek*

Eine Siedlung der älteren Urnenfelderkultur bei Königschaffhausen, Stadt Endingen, Kreis Breisgau-Hochschwarzwald

Beim Bau eines Vorflutergrabens nördlich von Königschaffhausen wurden auf einer Strecke von 900 m insgesamt 18 Siedlungsgruben vom Bagger angeschnitten, die zu bisher unbekannten Siedlungen der älteren Urnenfelderzeit, der Hallstattzeit und der älteren Latènezeit gehören. Neben der auch hier wieder bestätigten Beobachtung, daß ein großer Teil des archäologischen Denkmälerbestandes noch unerkannt im Boden ruht, zeigt der archäologische Befund Besonderheiten, die für die noch nicht überschaubare Siedlungsgeschichte des unmittelbaren nördlichen Kaiserstuhlvorlandes bedeutsam erscheinen. Dies sei am Befund einer Siedlungsgrube der älteren Urnenfelderkultur aufgezeigt.

Im Gewann Untere Schafläger, gut 1 km nördlich des Gebirgsfußes, wurden vom Bagger verschiedene Gruben einer urnenfelderzeitlichen Siedlung angeschnitten. Grube 1 war von

Abb. 41 Königschaffhausen. Bronzenadel mit massiv silbernem Kopf

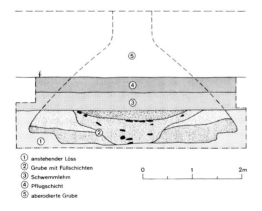

① anstehender Löss
② Grube mit Füllschichten
③ Schwemmlehm
④ Pflugschicht
⑤ aberodierte Grube

0   1   2m

Abb. 40 Königschaffhausen. Profil der Trichtergrube mit ergänztem ursprünglichem Zustand

einer 0,70 m starken Schwemmlößschicht bedeckt und im anstehenden Löß nur noch 0,65 m tief erhalten. Die an der Basis 4,20 m breite kreisrunde Grube besaß ursprünglich ein in etwa umgekehrt trichterförmiges Aussehen (Abb. 40). Gruben dieser Form, die sich im standfesten Löß leicht anlegen ließen, haben ganz offensichtlich als Keller gedient. Die Grube 1 muß aus einem uns nicht mehr erkennbaren Grund diese Funktion nicht mehr erfüllt haben und ist noch während des Bestehens der zugehörigen Siedlung mit Abfall verfüllt worden. So fanden sich in ihr neben zahlreichen Tierknochen auch die Reste von etwa 80 Gefäßen. Auffälligstes Fundstück ist eine vollständig erhaltene Nadel vom Typ Binningen (Abb. 41). Während der Nadelschaft aus Bronze hergestellt ist, besteht der aufgesetzte gerippte Kopf aus massivem Silber.

Die oberen Bereiche der Grube, die sicher ursprünglich mehrere Meter tief war, sind nach Auflassen der Siedlung aberodiert. Der Nachweis dieses Erosionsvorganges zeigt uns an, daß das heute völlig eben erscheinende nördliche Kaiserstuhlvorland früher stärker reliefiert gewesen sein muß. Nach Stillstand in der Abtragung ist dann der gesamte Bereich des Gebirgsvorlandes von einer Lößlehmschicht überzogen worden, die auf stärkere Erosionsvorgänge im eigentlichen Gebirge zurückzuführen sein dürfte. Der Zeitpunkt des Auftragens dieser Lehmschichten, die wie hier in Königschaffhausen 1 km vom Gebirgsrand noch

0,70 m stark sind, läßt sich archäologisch bei dieser Grube nicht bestimmen. Als Ursache bieten sich jedoch die großen Rodungsvorgänge im Zusammenhang mit der römischen und frühmittelalterlichen Besiedlung des Kaiserstuhls an; ein Befund, der gerade heute wieder große Bedeutung gewinnt. Dieser Befund wirft somit auch ein Licht darauf, warum aus dem fruchtbaren und siedlungsgünstigen nördlichen Kaiserstuhlvorland bisher nur in geringer Zahl vorgeschichtliche Fundstellen bekannt sind. In diesem fast ausschließlich landwirtschaftlich genutzten Gebiet kann der Pflug nicht in die Substanz der archäologischen Denkmäler eingreifen, da diese von einer Schwemmlößschicht überdeckt sind. Dies bedeutet aber auch, daß in diesem Raum Kulturdenkmäler erst erkannt werden können, wenn sie im Zuge tiefergreifender Baumaßnahmen zerstört werden.

Rolf Dehn

Urnenfelderzeitliche Siedlungsreste bei Opfingen, Stadt Freiburg

Das alte Stadtgebiet von Freiburg, gelegen auf einem mächtigen Schuttkegel der Dreisam, hat bisher kaum Fundstellen der vorgeschichtlichen Perioden ergeben. Mit den seit der Verwaltungsreform von 1972 zur Stadt gehörenden Tuniberggemeinden sind jedoch Freiburg Gemarkungen zugewachsen, die mit zu den fundreichsten im Regierungsbezirk Freiburg gehören. So stand zu erwarten, daß mit der Ausweisung großer neuer Siedlungsflächen in den Randgemeinden die Bodendenkmalpflege auch in Freiburg in verstärktem Maße vor größere Probleme gestellt wird.

Südwestlich des alten Ortskernes von Opfingen am Tuniberg liegen oberhalb eines kleinen Tales an einem leicht nach Nordosten geneigten Hang die Gewanne »Lange Wangen« und »Bodenlai«. Schon seit über 80 Jahren sind hier von einer Fläche von gut 10 ha Lesefunde einer bandkeramischen Siedlung bekannt. Teile dieser Siedlung wurden im Winter 1962 im Zuge eines Flurbereinigungsverfahrens untersucht. Als jetzt für das Gewann Bodenlai ein Bebauungsplan aufgestellt wurde, konnte in Absprache mit Stadt und Ortsverwaltung sichergestellt werden, daß ein gut 2 ha großer Teil des Gebietes flächig untersucht werden konnte. Weitere 2,6 ha des Bebauungsplangebietes werden im Laufe der nächsten Jahre im Zuge der Baumaßnahmen beobachtet. Da von den zahlreichen Fundstellen der Bandkeramik im südlichen Oberrheingraben bisher

Abb. 42   Opfingen. Trichtergrube der jüngeren Urnenfelderzeit

nur dürftige Teile der imposanten Großhäuser dieser ältesten Bauern Mitteleuropas im Befund vorliegen, versprach die 2 ha große Grabungsfläche nicht nur Teile von Hausstrukturen, sondern auch einen Einblick in den Aufbau einer solchen Siedlung. Die Ergebnisse der Grabung entsprachen diesen Erwartungen nicht. Zwar fanden sich über weite Teile der Grabungsfläche verteilt Reste bandkeramischer Gruben, jedoch waren die Baubefunde durch den Pflug schon weitgehend zerstört. Die bandkeramische Siedlung von Opfingen zeigt damit einen ähnlichen Erhaltungszustand wie fast alle steinzeitlichen Siedlungen in diesem Bereich: In keinem Fall konnte bisher – auch nicht in tieferen Tallagen – eine originale alte Oberfläche nachgewiesen werden, und bei fast jeder Siedlung hatte die Erosion schon so stark zerstörend eingegriffen, daß der

Befund nur noch teilweise eine Rekonstruktion des ursprünglichen Zustandes ermöglichte. Mit diesen Bemerkungen mag auch deutlich werden, wie bedeutsam die wenigen noch erhaltenen Feuchtbodensiedlungen in den Mooren Oberschwabens und im Uferbereich des Bodensees sind, da in ihnen Siedlungsstrukturen und Kulturschicht noch original erhalten sind.

Daß diese Erosionsvorgänge bereits teilweise schon in vorgeschichtlicher Zeit stattgefunden haben, wird in Opfingen durch die Reste einer urnenfelderzeitlichen Siedlung belegt, die Jahrtausende später im gleichen Areal angelegt worden ist. Von dieser Siedlung fanden sich die als Keller zu deutenden Gruben, die in ihrem ungekehrt trichterförmigen Aussehen für die Lößgebiete typisch sind, noch so weit erhalten (Abb. 42), daß wir daraus ablesen können, daß seit der Urnenfelderkultur (ca. 10. Jh. v. Chr.) nur unwesentliche Bodenabträge stattgefunden haben. Trotz der guten Erhaltungsbedingungen der Befunde der urnenfelderzeitlichen Siedlung fanden sich auch hier keinerlei Spuren von Hausstrukturen. Da, wie die Grubenbefunde zeigen, eine Zerstörung durch Erosion ausgeschlossen werden kann, müssen die Häuser in einer Bauweise errichtet worden sein, die keine Eingriffe in den Boden erforderte. Solche in Blockbautechnik errichteten Häuser sind für die jüngere Urnenfelderkultur aus den Feuchtgebieten bekannt. Das Keramikmaterial dieser Siedlung der Urnenfelderkultur ist sehr zahlreich. Als Fund von besonderer Bedeutung kann eine Gußform für einfach gerippte Ringe angesehen werden (Abb. 43). Mit dieser aus weichem Tonschiefer geschnittenen Form wird zum ersten Mal für den südlichen Oberrheingraben belegt, daß auch in den offenen Freilandsiedlungen der Urnenfelderkultur Bronzegießerwerkstätten bestanden haben. Neben Spezial-

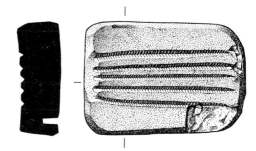

Abb. 43 Opfingen. Gußform aus Tonschiefer für gerippte Bronzeringe

werkstätten, die offenbar größere Räume versorgten, hatten diese Werkstätten mehr die Aufgabe – und dies belegt auch die Form von Opfingen – einfachere Dinge des täglichen Gebrauchs zu produzieren. *Rolf Dehn*

Literaturhinweis
A. Wangart, Die Linearbandkeramik in Oberbaden. Bad. Fundberichte 17, 1941–1947, 75 ff.

Fürstengrabhügel und die Heuneburg-Außensiedlung. Zum Abschluß der Grabungen in Hundersingen, Gde. Herbertingen, Kreis Sigmaringen

Bei Planierungsarbeiten infolge einer Geländeumlegung wurden im Jahr 1876 die vier Grabhügel der Nekropole »Gießübel-Talhau« bei Hundersingen (Donau) durch die Entdeckung ungewöhnlich beigabenreicher, späthallstattzeitlicher (6. bis 5. Jh. v. Chr.) Gräber in ihrer Bedeutung erkannt und mit dem Begriff »Fürstengräber« versehen. Mit der Untersuchung von Hügel 4 und anschließenden Sondagen in Hügel 1 durch S. Schiek in den Jahren 1954 bis 1963 wurde der überraschende

Nachweis erbracht, daß beide Hügel über den Resten einer ebenfalls späthallstattzeitlichen Siedlung errichtet worden waren.
Ein ähnlicher Befund zeigte sich in den Jahren 1978 und 1979 bei der Ausgrabung des Hügels 2 durch L. Sperber. Seither wurde Hügel 1 weitgehend, die Überreste der darunter liegenden Siedlung vollständig aufgedeckt. Notwendig wurden die Grabungen, um der Zerstörung der Grabhügel, aber auch der Siedlung durch Überpflügen zuvorzukommen.

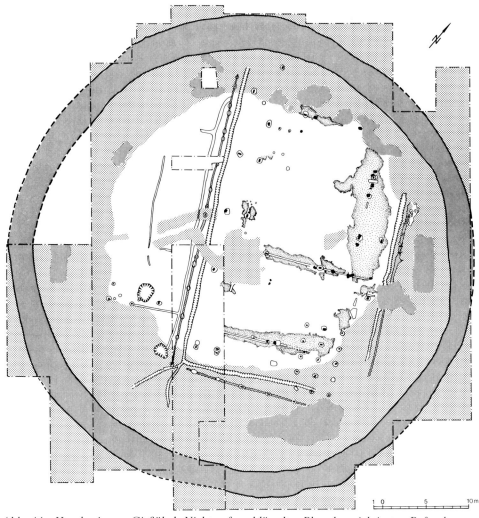

Abb. 44 Hundersingen. Gießübel. Nicht aufgeschlüsselter Plan der wichtigsten Befunde von der Heuneburg-Außensiedlung unter Hügel 1

Im September 1982 wurde die Untersuchung von Hügel 1 abgeschlossen. Für die uns zuteil gewordene Unterstützung bedanken wir uns bei Herrn F. Eberhardt, der uns auch stets mit viel Verständnis begegnete, bei Herrn Bürgermeister Abt, Herrn Ortsvorsteher Urban und dem Staatl. Forstamt Riedlingen. Unser Dank gilt auch den langjährigen, bewährten Mitarbeitern aus Binzwangen, besonders aber Herrn Dr. E. Gersbach vom Institut für Vor- und Frühgeschichte an der Universität Tübingen.

Abb. 45   Hundersingen. Luftbild der Heuneburg und der Grabung in Hügel 1

Bereits vor der Auswertung des Planmaterials lassen sich innerhalb der Siedlung mindestens sechs Horizonte nachweisen (Abb. 44), obwohl sich die ältesten Siedlungsspuren nur im Ausnahmefall wegen des Fehlens von Schichtmaterial in eine zeitliche Abfolge bringen lassen: So werden östlich des Zentralgrabens Gruben von den Pfostenlöchern eines jüngeren Pfostenhauses durchschnitten. Jüngere Siedlungsstadien, deren Bodenschichten nicht restlos einplaniert wurden, sind durch Pfostengruben, Schwellriegel mit Unterlagen aus Kalksteinen, Entwässerungsgräben und Zäune, aber auch durch geringe Reste eines noch vorhandenen Lehmestrichs nachzuweisen.

Diese Siedlung, in einer Frühphase der hallstattzeitlichen Heuneburg und nur etwa 400 m von dieser entfernt (Abb. 45), wird deshalb auch als Heuneburg-»Außensiedlung« bezeichnet. Die Heuneburg selbst nimmt in diesem Zeitraum an Bedeutung und Einfluß zu, was sich an Handelskontakten bis in den Mittelmeerraum, z. B. Scherben griechischer Keramik und die mit Türmen versehene Lehmziegelmauer, sonst ablesen läßt.

Die Außensiedlung, die die Heuneburg an Größe wahrscheinlich übertrifft, aber doch wohl nur noch unter den Grabhügeln 1 und 4 archäologisch gut faßbar ist, belegt nach dem bisher ergrabenen Ausschnitt die Ausübung von Handwerk. Nach Ausweis der Funde und Befunde befand sich in einem Gebäude unter Hügel 4 eine Bronzegießerei. Die schon oft in Hügel 1 gefundenen Webgewichte, die als Beleg für gewerbsmäßige Weberei gewertet wurden, stammen zwar nicht, wie bisher angenommen, aus den Siedlungsschichten unter Hügel 1, trotzdem wird es wohl Webstühle in der nächsten Umgebung gegeben haben. Auch wenn nicht im gesamten Areal der Außensiedlung Handwerksbetriebe ansässig waren, muß der Entschluß, die Außensiedlung nach der verschiedentlich zu fassenden Brandkatastrophe nicht wieder erneut aufzubauen, als wesentliche Einschränkung handwerklicher Produktivität und damit als Verzicht auf wirtschaftliche Potenz interpretiert werden. Da die Außensiedlung und die Lehmziegelmauer auf der Heuneburg nach archäologischen Kriterien gleichzeitig abbrannten, ist es unwahrscheinlich, daß sich dahinter kriegerische Ereignisse verbergen. Von den Befunden, wie auch vom Fundanfall aus den nächstjüngeren Siedlungsstadien der Heuneburg ist eine Abkehr von älteren Traditionen ablesbar. In der neuerlichen Nutzung des Geländes der abgebrannten Außensiedlung, für die Errichtung einer Nekropole, ist eine deutliche Zäsur spürbar, zumal zwischen dem Untergang der Außensiedlung und der Aufschüttung des ältesten Grabhügels dieser Nekropole nicht allzu lange Zeit verstrichen sein konnte. Auch wenn die Nachbestattungen in Hügel 1 bislang die ältesten Fibeln der Nekropole geliefert haben, scheint er doch erst nach Hügel 4 angelegt worden zu sein. Denn Hügel 4 wurde unmittelbar auf der Brandschicht des jüngsten Siedlungsstadiums aufgeschüttet, während sie unter Hügel 1 vor dessen Aufschüttung bereits abgeräumt war.

Für die Errichtung von Hügel 1 wurde ein zentraler Grabschacht zur Aufnahme einer Grabkammer (4,2 x 3,3 m bei einer Höhe von 0,8 m) ausgehoben. Auf dem Aushub aus der Grube des Zentralgrabes fand sich Brandschutt, darin einige Webgewichte. Sie dürften daher als unterste Lage der Hügelschüttung an anderer Stelle abgegraben und im Zentrum des neu zu errichtenden Hügels aufgetragen worden sein. Nach Abschluß der Aufschüttungsarbeiten dürfte der Hügel eine Höhe von etwa 5 m bei einem Außendurchmesser des Kreisgrabens von ca. 55 m besessen haben. In diesen Hügel wurden in der Folgezeit Nachbestattungen eingebracht, 19 Gräber sind davon noch zu identifizieren. Insgesamt wird man aber mit einer größeren Anzahl rechnen müssen, denn bei der Planierung im Jahre 1876, bei der Hügel 1 bis auf eine Höhe von 1,1 m gekappt wurde, ist sicherlich eine größere Anzahl von Nachbestattungen zerstört worden, nicht zuletzt weil Skelettmaterial bei den dortigen Bodenverhältnissen außerordentlich schlecht haltbar ist. Lediglich fünf überdurchschnittlich ausgestattete Gräber wurden damals als solche erkannt.

Mit dem Abschluß dieser Grabung tritt in der Erforschung des Siedlungskomplexes um die Heuneburg eine notwendige Unterbrechung ein. Von der Auswertung der bisher ergrabenen Befunde sind wesentliche Erkenntnisse über die westliche Hallstattkultur zu erwarten. Denn gerade dieses Forschungsobjekt ist Teil einer archäologisch geschlossenen Landschaft, die ohne allzu große Substanzverluste bis in unsere Zeit überlebt hat.   *Siegfried Kurz*

Literaturhinweise
F. Fischer, Frühkeltische Fürstengräber in Mitteleuropa. Antike Welt, Sondernummer 1982, bes. 11 ff. – W. Kimmig, Die Heuneburg an der oberen Donau. Führer zu archäologischen Denkmälern in Baden-Württemberg (1, 3. Auflage 1983)
S. Kurz, Archäol. Ausgrabungen in Baden-Württemberg 1981, 67 ff.

Keltische Siedlungen in Großsachsenheim, Stadt Sachsenheim, Kreis Ludwigsburg

Wie bereits in den letztjährigen »Archäologischen Ausgrabungen« kurz berichtet wurde, kamen im Zuge der Untersuchungen des römischen Gutshofs im Flur »Holderbüschle« auch umfangreiche vorgeschichtliche Siedlungen zutage. Bei der Fortsetzung der Grabungen gelang es 1982 nun auch Hausgrundrisse festzustellen. Es handelt sich um zwei keltische Grubenhäuser, die hier kurz vorgelegt werden sollen.

Die beiden Grubenhäuser (Abb. 46) lagen 6 Meter voneinander entfernt. Sie waren mit den Schmalseiten nach Westen bzw. nach Osten ausgerichtet. Ihre im ganzen gute Erhaltung beruhte z. T. auf der Überdeckung durch das Hauptgebäude des römischen Gutshofs, das eine Erosion verhindert hat.

Haus 1 das südliche der beiden, befand sich unter dem Innenhof des späteren Gutshofs. Unter einer römischen Schotterschicht folgte Lößlehm mit verschwemmten Kulturresten, in dem sich Befunde nicht abzeichneten. Erst als dieser 10 bis 20 cm starke Lößlehm maschinell abgetragen wurde, traten die vorrömischen Anlagen klar hervor. Der Westteil des Hauses war flacher eingetieft als der Ostteil. Dadurch zog die Verfärbung im Planum an der Westseite stärker ein. Die Ausmaße betragen 3 x 3,80 m. An den Stirnseiten stand jeweils etwa in der Mitte ein runder bis leicht quadratisch zubehauener (im Westen) Firstpfosten, von etwa 24 cm Stärke, der in entsprechende Pfostengruben gestellt war. Den rechteckigen Ostteil des Grubenhauses hatte man 20 cm tiefer gelegt als den Westteil. Beide Eintiefungen wiesen steile, fast senkrechte Wände und ebene Sohlen auf. In der Einfüllung lagen Scherben, Holzkohle und Hüttenlehmreste.

Haus 2, das nördlich gelegene Grubenhaus, befand sich z. T. unter der Nordmauer des römischen Hauptgebäudes, durch die es in seinem oberen Bereich überlagert und gestört wurde. Auch dieser Befund zeichnete sich erst nach Abtrag des verschwemmten Lößlehms im zweiten Planum ab. An den Stirnseiten standen auch hier jeweils runde, 24 cm starke Firstpfosten, die sich, wie auch bei Haus 1, in der Einfüllung nicht, dafür aber im dritten Planum und im Profil klar erkennen ließen. Sie reichten noch 30 bzw. 40 cm tief in den anstehenden Boden und waren trotz ihrer stumpfen Enden eingerammt worden. Haus 2 maß 2,40 x 4,16 m. Die Eintiefung besaß auch hier senkrechte Wände und eine ebene Sohle. Sie reichte noch 40 cm tief und entsprach von der Einfüllung her der von Haus 1. Anders als bei diesem Haus war im Osten keine rechteckige

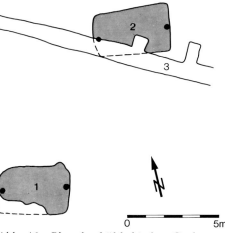

Abb. 46 Plan der frühkeltischen Grubenhäuser von Großsachsenheim; Grabungsbefund

67

Abb. 47 Rekonstruktionsversuch eines Grubenhauses. Zeichnung Weißhuhn

Vertiefung, sondern vielmehr fand sich an der Südost-Ecke unter dem Hausboden, jedoch von dessen Niveau her angelegt, eine Grube mit abgerundeten Ecken, die viel Holzkohle, Hüttenlehm, größere Steine und Reste weitgehend erhaltener Schalen enthielt. Der Hausboden selbst wurde entsprechend der Struktur abgeschält, wobei sich auf dem Lehm schwache Spuren von Nord-Süd gerichteten Furchen zeigten. Es könnte sich dabei um im Lehm abgedrückte Bodenbretter gehandelt haben.

Das zahlreiche Fundmaterial, – in erster Linie Keramik –, datiert beide Grubenhäuser in einen späteren Abschnitt der Stufe B der Frühlatènezeit, also das frühe 3. Jahrhundert v. Chr. Einen Rekonstruktionsversuch zeigt Abb. 47. Der Einstieg in die Grubenhäuser erfolgte wohl von Westen her, da sich im Osten die erwähnten Eintiefungen befanden. Die Hütten-

lehmstücke stammen überwiegend von den Stirnseiten, denn auf den Längsseiten waren die Strohdächer sicher so weit herabgezogen, daß hier nur niedrige Flechtwerkwände anzunehmen sind. Die Grubenhäuser dienten nicht Wohn- sondern Wirtschaftszwecken. Man könnte sich hier die Aufbewahrung von Gerät oder auch eine Weberei vorstellen. Die keltischen Wohnhäuser, der eigentliche Bauernhof, dürfte auch in Großsachsenheim leider schon längst der Erosion zum Opfer gefallen sein. Unabhängig davon konnte hier ein gut datiertes Beispiel der außerhalb Württembergs häufig belegten keltischen Grubenhäuser vor der Überbauung dokumentiert werden.

Ingo Stork

Literaturhinweis
I. Stork, Arch. Ausgr. in Baden-Württemberg 1981, 147 ff.

Ein urnenfelderzeitliches Flachgräberfeld bei Dautmergen, Zollernalbkreis

Die archäologische Erforschung des Grabhügelfeldes im Gewann »Heuberg« auf einer kleinen Hochfläche nordöstlich von Dautmergen, die im Jahr 1976 begann, wurde 1982 mit einer viermonatigen Grabungskampagne fortgesetzt. Untersucht werden sollte der am Westrand der Nekropole liegende Hügel 2, der mit einem Durchmesser von etwa 40 m und einer Höhe von über einem Meter größte Hügel des Feldes sowie der südöstlich davon liegende Hügel 8 (Abb. 48). Auf der Kuppe von Hügel 2 lagen bereits ausgepflügte Steinplatten, wohl die Überdeckungen von Nachbestattungen, auch fanden sich Scherben in größerer Zahl, so daß eine Grabung in diesem Bereich besonders dringend war, um Fundmaterial und Befunde vor der allmählichen Zerstörung zu sichern.

Da das Gelände von flachen, wenig markanten Bodenwellen durchzogen wird, war von der Oberflächenform her nicht mit Sicherheit zu entscheiden, ob es sich bei Hügel 8 um einen echten Grabhügel handelte oder um eine natürliche, geologisch bedingte Erscheinung. In Hügel 7 beispielsweise, war bei der Grabung 1977 nur ein urnenfelderzeitliches Brandgrab in peripherer Lage angetroffen worden, nicht beobachtet werden konnten dagegen Spuren, die auf eine hallstattzeitliche Bestattung hingewiesen hätten, wie etwa in Hügel 4, wo im Zentrum eines sehr flachen Hügels ein Brandgrab mit eisernem Hallstattschwert und Keramikbeigaben zum Vorschein kam. Es sprach demnach wenig dafür, die urnenfelderzeitliche Brandbestattung mit einem Grabhügel in Verbindung zu bringen, so daß sich die Frage stellte, ob das Grab nicht zu einem urnenfelderzeitlichen Flachgräberfriedhof gehören könnte.

Um dies zu klären, wurden bei der Kampagne 1982 die Grabungsflächen so angelegt, daß sie den Durchmesser von Hügel 8 weit übertrafen und auch den Bereich zwischen Hügel 2 und Hügel 8 in die Untersuchung miteinbezogen. Die sieben urnenfelderzeitlichen Brandgräber, die sich in der 1982 aufgedeckten Fläche nachweisen ließen, gehören, wie die lockere Verteilung innerhalb der Flächen unschwer erkennen läßt, ohne Zweifel zu einem Flachgräberfriedhof, dem sich auch die 1977 freigelegten Brandgräber unter Hügel 3 und Hügel 6 zuordnen lassen (Abb. 48). Der Flachgräberfriedhof umfaßt bislang mindestens 21 urnenfelderzeitliche Brandgräber. Der Erhaltungszustand ist sehr unterschiedlich. Am besten erhalten waren die Bestattungen, die im Verlauf der Hallstattzeit von einem Grabhügel überdeckt und geschützt wurden. Es handelt sich um die Gräber unter den Hügeln 3 und 6. Zum Teil beträchtlich in Mitleidenschaft gezogen waren die Gräber zwischen den Hügeln. Hierbei dürften zwei Faktoren eine Rolle gespielt haben: einmal die landwirtschaftliche Nutzung, insbesondere die Überackerung des Geländes in heutiger Zeit, zum anderen muß damit gerechnet werden, daß bereits in der Hallstattzeit im Zusammenhang mit Erdarbeiten beim Aufschütten der Grabhügel Zerstörungen erfolgt sind. Streuscherben in der Hügelschüttung von Hügel 3 können als Zeugen für Eingriffe in den urnenfelderzeitlichen Gräberbestand bei der Anlage der hallstattzeitlichen Grabhügel angeführt werden. Die 12 bis 14 Bestattungen unter Hügel 3 im Gegensatz zu den nur sieben Gräbern im Bereich der Hügel 2 und 8 sind ein weiteres Argument in diese Richtung.

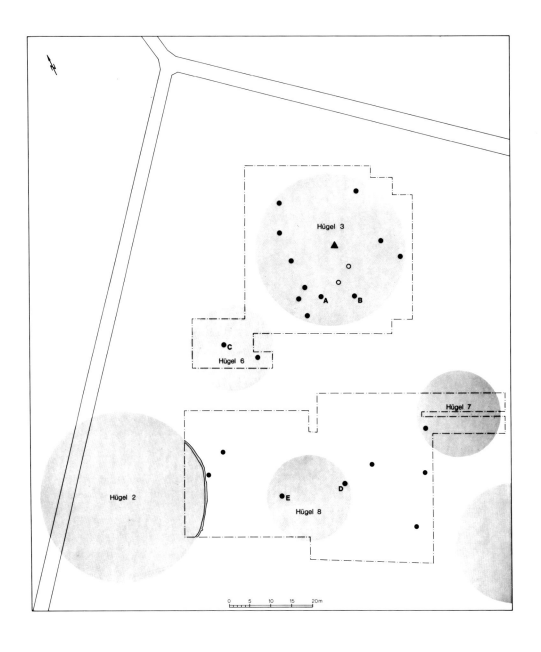

Abb. 48 Dautmergen. Gesamtplan des urnenfelderzeitlichen Friedhofes (die geschlossenen Kreise bezeichnen sichere, die offenen Kreise fragliche urnenfelderzeitliche Gräber, das Dreieck markiert die hallstattzeitliche Zentralbestattung in Hügel 3)

Abb. 49   Dautmergen. Keramik aus einem Urnengrab unter Hügel 6 (Lage siehe Abb. 48, C)

Verschiedenartige Grabformen, beziehungsweise Bestattungssitten, waren zu beobachten. Die meisten Gräber sind Urnengräber. Als Beispiel für ein solches Urnengrab sei eine Bestattung unter Hügel 6 angeführt (Abb. 48 C; 49). In einer 37 cm hohen Zylinderhalsurne mit horizontalem Rand war zuunterst der Leichenbrand gesammelt worden. Darauf standen mindestens sechs Beigefäße, unter anderem ein Becher mit horizontalen Rillen im Randbereich, ein kleiner Henkelbecher mit eingeritztem Fischgrätenmuster und Punktverzierung unter dem Schrägrand und ein konisches Schälchen mit Zickzackverzierung auf dem Rand. Als Speisebeigaben fanden sich in drei Gefäßen Tierknochen, so Schweinezähne und -knochen. Als einzige Metallbeigabe ist eine Bronzenadel mit doppelkonischem Kopf zu

erwähnen. Die Urne war mit einer konischen Schale abgedeckt worden.

Es fanden sich jedoch auch Bestattungen bei denen ein Teil der Beigefäße neben die Urne gestellt war (Abb. 48 D, E). Ein Grab unter Hügel 3 weicht nach Grabform und -ritus deutlich von den übrigen Bestattungen des Friedhofes ab (Abb. 48 A; 50). Auf eine Holzkohleschicht mit vereinzelten Leichenbrandstücken waren die sieben Gefäßbeigaben gestellt. Auf einem Häufchen neben den Gefäßen, ursprünglich wohl in einem Säckchen aus organischem Material, lag der Leichenbrand. Auch die Gefäße unterschieden sich, was Form und Verzierung anbelangt, von der Keramik, die in den restlichen Gräbern zutage kam. Ein dünnwandiges Gefäß mit weitausladendem Trichterrand zeigt im Schulterbereich rote und

Abb. 50 Dautmergen. Keramikbeigaben eines späturnenfelderzeitlichen Brandflächengrabes unter Hügel 3 (Lage siehe Abb. 48, A)

Abb. 51 Dautmergen. Graphitiertes Trichterrandgefäß aus einem Urnengrab unter Hügel 3 (Lage siehe Abb. 48, B). Maßstab 1 : 2

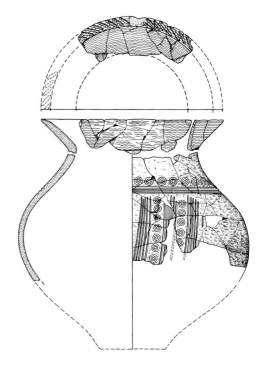

graphitierte Streifenbemalung sowie feine horizontale Ritzlinien. Auf dem Bauch des Gefäßes finden sich eingeritzte hängende Dreiecke, feine Riefenverzierung, Rotbemalung und Graphitierung. Die Schalen sind ebenfalls sehr dünnwandig und in ihrer Mehrzahl rot überfangen, beziehungsweise bemalt.

Die bislang bekannten Gräber des Friedhofes sind in ihrer Gesamtheit in die Stufe B der Urnenfelderkultur (10./8. Jh. v. Chr.) zu datieren, wobei die größere Anzahl den älteren Abschnitt dieser Stufe repräsentiert. Als Beispiel sei auf eine Bestattung unter Hügel 6 verwiesen (Abb. 48 C; 49). In einen jüngeren Abschnitt der Stufe B (9./8. Jh. v. Chr.) gehört ein Urnengrab unter Hügel 3 (Abb. 48 B). In einer großen Urne mit weitausgezogenem Trichterrand lag der Leichenbrand und neun Beigefäße, darunter ein 13 cm hohes Trichterrandgefäß, graphitiert, mit horizontalen und vertikalen Rillenbündeln und Kreisstempeln, die mit der Kopfplatte einer kleinköpfigen Vasenkopfnadel eingedrückt wurden (Abb. 51). In die Endphase der Stufe B (8. Jh. v. Chr.) dürfte das schon erwähnte Brandflächengrab unter Hügel 3 gehören (Abb. 48 A; 50). Dieses Grab steht unmittelbar am Übergang zu Brandgräbern der Stufe Hallstatt C. Die Zentralbestattung von Hügel 3, die die urnenfelderzeitlichen Gräber überdeckt, leider jedoch vom Pflug nahezu vollständig zerstört wurde, könnte, worauf Keramikreste hinweisen, der Stufe Ha C zuzurechnen sein. Eine Grabhügelgruppe der Stufe Ha C liegt auf der Markung Geislingen, nur 600–800 m nordöstlich der Nekropole in Flur »Heuberg«.

Mit den 21 urnenfelderzeitlichen Gräbern ist der bislang größte Friedhof dieser Zeit im Regierungsbezirk Tübingen erfaßt worden. Wo die zugehörige Siedlung gelegen hat, ist nicht bekannt. Die Grabungen werden im Jahr 1983 fortgeführt werden. Von der angestrebten vollständigen Aufdeckung des urnenfelderzeitlichen Friedhofes können über chronologische Ergebnisse hinaus, Aufschlüsse zur Siedlungsstruktur der Urnenfelderkultur erwartet werden sowie Erkenntnisse zu Fragen der Siedlungs- und Bevölkerungskontinuität zwischen Urnenfelder- und Hallstattkultur unseres Raumes.   *Hartmann Reim*

Literaturhinweis
H. Reim, Die Nachuntersuchung in einem Grabhügel der Hallstattkultur bei Dautmergen, Zollernalbkreis. Archäol. Ausgrabungen 1981, 62 ff. (mit einem Übersichtsplan der Grabhügelgruppen auf dem Kleinen Heuberg nordöstlich von Dautmergen). –

Urnenfelder- und hallstattzeitliche Gräber in Hilzingen-Binningen, Kreis Konstanz

Beim Kiesbaggern wurden nördlich von Binningen, in der Kiesgrube Schädler, Gewann »Ober Sand« zwei hallstattzeitliche Körpergräber weitgehend zerstört. Während der Nachuntersuchung auf einer etwa 80 x 35 m großen Fläche, auf der der Humus abgeschoben worden war, wurden weitere acht hallstattzeitliche und ein urnenfelderzeitliches Grab ausgegraben. Die Gräber lagen auf einer Fläche von etwa 35 x 25 m in unregelmäßigen Abständen von 2 bis 10 m (Abb. 52).

Sie waren 20 bis 50 cm in den Boden eingetieft mit Ausnahme der randlich liegenden Gräber 1 und 2, die 80 bzw. 100 cm unter der Bodenoberfläche lagen. Da die Bodenoberfläche praktisch eben ist, wurde kein Boden abgeschwemmt. Obwohl ein Grabhügel nicht nachweisbar war, deuten verschiedene Indizien auf ihn hin, so die geringe Tiefe der Gräber, die uneinheitliche Orientierung (grob SW–NO, Kopf im SW). Der vermutete Hügel dürfte einen Durchmesser von 25 bis 30 m gehabt haben.

Sieben Gräber waren späthallstattzeitliche Körpergräber (Stufe Hallstatt D), ein Brandgrab (Grab 11) ist in die mittlere Hallstattzeit (Stufe Hallstatt C) zu datieren. Zwei weitere Gräber (Gräber 5 und 8) waren so stark gestört, daß nicht geklärt werden konnte, ob sie Brand- oder Körpergräber gewesen waren.

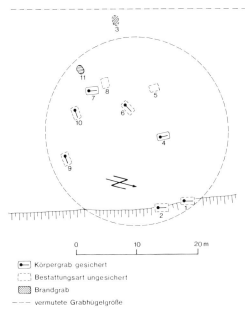

Abb. 52 Binningen. Lageplan der Gräber
1–11 mit vermutetem Grabhügel

Wenn es sich um einen Grabhügel mit Nachbestattungen gehandelt hat, dann waren nur die
bis in den Boden unter dem Hügel eingetieften
Gräber erhalten, die oberhalb der Bodenoberfläche gelegenen Gräber, darunter auch ein zu
vermutendes mittelhallstattzeitliches Brandgrab der Stufe Hallstatt C, sind durch den
Ackerbau zerstört worden.

Etwas abseits der hallstattzeitlichen Gräber,
außerhalb des vermuteten Grabhügels, lagen
ebenfalls dicht unter der Ackerkrume auf einer
1–2 cm dicken, 100 x 200 cm großen Holzkohleschicht urnenfelderzeitliche Tonscherben
und etwas Leichenbrand (Grab 3). Im kiesig-
lehmigen Boden zeigten sich stellenweise
Brandspuren, die auf eine örtliche Totenver-
brennung hindeuten. Die Anlage war stark gestört, die ursprüngliche Form konnte nicht rekonstruiert werden. Es dürfte sich um ein spät-
urnenfelderzeitliches Brandgrab (unter einem

Grabhügel?) oder auch um die Reste eines
Verbrennungsplatzes gehandelt haben. Urnenfelderzeitliche Scherben, die von einem
Baggerfahrer abgeliefert wurden, stammen offensichtlich aus einem oder mehreren Gräbern, die in den vergangenen Jahren in der näheren Umgebung der neuen Grabfunde abgebaggert wurden. Sie lassen auf einen späturnenfelderzeitlichen Friedhof unbekannter
Größe schließen.

Die Mehrzahl der ausgegrabenen Gräber war
im anstehenden Kies kaum oder überhaupt
nicht zu erkennen. Über allen Gräbern, mit
Ausnahme des urnenfelderzeitlichen Brand-
grabes (Grab 3) lag eine meist sehr lückenhaf-
te, lockere Steinpackung von nur einer Lage
faust- bis kopfgroßer Rollsteine. Die Gruben-
wände zeichneten sich nur bei den etwas tiefer
liegenden Gräbern 1, 2 und 8 und nur strek-
kenweise ab.

Im stark gestörten Brandgrab 11 fanden sich
Scherben von drei bis vier im typischen far-
bigen Alb-Hegau-Stil verzierten Gefäßen.
Die Grabform konnte nicht rekonstruiert
werden.

Die späthallstattzeitlichen Toten waren mit
durchschnittlichen Tracht- und Schmuck-
inventaren ausgestattet. Von den Skeletten
waren in der Regel nur die Schädel und Extremitäten erhalten. Das etwas tiefer gelegene
und deshalb noch verhältnismäßig gut erhaltene Grab 7 enthielt als auffallendste Beigabe
ein breites, mit Kreisen und Wellenlinien verziertes Gürtelblech (Abb. 53), bandförmige
Bronzeohrringe, eine bronzene Haarnadel, ein
kleines Bronzeringchen auf der linken Brust
und Scherben eines in Kopfnähe stehenden
Töpfchens. In einem weiteren, ebenfalls nur
partiell gestörten Grab (Grab 4), fand sich ein
unverziertes Gürtelblech, ein hohler Bronze-
halsring, bandförmige Bronzeohrringe, an den
Handgelenken je fünf bis sechs dünne Bronzeringe, ein sekundär verlagerter Nadelschaft

Abb. 53   Binningen. Grab 8. Gürtelblech vor der Restaurierung

und Scherben eines oder zweier kleinerer Tongefäße aus der Fußgegend. Andere, stärker gestörte Gräber enthielten Fragmente von Bronzeringen und unverzierten Gürtelblechen.

Die neuen und alten Grabfunde dokumentieren eine kontinuierliche Belegungsdauer von der späten Urnenfelderzeit des 10. und 9. Jahrhunderts v. Chr. bis in den Beginn der späten Hallstattzeit Ende des 6. Jahrhunderts v. Chr.

Die Gräber lagen etwa 30 m über der Talsohle des Binninger Rieds. Am Rande des heute trockengelegten Binninger Sees, im Bereich der Kiesgrube, waren in den späten fünfziger Jahren Reste einer hallstattzeitlichen Siedlung gefunden worden. Setzt man voraus, daß die Siedlung und die Gräber von den gleichen Menschen angelegt wurden, dann haben wir es mit dem auch an anderen Stellen beobachteten Phänomen zu tun, daß das Siedlungsareal un-

ten im Tal am Wasser lag, die zugehörigen Gräber auf einer Anhöhe oberhalb der Siedlung.

In der näheren und weiteren Umgebung des Binninger Rieds liegen mehrere Grabhügelgruppen. Eine bisher unbekannte Gruppe größerer Hügel wurde in diesem Jahr auf Welschinger Gemarkung nahe der Kiesgrube Schädler entdeckt. Berichte von Scherbenfunden und einige bei intensiven Begehungen gefundene, allerdings nicht genau datierbare vorgeschichtliche Scherben an anderen Stellen des Binninger Rieds lassen vermuten, daß die lokalisierte Siedlung nicht die einzige hallstattzeitliche Siedlung des Rieds war und daß der Raum zwischen Binningen, Büßlingen, Weil und Welschingen während der Hallstattzeit überdurchschnittlich stark besiedelt war.

Jörg Aufdermauer

Ein hallstattzeitlicher Grabhügel in Ludwigsburg-Poppenweiler

Im Sommer 1982 teilte Herr P. Zimmer, Poppenweiler, dem Landesdenkmalamt Baden-Württemberg mit, daß in den Äckern im Gewann »Pfädle« und »Hochdorfer Teich«, immer wieder größere Steine ausgepflügt würden. Da es sich um ein Lößgebiet handelt, konnten die Steine nur ortsfremd sein. Eine Besichtigung während der Vegetationsperiode erbrachte zunächst keine konkreten Hinweise, erst nach der Ernte bei einer erneuten Begehung des Geländes, Ende Oktober, waren an der Grenze zweier Äcker große, vom Pflug hochgerissene Steinplatten zu sehen. Wir vermuteten zunächst ein bronzezeitliches Grab. Die als kleine Notbergung angesetzte Grabung weitete sich aus, als beim Freilegen der vom Pflug ausgerissenen Steine klar wurde, daß es sich um den Steinkranz eines Grabhügels handelte. Die Untersuchung war wegen Gefährdung durch Tiefpflügen dringend geboten und wurde vom 4. bis 11. 11. 1982 durchgeführt. Die Fundstelle liegt auf einem sanft nach Südosten, zu einer heute trockengelegten Bachniederung abfallenden Hang. Südlich davon sind im 19. Jahrhundert keltische Münzen gefunden worden. Östlich, jenseits des ehemaligen Baches wird eine vorgeschichtliche Siedlung vermutet, die vielleicht zu den hier besprochenen Grabhügeln gehören könnte. Im Hintergrund erhebt sich markant der Lemberg über die Lößebene. Der heute durch die Fundstelle führende Feldweg lag früher tiefer und wurde vor einigen Jahren, u. a. mit Steinen aus den angrenzenden Äckern, aufgefüllt. Die Landwirte W. Kleinle und E. Mayer gaben freundlicherweise ihr Einverständnis zu den Grabungen auf ihren Parzellen. Besonderen Dank schulden wir der Stadtverwaltung Ludwigsburg, die uns durch kostenlose Stellung eines Grabbaggers, zweier Arbeitskräfte sowie eines Bauwagens rasch und tatkräftig unterstützte.

Der Grabhügel war obertägig nicht mehr als solcher erkennbar und fast völlig verebnet. Sein Durchmesser betrug 14 m. Vom Steinkranz hatte sich nur die Ostseite gut erhalten. Hier standen noch einige der Muschelkalksteine aufrecht. An allen anderen Seiten waren bestenfalls spärliche Reste des Kranzes vorhanden. An zwei Stellen des Steinkranzes wiesen einzelne Steine eine Rötung durch Feuer auf. Bei der geringen Tiefe kann jedoch nicht entschieden werden, ob diese Brandrötung in der Antike, oder etwa durch zufällig darüber entfachte Kartoffelfeuer, entstanden ist. Auf der Südseite war die einstige Oberfläche vom Pflug bereits stark verzogen (Abb. 54). Gleich zu Beginn der Grabung kam beim Freilegen des Steinkranzes ein massiver, unverzierter, geschlossener Bronzering zum Vorschein, bei dem sich noch etwas Knochengrus befand. Solche Ringe finden sich in späthallstattzeitlichen Frauen- und Mädchengräbern der späten Hallstattzeit (Hallstatt D 2/3) recht häufig. Nach der Größe zu urteilen wurde der Ring als Armschmuck von einem Mädchen getragen. Leider ist diese Nachbestattung vollständig dem Pflug zum Opfer gefallen.

Der Hügel war auf der alten Oberfläche aufgeschüttet worden, die sich als dunkelhumose Verfärbung deutlich vom hellen Löß abhob. Auf der Innenseite des Steinkranzes verlief ein seichtes Gräbchen, das etwas Holzkohle enthielt und sich nur wenig von der alten Oberfläche unterschied. Pfostenstellungen konnten in ihm nicht festgestellt werden. Auf der Süd- und Ostseite war es nicht mehr sichtbar und vermutlich abgepflügt. Das Gräbchen könnte

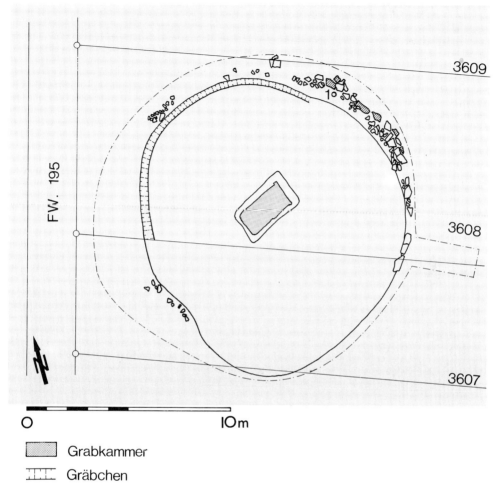

FW. 195

3609

3608

3607

O   IOm

▨ Grabkammer

▥ Gräbchen

Abb. 54   Poppenweiler. Plan des Grabhügels im Gewann »Pfädle«/»Hochdorfer Teich«

bei der Anlage des Hügels als Begrenzung gedient haben. In der Hügelmitte zeichnete sich
klar das Zentralgrab ab. Es war nordost-süd-
westlich gerichtet und maß etwa 3 x 1,80 m.
Die Kammer war umgeben von einem hellen
Lößstreifen, der den Befund besonders deutlich hervorhob. Wahrscheinlich handelt es sich
um die Kammerhinterfüllung der Grabgrube.
Die Kammer selbst war schwarzbraunhumos

mit etwas Holzkohle ohne weitere Differenzierung. An der nordöstlichen Schmalseite waren
an den Ecken Auswüchse, die als Abdrücke
der Kammerkonstruktion in Blockbautechnik
gedeutet werden könnten. Leider erfüllte sich
die Hoffnung, ein noch intaktes Zentralgrab
anzutreffen, nicht: beim Schneiden der Grabkammer ergab sich ein normales Humusprofil
ohne Grabschacht. Die Kammer muß auf der

alten Oberfläche errichtet worden sein, so daß wir im Planum nur noch die Verfärbung des Kammerbodens erfaßt haben. Die Bestattung war also bereits dem Pflug zum Opfer gefallen. Die Grabung erbrachte den Nachweis eines bisher unbekannten hallstattzeitlichen Grabhügels aus dem 6. Jahrhundert v. Chr. Zahlreiche weitere Hügel, die auf einem älteren Luftbild des Stadtplanungsamtes erkennbar sind, müssen heute nach den Ergebnissen der Grabung ebenfalls als teilzerstört angesehen werden. Es zeigt sich einmal mehr, in welchem Umfang moderne, landwirtschaftliche Nutzung die Denkmäler der Vergangenheit zum Verschwinden bringt. Auch zwei weitere, heute noch schwach sichtbare Grabhügel gehen ihrer Zerstörung entgegen; ihre Untersuchung wäre daher dringend geboten.

Ingo Stork

Die befestigte Siedlung auf dem »Radberg« bei Herbrechtingen, Kreis Heidenheim

Der »Radberg« (gesprochen »Rahberg«, auch »Krautgartenberg« genannt), eine kleine Kuppe neben dem »Käzertal« am Ostrand des Brenztals südlich von Herbrechtingen, ist seit seiner Beschreibung durch F. Hertlein im Jahre 1912 als Platz einer kleinen und befestigten Siedlung vorgeschichtlicher Zeit bekannt. Sein ungefähr 1500 qm großes Plateau wird gegen die östlich anschließende Hochfläche beschirmt durch einen Wall, der bei einer Länge von ungefähr 40 m noch eine Höhe bis 1,2 m gegenüber dem Innenraum erreicht; der vorgelagerte Graben zeichnet sich an einer Stelle noch als kaum wahrnehmbare Mulde ab. Die ersten Untersuchungen hat in den Jahren 1924/25 K. Bittel vorgenommen. Dabei wurden Reste einer verbrannten Trockenmauer aus Kalk mit horizontaler Holzarmierung festgestellt. Bei der Mauer und an den Plateaurändern fanden sich Scherben, die auf eine Besiedlung während der Hallstatt- und Frühlatènezeit (7.–5. Jh. v. Chr.) hinweisen. Aus Anlaß des 75. Geburtstages von Professor Dr. Dr. h. c. Kurt Bittel hat das Tübinger Institut, dem er 1946 bis 1951 vorgestanden hat, im Sommer 1982 hier eine Lehrgrabung mit Studenten begonnen.

Die Untersuchungen des Jahres 1982, die von der Stadt Herbrechtingen mit einer Reihe technischer Hilfen unterstützt wurden, galten ausschließlich dem bisher noch nicht sondierten Innenraum. Ungefähr in seiner Mitte wurde eine Fläche von 10 x 5 m geöffnet und bis auf den gewachsenen, nur geringmächtig von Felsschutt und einer Grasnarbe bedeckten Felsen abgetragen. Trotz sorgfältiger Beobachtung ließen sich in dem anstehenden Weißjura ε keinerlei Spuren von Eingriffen feststellen; lediglich in der Nordwestecke der Grabungsfläche wurde eine knapp einen Quadratmeter große und ungefähr 0,6 m tiefe »Grube« mit spätlatènezeitlichen Fundeinschlüssen beobachtet, doch blieb offen, ob eine natürliche oder eine künstliche Eintiefung vorliegt.

Unter den rund 600 notierten Funden – bei weitem überwiegend kleine und kleinste Keramik-Fragmente – lassen sich Reste mehrerer vorgeschichtlicher Perioden feststellen. Wenige Scherben lassen sich der ausgehenden

Abb. 55 Herbrechtingen. »Radberg«. As des Kaisers Nerva aus dem Jahre 97 n. Chr. Durchmesser maximal 24 mm

tiger Schalen. Das interessanteste, aber ganz singuläre Fundstück ist eine römische Bronzemünze (Abb. 55), nach freundlicher Bestimmung durch Herrn Dr. D. Mannsperger (Tübingen) ein As des Kaisers Nerva (96–98 n. Chr.), zwischen dem 1. Januar und dem Herbst des Jahres 97 in Rom geprägt. Das gut erhaltene Porträt der Vorderseite deutet an, daß die Münze nicht lange im Umlauf gewesen war, als sie auf dem »Radberg« verlorenging; möglicherweise ist sie beim Bau der nur wenige hundert Meter östlich vorbeiführenden römischen Straße von Günzburg nach Heidenheim an ihren Fundort geraten.

Die Untersuchung soll im Sommer 1983 – wiederum als Lehrgrabung – mit einem Schnitt durch Wall und Graben abgeschlossen werden.

Franz Fischer

Frühbronzezeit zuordnen. Die Masse der Keramikreste dürfte hallstatt- und frühlatènezeitlich sein. Daneben gibt es spätlatènezeitliche Kammstrichware, aber auch Stücke gleichzei-

Literaturhinweise
F. Hertlein, Die Altertümer des Oberamts Heidenheim (1912) 27. – Fundberichte aus Schwaben, NF 4, 1928, 47.

Eine späthallstattzeitliche Grube in Mannheim-Wallstadt

Die an der südwestlichen Randzone von Mannheim-Wallstadt im Gewann »Wallstädter Langgewann« 1982 durchgeführten Grabungen führten zur Aufdeckung einer fundreichen späthallstattzeitlichen, schwalbenschwanzförmigen Grube von 1 m Tiefe und 2 m Durchmesser, die in den gewachsenen Lehmboden eingetieft war (Abb. 56). An der Nordseite wurde leider ein Teil von dieser durch eine moderne Störung der archäologischen Untersuchung entzogen.

Auf dem Grubenboden konnte deutlich eine dünne schwarze, aschehaltige Schicht beob-

achtet werden. Die Verfüllung darüber wies verschiedene Ablagerungen auf, deren Zustandekommen offensichtlich durch den Wechsel von Einfüllungen und leichten Einschwemmungen bedingt war. An Funden lieferte die Grube größere Mengen gebrannten Hüttenlehms, an dem sich teilweise noch deutlich erkennbar Rutenabdrücke ausmachen lassen, ferner Holzkohlestücke sowie Tierknochenfragmente und Tierzähne, die, soweit bestimmbar, vom Rind, Schwein und Pferd stammen.

Scherben fanden sich in größeren Mengen

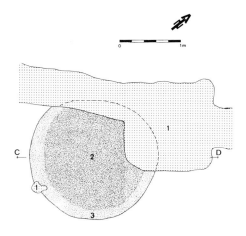

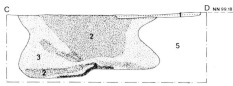

1 Moderne Störung   2-3 Dunklere u. hellere Grubenverfllg.
mit Scherben, Hüttenlehm u. Holzkohlepartikeln versetzt
4 Dunkle, stark aschehaltige Schicht   5 Gewachsener Lehmboden

Abb. 56   Mannheim-Wallstadt. Wallstädter Langgewann, späthallstattzeitliche Grube

Abb. 57   Mannheim-Wallstadt. Wallstädter Langgewann, späthallstattzeitliche halbkuge-lige Schale

darunter solche, die sich zu einer halbkugeligen dickwandigen Schale mit leicht angedeuteter Standfläche zusammenfügen ließen (Abb. 57). Vertreten waren ferner außen geglättete, bräunlich-gelbe Schalenrandstücke. Erwähnung verdient auch der Unterteil eines teils heller, teils dunkler gebrannten Gefäßes, das an der Außenwand einen sehr charakteristischen gezupften, dem Gefäßkörper schuppenförmig aufliegenden Dekor zeigt. Neben Fragmenten eines dünnen Armreifs fanden sich an Metallgegenständen zwei typisch späthallstattzeitliche Bronzefibeln mit breiter Spirale, von denen eine noch die profilierte Fußzier trägt und die eine Datierung unserer Fundstelle in die ausgehende Hallstattzeit (Ha D 3), also gegen 500 v. Chr. erlauben.

Die hier vorgestellte Grube steht zwar in dem von uns 1982 untersuchten Areal vereinzelt da, hallstatt- und latènezeitliche Gruben haben sich aber in der südwestlichen Randzone von Mannheim-Wallstadt bereits bei früheren Grabungen, die noch der Veröffentlichung harren, gefunden.

Der uns hier besonders interessierende späte Hallstatthorizont (Ha D 3) ist außerdem durch Funde aus Gruben in Mannheim-Vogelstang belegt.

Gerade eine Aufarbeitung dieser Materialien dürfte interessante neue Aufschlüsse zur Siedlungsgeschichte der Endhallstatt- und frühen Latènezeit im unteren Neckargebiet bringen und könnte außerdem Erkenntnisse zu dem von der Forschung in den letzten Jahren intensiv diskutierten Problem des Verhältnisses von Ha D 3 zu Lt A gerade in unserem Bereich liefern.   *Friedrich-Wilhelm von Hase*

Vorgeschichtliche Siedlungen beim Viesenhäuser Hof, Stuttgart-Mühlhausen

Bei der Ausgrabung eines ausgedehnten bandkeramischen Friedhofes am Viesenhäuser Hof (vgl. Beitrag S. 29 ff.) wurden im untersuchten Bereich von 70 x 90 m auch umfangreiche Siedlungsreste aus verschiedenen vorgeschichtlichen Zeitstufen aufgedeckt. Die siedlungsgünstige Lage der sich nach Osten zu öffnenden Mulde, in der der Viesenhäuser Hof liegt, sowie nur wenig unterhalb entspringende Quellen haben in der Jungsteinzeit, der Urnenfelder- sowie der späten Hallstatt- und frühen Latènezeit immer wieder Menschen angezogen. Besonders aber dank des außerordent-

lich fruchtbaren Lößbodens dürften die ausgedehnten großflächigen Siedlungen entstanden sein.

Der Grabungsausschnitt war durch die Untersuchung des Friedhofes vorgegeben und ist deshalb willkürlich, Begrenzungen einer Siedlung konnten nicht festgestellt werden, auch hatte die Erosion und Landwirtschaft schon so stark eingegriffen, daß aus keiner der vier festgestellten vorgeschichtlichen Epochen Hausgrundrisse nachgewiesen werden konnten, lediglich Gruben und Keller, während einzelne Pfosten keine erkennbaren Grundrisse erge-

Abb. 58   Stuttgart-Mühlhausen. Gefäße der Urnenfelderzeit

ben. Die Siedlungsreste akkumulierten sich im
Laufe der Zeit, so daß in der untersuchten Fläche von knapp 1 Hektar insgesamt 560 Gruben
oder Eintiefungen gefunden wurden. Aus
Zeitmangel konnten nicht sämtliche Gruben
detailliert untersucht werden, doch wurde das
gesamte Fundmaterial geborgen. Es ist sehr
umfangreich, vor allem der Keramikbestand,
daneben aber auch viele Steingeräte, Kno-
chenwerkzeuge, Bronze- und Eisengegen-
stände.

Die älteste, bandkeramische Siedlung hat unter der späteren Überbauung natürlich am
meisten gelitten. Es handelt sich um große, für
die Bandkeramik typische Materialgruben, die
mit Siedlungsschutt verschwemmt sind und
verhältnismäßig wenige Funde enthielten.
Vorbehaltlich einer späteren Detailauswer-
tung kann jedoch festgestellt werden, daß sie
sich vor allem am Randbereich des Friedhofs
gruppieren. Auch über das zeitliche Verhältnis
zwischen Friedhof und Siedlung können noch
keine Angaben gemacht werden.

Ein deutlicher Siedlungsniederschlag ist dann
mit der mittelneolithischen Großgartacher
Kultur zu fassen. Auch hier streuen wieder
große Materialgruben locker über die gesamte
Ausgrabungsfläche, konzentrieren sich aber
besonders im Mittel- und Nordteil. Das keramische Fundmaterial ist meist kleinscherbig
und kann an die Funde der von W. Veeck untersuchten Siedlung angeschlossen werden.
Auch Funde aus Stein, Silex und Knochen liegen vor.

Großflächig und verhältnismäßig locker
scheint die Siedlung der Urnenfelderkultur
gewesen zu sein. Kleine runde Vorratskeller
und großflächige Reste von Kulturschichten
enthielten ein umfangreiches keramisches Material, darunter auch zahlreiche Gefäße, die
weitgehend erhalten sind (Abb. 58). Die
Funde gehören in einen frühen Abschnitt der
Urnenfelderzeit (Ha A).

Weitaus am besten belegt ist jedoch die späte
Hallstatt- und frühe Latènezeit. Zahlreiche
Bronzefunde gestatten eine genaue zeitliche
Einordnung, die in einem späten Ha D 1 beginnt und bis in die Frühlatènezeit B 1 andau-
ert (Abb. 59). Dies ist ein wichtiger Beleg für
eine Siedlungskontinuität. Auch hier sind wieder keine Hausgrundrisse erhalten, dagegen
liegen die üblichen Grubenhäuser und vor allem Getreidevorratskeller vor. Sie sind bis zu
2 m tief eingegraben, erweitern sich nach unten zu und waren ursprünglich wohl mit einem
Holzdeckel verschlossen. Sie sind meist mit
Siedlungsabfall verfüllt worden und nicht etwa
im Laufe der Zeit zugeschwemmt, so daß sie
zahlreiche Funde enthalten. Auch auf der
Sohle der Grubenhäuser häuften sich die Fun-

Abb. 59 Stuttgart-Mühlhausen. Bronzefibeln der späten Hallstatt- und frühen
Latènezeit

82

de, auffällig waren hier vor allem zahlreiche Hinweise auf Werkstätten; dagegen waren die üblichen Webgewichte recht selten. In einige der Gruben waren Tote geworfen worden. Sie sind nicht regulär bestattet, sondern auf diese Weise beseitigt worden. Wir finden sie gerade in Siedlungen der Späthallstatt-Frühlatènezeit häufiger. Zu erwähnen ist jedoch noch ein frühlatènezeitliches Hockergrab mit einer Toten, die Hals-, Arm- und Fußring trug. Auch hier kann einer detaillierten Auswertung nicht vorgegriffen werden, doch können trotz des schlechten Erhaltungszustandes der Siedlung und der in manchen Teilen notgedrungen flüchtigen Ausgrabung wichtige Ergebnisse erwartet werden.

Jörg Biel

Die Ausgrabungen im römischen Rottweil

Die Ausgrabungen in Rottweil konzentrierten sich 1982 auf den römischen Stadtkern mit dem sog. »Handwerkerbau«. Unter diesem wurden zum ersten Male die Innenbauten der Kastelle IV und V sowie die Befestigung von Kastell V mit Teilen des Westtores und das komplette Südtor ausgegraben. An der Süd-ostecke des zivilen Handwerkerbaues konnten mehrere Bauphasen des Steingebäudes erkannt werden. In der Zeit von Anfang Mai bis Ende Oktober wurde insgesamt eine Fläche von knapp 900 qm ausgegraben. Dem Arbeitsamt Rottweil danken wir sehr für seine Unterstützung durch eine AB-Maßnahme, die auch bereits 1981 gewährt wurde.

Vom großen Kastell IV waren bisher nur die beiden Spitzgräben sowie die Holztürme der Befestigung bekannt. In den diesjährigen Grabungsflächen zeichnete sich ein etwa 21 x 4,5 m langes Holzgebäude ab, das nicht in der sonst bei Kastell-Innenbauten gewohnten Pfostengräbchen-Technik erbaut war. Die senkrechten Holzpfosten steckten in einzelnen kleinen Pfostengruben im Abstand von 0,6 m. Die Pfostenfüllungen waren völlig steril. An einer Stelle wurden diese von einer Kiesschicht überlagert, die wir als das Intervallum von Kastell V deuten müssen. Diese Befunde zeigen,

daß hier ein Innengebäude (vielleicht der Teil einer Mannschaftsbaracke?) von Kastell IV vorliegt. Vielleicht kann man den Rest eines Abwassergräbchens ebenfalls zu Kastell IV rechnen. Somit hätten wir hier erstmals den Nachweis einer zeitlichen Abfolge von Kastell IV zu Kastell V (Abb. 60). Sehr klar erschienen die Innenbauten und Befestigungen von Kastell V. Bereits 1981 konnten wir zwischen und hinter den Pfosten der Holz-Erde-Umwehrung weitere Pfosten freilegen. Wir vermuteten damals, daß wir uns bereits im Bereich der Tortürme befänden. Dies müssen wir nach den Grabungen 1982 revidieren. Die erste Holz-Erde-Umwehrung wurde von einer parallelen Pfostenreihe im Abstand von 3,30 m getragen. Zwischen den Pfosten der zweiten Reihe und einer dritten Reihe zeigten sich auf eine Länge von 27 m zusätzliche Pfostenstandspuren. Diese orientieren sich alle nach den vorderen parallelen Pfostenreihen. Pfosten und Gruben sind allerdings deutlich kleiner und geringer eingetieft. Vielleicht hat man hier die Befestigung ausgebessert oder verstärkt. Möglich wäre auch eine breite Rampe, die zum nördlichen Turm des Westtores hinaufzieht.

Ungefähr 13 m östlich der Umwehrung be-

*Abb. 60   Rottweil. Grabung Hochmauren 1982. Teile der Kastelle IV und V unter dem sog.
»Handwerkerbau«. Maßstab 1:200*

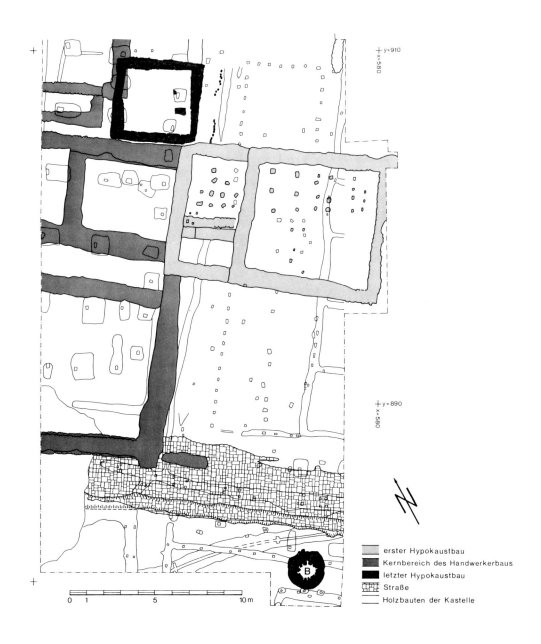

erster Hypokaustbau
Kernbereich des Handwerkerbaus
letzter Hypokaustbau
Straße
Holzbauten der Kastelle

*Abb. 61   Rottweil. Grabung Hochmauren 1982. Südostteil des sog. »Handwerkerbaues«.
B = Brunnen. Maßstab 1:200*

85

ginnt ein Holzgebäude mit Pfostengräbchen und senkrechten Pfosten. Von der bis jetzt etwa 20 m langen Westseite zweigen jeweils alle 3,5 m weitere Pfostengräbchen nach Osten ab. Wahrscheinlich wurde hier eine Mannschaftsbaracke angegraben. Sieben Meter südlich dieser Baracke fand sich ein weiterer großer Kastellinnenbau, dessen Bedeutung noch nicht klar ist. Zwischen beiden muß eine Straße gelegen haben, von der nichts mehr erhalten ist als ein Wassergraben. Dieser war mit Holzbrettern und -pfosten ausgeschlagen, wie man sie in jüngster Zeit mit erhaltenen Holzresten in Osterburken und in Winterthur gefunden hat.

Nachdem wir bereits 1977 Teile des Stabsgebäudes (*principia*) ausgegraben hatten, muß diese Straße die Hauptstraße (*via principalis*) vor der Principia gewesen sein. Die Via principalis war vor den beiden Gebäuden wahrscheinlich mit einer Portikus überdacht. Das Westtor des Kastelles konnte 1982 noch nicht vollständig untersucht werden. Leider ist seine Durchfahrt durch eine nachkastellzeitliche Vertiefung sehr stark gestört. Ein nördlicher Torturm zeichnet sich jedoch deutlich mit seinen großen Pfostengruben ab.

Vor der Erweiterung eines neben der Grabung liegenden Lagergeländes ergab sich die Möglichkeit, das Südtor von Kastell V auszugraben. In der ca. 200 qm großen Fläche fanden wir das komplette Tor (Abb. 62). Bereits bei der Grabung 1977, bei der wir die Rückfront der Principia, ein weiteres großes Holzgebäude und Teile von Mannschaftsbaracken(?) gefunden hatten, vermuteten wir in diesem Bereich das Südtor. Etwa zwei Meter außerhalb des Tores lagen die zu Grabenköpfen einziehenden Spitzgräben. Sie lassen für die Einfahrt eine Lücke von 11,30 m frei. Die 3,50 m weite Toreinfahrt wird von zwei 3,30 x 3,0 m großen Tortürmen flankiert. Diese sind 0,5 m vor die Holz-Erde-Umwehrung nach außen gerückt.

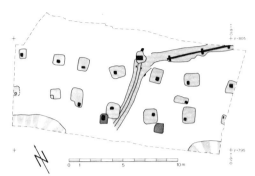

Abb. 62   Rottweil. Grabung Stahlhandel 1982. Südtor von Kastell V

Nach diesen Grabungen können wir die Orientierung und eine grobe Einteilung von Kastell V rekonstruieren (Abb. 63). Die Principia und damit das Lager war nach Norden gerichtet. Zwischen der Principia und dem Südtor (*porta decumana*) stand ein größeres Holzgebäude hinter dem die Via decumana beginnt. Zu beiden Seiten der Via decumana standen vermutlich Ost-West orientierte Baracken. Südlich der Via principalis zwischen Principia und dem Westtor (*porta principalis sinistra*) lag ein weiteres großes Holzgebäude, vielleicht das Praetorium. Aus dem vorderen Lagerteil kennen wir bisher den Teil einer Nord-Süd ausgerichteten Mannschaftsbaracke.

An manchen Stellen fanden sich in den Einfüllungen der Pfostengräbchen viel Holzkohle und verbrannter Lehm. Dieser Brandschutt zeigt, daß hier bereits vorher Holzbauten standen. Nach den bisherigen Beobachtungen kann dies nur Kastell IV gewesen sein. Terra-Sigillata-Scherben aus einer Deichelleitung und dem Abwassergraben von Kastell V datieren dieses Kastell vielleicht noch in die frühe flavische Zeit. Keramik aus Abfallgruben über dem Südtor und der anschließenden Befestigung zeigen, daß das Kastell in späterer flavischer Zeit bereits wieder verlassen war.

Spuren von zivilen Holzbauten konnten in die-

Abb. 63   Rottweil. Grabung Hochmauren 1982. Straßengraben und Holzbauspuren von Kastell V (helle Verfärbung) sowie Straßengraben der Steinbauperiode (dunkle Verfärbung)

sem Teil der Grabung nicht gefunden werden. Sehr viel besser haben sich dagegen die Fundamente des Steingebäudes erhalten. Hier an der Ostseite des sog. Handwerkerbaues lagen drei Hypokausträume (Abb. 61). Da deren Mauerwerk tiefer in den Boden reichte, lassen sich an den erhaltenen Baufugen ganz eindeutige Bauphasen ablesen. Solche Aussagen ließen sich bisher selten treffen, da von den Fundamenten meist nur noch die Fundamentrollierungen erhalten waren. Der erste aus Stein aufgeführte Bauteil war ein 8 x 9 m großer Raum mit Fußbodenheizung (*hypocaustum*). Er scheint sehr rasch um vier Meter nach Westen erweitert worden zu sein. Dieser Raum muß zuerst isoliert gestanden haben, da alle an ihn angefügten Mauern deutliche Baufugen

aufweisen und sich das Steinmaterial (meist runde Kalksteinwacken) sehr deutlich vom übrigen Baumaterial abhebt. Möglicherweise wurde dieser Raum bereits während der Zeit der zivilen Holzbauten errichtet und als ein kleines Bad(?) benützt.

In einer späteren Bauphase, vielleicht zu Beginn des 2. Jahrhunderts wird ein etwa 18 m breites Steinhaus zwischen der Straße und diesem Hypokaustraum hochgezogen. Dieser 18 m breite und etwa 50 m lange Gebäudeteil bildete einen der drei Kernbauten, aus dem im Laufe des 2. Jahrhunderts der gesamte Komplex des Handwerkerbaues zusammenwuchs. In einem letzten Schritt wird in den Winkel zwischen diesen Kernbau und einem unmittelbar nördlich anschließenden weiteren Kern-

87

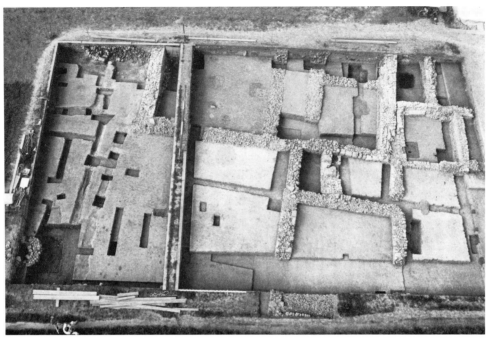

Abb. 64   Rottweil. Grabung Hochmauren 1982. Gesamtaufnahme vom Südostteil des sog.
»Handwerkerbaues«

bau ein kleiner 4 x 5 m großer Hypokaustraum eingebaut (Abb. 64).

An der Südostecke des Steinbaues hat sich ein interessantes und für unsere Region seltenes Baudetail des aufgehenden Mauerwerkes erhalten. Eine Mauer wurde hier über eine ältere und mit weichem Boden aufgefüllte Vertiefung gebaut. Diese bewirkte den Einsturz dieser Mauer. In deren Versturz lagen in originaler Lage die Reste des aufgehenden Mauerwerkes mit einem Tür- oder Fenstersturz. Über großen Keilsteinen befanden sich fein behauene Volutensteine, die wiederum dünne Steinplatten und ein kleines Ziegelvordach mit Leistenziegeln (*tegulae*) und Deckziegeln (*imbrices*) trugen.

Am Südrand des Gesamtgebäudes war ein 2,5 m breiter mit Kalksteinplatten belegter Weg angelegt, der auf der dem Gebäude gegenüberliegenden Seite von einem Abwassergraben begleitet wurde. Dieser Weg bildet den südlichen Abschluß des Handwerkerbaues. Südlich des Weges scheint eine Lücke zu klaffen. Weg und Gebäudeabstände dürften hier und auch für die gesamte Stadtanlage von besonderer Bedeutung sein. Es ist nämlich bis heute noch nicht geklärt, ob wir in Rottweil mit einem rechteckigen schachbrettartigen Straßen- und Häusersystem (*insulae*) oder mit langen Straßenhäusern zu rechnen haben.

Alfred Rüsch

Literaturhinweis
A. Rüsch, Das römische Rottweil. Führer zu archäologischen Denkmälern in Baden-Württemberg 7 (1981)

Ausgrabungen am Kellereiplatz in Ladenburg am Neckar, Rhein-Neckar-Kreis

Die Grabungskampagne 1982 dauerte von Ende März bis Anfang Dezember. Sie brachte einige Ergebnisse, die nicht nur für Ladenburgs Geschichte von Bedeutung sind.

Bereits im Frühjahr konnten Teile eines neuen, bisher unbekannten römischen Kastells aufgedeckt werden (Abb. 65). Sein Wehrgraben (Abb. 66) war ca. 4,50 m breit und 2 m tief. Von dem dahinterliegenden Erdwall konnten wir neben Resten eines Knüppelrostes sogar noch Spuren von Rasensoden feststellen. Diese befestigten einst, zur »Mauer« übereinandergeschichtet, die Angriffsseite. In den Erdwall waren in gewissem Abstand »Zwischentürme« von 3 x 3 m Grundmaß eingebaut. Von einer dieser Plattformen konnten die Reste der vier tragenden Holzpfosten freigelegt werden. Von der Innenbauung des Kastells fehlt bis jetzt jegliche Spur.

Die Innenfläche des Kastells lag gegen Westen, gegen das nur 20 m entfernte ehemalige Neckarsteilufer. Als die Römer das Kastell bauten, muß das Hochufer wesentlich weiter westlich gelegen haben. Die römische (und auch mittelalterliche) Stadtmauer folgen andererseits dem heutigen Verlauf des Hochufers. Das Kastellgelände wurde also noch in römischer Zeit durch Neckarhochwässer bis auf wenige Reste abgeschwemmt.

Über die Größe des Kastells und über seine Besatzung gaben die Ausgrabungen keine Aufschlüsse. Auch die Zeit seiner Anlage und Benutzung ist mangels Funden nur indirekt erschließbar: Zum einen gibt es für eine Gründung in vorflavischer Zeit keinerlei Hinweise. Zum anderen setzt die zivile Überbauung des Geländes (Holzbauphase) nach bisherigem Auswertungsstand in den achtziger Jahren des 1. Jahrhunderts n. Chr. ein.

Vermutlich wurde das neuentdeckte Kastell unter Kaiser Vespasian um 75 n. Chr. im Zuge der vollständigen Besetzung des rechtsrheinischen Oberrheintales als erstes Ladenburger Kastell gebaut und wegen seiner Gefährdung oder gar bereits teilweisen Zerstörung durch Neckarhochwässer kurze Zeit später (wohl noch unter Vespasian) in den Bereich zwischen Bischofshof und St.-Gallus-Kirche verlegt. Hier wurde es zunächst in gleicher Ausführung neu errichtet (Erdwall mit Rasensodenmauer und Knüppelrost, Holzzwischentürme, zwei Wehrgräben, vorher einer), später dann in Stein ausgebaut.

Die zeitlich folgende Zivilbebauung ist rechtwinklig auf die römische Fernstraße unter der heutigen Kellereigasse ausgerichtet (Abb. 65). Der Straßendamm ist aus Kies aufgeschüttet, seine Breite beträgt 26 m. Dies läßt auf eine platzartige Erweiterung des Straßenraumes schließen.

Die Grundrisse der Holzgebäude westlich der Kellereigasse konnten zwar weiter ergänzt werden, sind aber noch nicht vollständig. Die Häuser stehen unmittelbar am Straßenrand, sind ca. 8 m breit und 30 m lang. Es lassen sich mindestens zwei Bauphasen unterscheiden, die durch einen starken Brandhorizont getrennt sind.

In der Steinbauphase wird die Straßenfront der Gebäude um etwa 5 m zurückverlegt. Dafür verläuft nun ein Gehweg vor den Häusern, der im letzten Ausbauzustand sogar überdacht war (*porticus*). Der Ausbau in Stein erfolgte nicht gleichzeitig. Das größere südliche Gebäude

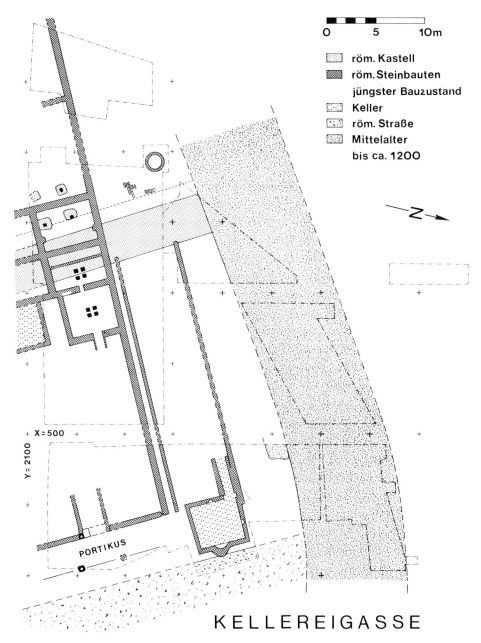

Abb. 65   Ladenburg. Kellereiplatz. Schematisierter Plan der Ausgrabungen 1981/82. Nicht eingetragen sind sämtliche römische Holzbaufunde sowie mittelalterlich-neuzeitliche Befunde nach 1200

Abb. 66   Ladenburg. Kellereiplatz. Schnitt durch Wehrgraben und einen Pfosten des Zwischenturms des römischen Kastells

wurde wohl noch unter Kaiser Hadrian errichtet, das nördliche erst in der 2. Hälfte des 2. Jahrhunderts. Noch weiter nördlich konnten wir keinen Steinausbau beobachten.

Der einmalige Erhaltungszustand des Straßenbereichs des südlichen Gebäudes gehört zu den archäologischen Glücksfällen der Grabung, war doch die Gestaltung der Straßenfront des Typus »römisches Streifenhaus« bislang ungeklärt. Demnach besaß dieses Haus gegen die Straße eine Fachwerkwand, die einem Steinsockel auflag. Der Steinsockel senkte sich im Bereich zweier älterer (verfüllter) Erdkeller, weshalb an diesen Stellen durch größere Steine ein Höhenausgleich vorgenommen werden mußte. Gleichzeitig mit dieser Sanierungsmaßnahme wurde auch der Ein-

Abb. 67   Ladenburg. Kellereiplatz. Eingangsbereich des südlichen römischen Gebäudes von Südosten

91

Abb. 68 Ladenburg. Kellereiplatz.
Römischer Steinkeller

gang neu gestaltet: Zwei schmale, auf ihrer Innenseite mit rotbemaltem Wandverputz versehene Zungenmauern führten nun ins Gebäude hinein. Ein Sockelstein mit Zapfloch zeigt an, daß das Türgewände aus Holz bestand. Der mächtige Schwellstein lag noch in situ, soweit der Eingang nicht durch einen kleinen neuzeitlichen Eiskeller gestört war. Vor dem Eingang war noch der Stampflehm des römischen Gehweges erhalten (Abb. 67). Der Steinkeller des nördlichen Streifenhauses lag im Gehwegbereich vor dem Haus. Er ist 4 x 5 m groß und sehr gut erhalten (Abb. 68). Da stellenweise die oberste Steinlage mit abschließendem Mörtelglattstrich erhalten ist, können wir mit 2,40 m sogar die ursprüngliche Raumhöhe angeben. Der Keller war mit zwei Lichtnischen und einem Lichtschacht gegen die Straße hin ausgestattet. An drei Seiten war eine Sandbank angeschüttet, in die einmal große Amphoren mit Kugelboden eingegraben waren. Aus dem Keller stammt ein sehr reiches Fundmaterial (Abb. 69, 70), vor allem auch eine Serie von zwölf Münzen, die mit ei-

nem Antoninian des Phippus Arabs (244–249 n. Chr.) schließt. Die Terra Sigillata, darunter viele reliefverzierte Bilderschüsseln sowie ein Krüglein mit Weißbarbotine-Malerei, stammt fast ausschließlich aus den Töpfereien in Rheinzabern. Von der weiteren Gefäßkeramik sind mehrere Amphoren sowie der große Anteil an sogenannter Urmitzer Ware hervorzuheben. Eines der umliegenden Gebäude muß einst sehr qualitätvoll ausgestattet gewesen sein: Davon zeugen die Bruchstücke von geschliffenen Marmor- und Granitplatten, die wohl als Wandverkleidung oder Bodenbelag gedient hatten. Die Auswertung des reichen Fundmaterials läßt weitere Erkenntnisse über das Ende der römischen Besiedlung des Kellereigeländes im 2. Drittel des 3. Jahrhunderts erwarten. Der Steinkeller soll konserviert werden und so der Öffentlichkeit erhalten bleiben.

Am Kellereiplatz lebten in römischer Zeit wohl vor allem Handwerker und Händler. Zumindest in der 1. Hälfte des 2. Jahrhunderts bestand ein Buntmetall (Messing) verarbeitender Handwerksbetrieb, von dem Gußtiegelreste, Gußabfälle und Schlacken zeugen. Welche der zahlreichen Kleinfunde aus Bronze (Messing) hier hergestellt wurden, muß allerdings erst noch durch weitere naturwissenschaftliche Analysen untersucht werden. Aus dem 3. Jahrhundert stammen Hinweise auf eine Eisenschmiede und eine Knochenschnitzerei. An der Straßenseite der Gebäude dürften kleine Läden bestanden haben, in denen die Produkte der Handwerker verkauft wurden. Aber auch ein Geschäft für Öl, Wein und Spezereien dürfen wir annehmen, denn in einem der Erdkeller im Straßenbereich fand sich eine mächtige Schicht verbrannter Gefäßscherben, die ausschließlich zu solchen Gefäßformen gehören, in denen vermutlich diese Waren zum Verkauf kamen.

Auch zur Geschichte Ladenburgs im Mittelal-

Abb. 69 Ladenburg. Kellereiplatz. Satz von drei Terra-sigillata-Schälchen aus dem Steinkeller. Dm. 11 cm, 9 cm und 7 cm

ter brachte die Grabungskampagne 1982 neue Erkenntnisse. So konnten erstmals im Altstadtbereich sogenannte »Grubenhäuser« des 8./9. bis 11. Jahrhunderts freigelegt werden, die vor allem im Bereich der römischen Straße dicht beieinander liegen. Eines dieser Grubenhäuser mit karolingischem Fundmaterial wird vom Graben der älteren mittelalterlichen Stadtbefestigung geschnitten (vgl. Abb. 65). Daraus ergibt sich, daß der Graben jünger sein muß (9. Jh.?). Die zum Wehrgraben gehörende Stadtmauer konnte östlich der Kellereigasse erstmals freigelegt werden. Westlich der Kellereigasse konnte sie dagegen nicht beobachtet werden.

Die Grabungen fanden auch 1982 in der Öffentlichkeit reges Interesse. Es wurden mehrere Abendführungen veranstaltet, am Tag der offenen (Zaun-)Tür im September kamen über 400 Besucher. Die Informationsschrift

Abb. 70 Ladenburg. Kellereiplatz. Götterfigürchen (Schilfsandstein) aus dem Steinkeller. H. noch 12,5 cm

93

»Ausgrabungen in Ladenburg« (Heft 1: Sept. 1982), eine Wechselausstellung im Lobdengaumuseum sowie Fotoausstellungen am Gokkelsmarkt bieten zusätzlich Informationen. Anfang Juni konnten die Ausgrabungen auf einer Pressefahrt des Innenministers Professor Herzog als Beispiel für die Arbeit der Bodendenkmalpflege vorgestellt werden. Im Oktober fand die diesjährige Sitzung der Kommission zur Erforschung des römischen Ladenburg statt. Auf ihr wurde auch das Grabungsprogramm für 1983 festgelegt. Der Kellereiplatz wird 1983 weiterhin Grabungsschwerpunkt sein. Im Sommer beginnen dann die Untersuchungen im Bereich Metzgergasse. Außerdem müssen auch an der Realschulstraße Grabungen durchgeführt werden.

Hartmut Kaiser

Literaturhinweis
H. Kaiser in: Archäol. Ausgrabungen in Baden-Württemberg 1981, 106 ff.

Ein neuer römischer Limes in Württemberg

Zwischen Owen und Dettingen unter Teck im Landkreis Esslingen entstehen alljährlich im Sommer quer durch das Tal der Lauter dunkle Streifen, die vom Fuß der Teck in nordwestlicher Richtung bis zum ehemaligen Elektrizitätswerk südlich von Dettingen verlaufen (Abb. 71), die sog. Sibyllenspur. Wie der Name sagt verbindet sich mit dieser Verfärbung eine uralte Sage, die in verschiedener Weise überliefert wird. So wird in der berühmten Sagensammlung »Deutsche Sagen, Sitten und Gebräuche aus Schwaben« die von Ernst Meier 1852 herausgegeben wurde, berichtet: »Aus Gram über die Feindschaft ihrer Kinder hat Sibylle endlich das Land verlassen; aber niemand weiß, wohin sie gezogen ist. Indes alljährlich, wenn die Frucht zu reifen beginnt, kann man noch eine Stunde weit bis über die Lauter hinaus bei Dettingen die Richtung ihres Wagens, mit dem sie durch die Luft fahren konnte, verfolgen. Man sieht alsdann im Felde eine breite Wagenspur und unterscheidet ganz deutlich die Tritte von zwei Pferden, so wie die Sprünge des Hundes, der neben dem Wagen hergelaufen, als Sibylle weggezogen (Abb.

Abb. 71 Dettingen unter Teck, Luftaufnahme der Sibyllenspur aus dem Jahre 1976 (Freigegeben vom RP Stuttgart 2/42755, Luftbild Albrecht Brugger Stuttgart)

72). Alle Stellen, über welche der Wagen und die Füße der Tiere damals hingegangen sind, die bleiben vierzehn Tage länger grün und haben auch später bei der Reife ein anderes Gelb; sie sind mehr braun; die Frucht jedoch von diesen Stellen ist vortrefflich. Diese Wagenspur heißt man allgemein ›Sibyllenfahrt‹. Sie geht in gerade Richtung zuerst, vom Sibyllenloche aus, den steilen Teckberg hinab; dann wieder in die Höhe über dem Kahlenberg, dicht unter dem ›Mockel‹ hin (so heißt ein Fels, der auf dem Hohbohl oder Haubohl, dem höchsten Punkte des Kahlenbergs, steht); weiter über den Götzenbuhl, dem Dettinger Teich hinunter durch die Lauter und die Weinberge und verschwindet dann im Reigelwald.« Soweit die Sage.

Für die etwa 600 m langen Streifen im Lautertal wurden die verschiedensten Erklärungsversuche vorgelegt. Bodenkundler sahen darin schon früh eine von Menschen geschaffene Anlage, möglicherweise einen alten Prozessionsweg zu einem Heiligtum oder eine Straße. Von geologischer Seite wiederum wurde in der geologischen Spezialkarte im Blatt Kirchheim unter Teck in der Talaue eine Lautertalverwerfung vermutet. Die hier anstehenden Ölschiefer liegen westlich dieser Linie etwa 120 m tief, östlich aber nur 70 m unter der heutigen Talaue. Da diese geologische Störung nicht näher lokalisiert werden konnte, wurde sie zeitweise mit der Sibyllenspur in der Talaue in Verbindung gebracht. Im Jahre 1955 ergaben geophysikalische Untersuchungen der Bundesanstalt für Bodenforschung über den beiden Streifen der Sibyllenspur gegenüber der Umgebung etwa die zwei- bis dreifache Menge von Radon (gasförmiges Zerfallsprodukt des Radiums, das gewöhnlich an Verwerfungsspalten aus der Tiefe aufsteigt). 1973 führte der Tübinger Professor Ernst weitere Untersuchungen durch. Sie ergaben einen kräftig erhöhten Anteil von Sumpfgas (Me-

Abb. 72   Ausfahrt der Sibylle

than) in der Sibyllenspur, das aus bakteriellen Umsetzungen der Ölschiefer in Verwerfungsspalten vermutet wurde. Diese Ergebnisse führten dazu, daß für die Geologen die tektonische Deutung der sog. Sibyllenspur die wahrscheinlichste war. Es war wieder ein Bodenkundler und Geologe, nämlich Prof. Dr. S. Müller, der schließlich im September 1976 mit Unterstützung des Schwäbischen Albvereins eine kleine Untersuchung durchgeführt hat. Das Ergebnis war eindeutig: die Sibyllenspur war von Menschenhand angelegt worden. Schon allein der geradlinige Verlauf durch das Tal ließ ein Bodendenkmal vermuten. Bei dieser Grabung fand sich ein römischer Scherben; eine römische Anlage schien nicht ausgeschlossen. Der damalige Bericht von S. Müller schließt mit der Aufforderung an die Archäologen des Landesdenkmalamtes, diese interessante Erscheinung endgültig zu klären. Sowohl der Kirchheimer Heimatforscher Eugen Schweitzer, als auch das Landesdenkmalamt Baden-Württemberg hielten in ihren Überlegungen eine römische Grenzbefestigung für möglich. Eine eingehende Untersuchung der Luftbilder durch die Bodendenkmalpflege ergab zusätzlich am Fuße der Teck eine viereckige Anlage mit abgerundeten Ecken, die einem römischen Kastell sehr ähnlich sah (Abb. 71). In mehreren Abhandlungen versuchte E. Schweitzer hier ohne gesicherte Befunde einen Limes und ein großes Lager auf Flurkarten nachzuweisen. In diesem Lager sah er das uns von der Peutinger Tafel her bekannte »Clarenna«. Schließlich versuchte er diesen Limes als Teil eines Limitationsnetzes, das von Großbritannien bis in den Mittelmeerraum sich erstrecken soll, zu deuten. Die von ihm vorgebrachte Argumentation und Begründung läßt sich von archäologischer Seite in keiner Weise nachvollziehen.

Abb. 73 Dettingen unter Teck. Profil durch den Graben 1

Eine sichere und wissenschaftlich fundierte Klärung konnten nur erneute flächenhafte Grabungen erbringen, die schließlich vom 20. Oktober bis 4. November durchgeführt werden konnten. Die Grabung ermöglichte der Landkreis Esslingen. An dieser Stelle möchte ich Herrn Landrat Dr. Braun für die großzügige Unterstützung durch die Übernahme der Kosten für diese kleine Grabung danken. Ziel dieser Grabung war, zu klären, ob hier tatsächlich ein römisches Bauwerk vorliegt und ob es sich hierbei um ein Kulturdenkmal im Sinne des Denkmalschutzgesetzes von Baden-Württemberg handelt. Die Grabung selbst mußte sich auf kleinere Flächen beschränken, da ein Teil der Grundbesitzer eine Ausgrabung nicht erlaubte. Wir sind daher besonders dankbar, daß uns Herr K. Braun und Frau M. Sigel die Genehmigung dazu erteilt haben.

Die Grabung wurde einmal im Bereich der »Sibyllenspur« selbst durchgeführt. Hier erbrachte im Bereich der Parz. Nr. 897 eine Fläche von 17 m Länge und 4 m Breite unter der ca. 0,4 m starken Humusdecke einen nördlichen Spitzgraben (1) mit noch 3,68 m Breite und 1,5 m Tiefe und einen südlichen Spitzgraben (2) mit noch 2,85 m Breite und 1,2 m Tiefe (Abb. 73, 74). Der Abstand der beiden Spitzgräben beträgt ca. 6 m. Wie schon 1976 festgestellt wurde, ist damit zu rechnen, daß im nördlichen Spitzgraben lange Zeit Wasser gestanden war, da im Zentrum der Grabenfüllung grobe, blank gewaschene Steine zum Vorschein kamen. Die dritte Verfärbung der Sibyllenspur entpuppte sich schließlich als etwa 0,7 m breiter und 1,1 m tiefer Graben. Sowohl die Breite, als auch die Tiefe und schließlich die Form läßt klar erkennen, daß hier ein Pfostengraben für eine Wehranlage vorliegt. Der Abstand vom Spitzgraben 2 zum Pfostengraben beträgt durchschnittlich 1,5 m. Zu unserer großen Überraschung konnten wir innerhalb dieser kleinen Fläche für die Datierung der

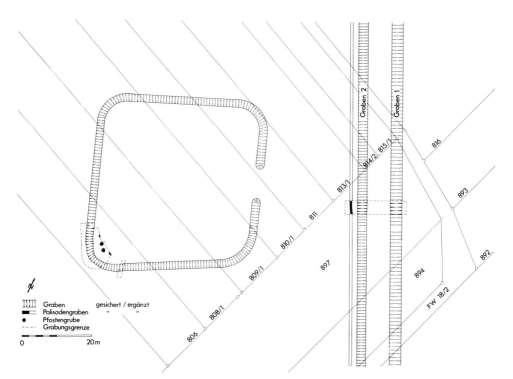

Abb. 74   Dettingen unter Teck. Gesamtplan der Sibyllenspur nach den Grabungen im Jahre 1982

Anlage wichtige Funde bergen. Zunächst einmal ist bezeichnend, daß im nördlichen Graben 1 keinerlei Material zum Vorschein kam. Dagegen fanden sich im Graben 2 in der unteren Verfüllung mehrere Scherben die darauf hindeuten, daß diese Anlage in der ersten Hälfte des 2. Jahrhunderts aufgegeben wurde. Die hier aufgedeckten Befunde zeigen ein Grenzsystem, bestehend aus einem doppelten Graben und einer durchgehenden Holz-Erde-Mauer an der Innenseite. Der Palisadengraben läßt m. E. die Vermutung zu, daß hier eine Erdmauer mit hölzerner Frontversteifung errichtet wurde (Abb. 75).

Im Bereich der Parzelle Nr. 808/1 etwa 32 m südlich der doppelten Gräben ließ sich auf den Luftbildern eine etwa 60 × 60 m große Anlage

erkennen. Die leider sehr beschränkte Grabungsfläche ergab die südöstliche Ecke einer Kastellanlage, die heute noch von einem ca. 2–2,2 m breiten und noch 0,7 m tiefen Spitzgraben umgeben ist. An der Innenseite konnten glücklicherweise noch vier Pfostengruben aufgedeckt werden, die zu einer Holz-Erde-Mauer gehörten. Die Pfosten hatten einen Durchmesser von 0,8–1 m und eine Tiefe von noch ca. 0,3 m. Auch hier konnten mehrere Scherben geborgen werden, die ebenfalls in das frühe 2. Jahrhundert gehören. Die Luftaufnahmen in Verbindung mit den nun ermittelten Befunden lassen ein Kastell von etwa 0,20 ha Fläche erkennen. Wenn wir auch über die innere Struktur dieses Lagers keine weitere Kenntnis besitzen, so ist klar, daß es sich hier-

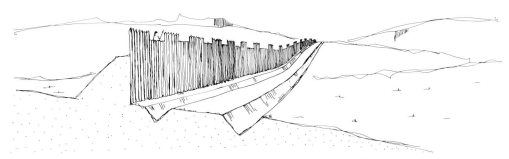

Abb. 75 Dettingen unter Teck. Rekonstruktionsversuch der Limesbefestigung im Lautertal

bei um ein römisches Kastell handelt, dessen Größe sich sehr gut mit den Kleinkastellen am wohl zeitgleichen Odenwaldlimes vergleichen läßt. Als Beispiel sei hier das Kleinkastell Triens mit 0,2 ha Fläche genannt. Soweit es auf den Luftbildern erkennbar ist, hat diese Anlage nur ein nach Norden, d. h. zur Grenzbefestigung hin orientiertes Tor wie die am Odenwald bekannten Kleinkastelle.

Die hier ermittelten Befunde wurden vom Landesdenkmalamt durch Vermessungsingenieur D. Müller und Vermessungstechniker W. Strobel eingemessen, so daß der genaue Verlauf ermittelt werden konnte. Verlängert man nun die bisher bekannte Strecke, so wird erkennbar, daß sie nach Südosten den Hohenbohl südwestlich tangiert, über den südlichen Teil der Teck und grob in Richtung Donnstetten verläuft, das etwa 1 km östlich der Linie liegt. Nach Nordwesten verläuft sie Richtung Köngen. Das Kastell Köngen liegt ungefähr 0,5 km westlich der Linie. Betrachtet man sich jedoch die Topographie, so muß zunächst offen bleiben, ob die Sibyllenspur wirklich eine Verlängerung nach Nordwesten bzw. Südosten besitzt. Möglicherweise handelt es sich hier nur um eine Teilbefestigung der römischen Grenze.

Es erhebt sich nun die Frage, in welchen historischen Zusammenhang diese Grenzlinie gehört (Abb. 76). Das zwar zahlenmäßig geringe Fundmaterial läßt sich durchweg in das frühe 2. Jahrhundert datieren. Die vorliegende Terra Sigillata, Schüsseln des Blickweiler Haupttöpfers sowie Bruchstücke von Tellern der Form Drag. 18/31 zeigen, daß diese Anlage wohl schon am Ende des 1. Jahrhunderts n. Chr. errichtet wurde. Jüngere Funde besitzen wir nicht, so daß wir davon auszugehen haben, daß das Kastell in der ersten Hälfte des 2. Jahrhunderts einplaniert und aufgegeben wurde. Vor diesem chronologischen Hintergrund handelt es sich hier zweifellos um ein Limesstück, das den Neckarlimes zwischen Köngen und den Alblimes bei Donnstetten verbindet. Dieser Limesabschnitt ist somit das schon immer fehlende Bindeglied zwischen obergermanischem Neckarlimes und rätischem Alblimes. Betrachtet man sich die Karte des Neckar- bzw. Alblimes, so ist die Verbindung Köngen–Dettingen–Donnstetten eine logische Verlängerung von Norden bis zum rätischen Alblimes. Im Gegensatz zum Neckarlimes und zum Alblimes, wo die Grenze nicht befestigt war, haben wir hier zumindest auf diesem kurzen Stück im Lautertal eine sehr starke Grenzbefestigung, die möglicherweise nur das Tal selbst abzuriegeln hatte. Sie be-

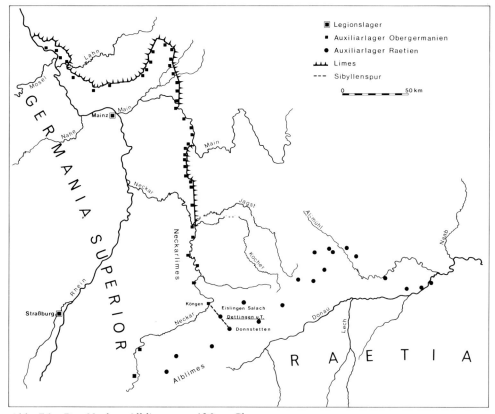

Abb. 76   Der Neckar-Alblimes um 120 n. Chr

steht aus zwei Gräben und einer durchgehenden holzversteiften Mauer. Die Grenzbefestigung selbst ist ungewöhlich und in dieser Zeit in Obergermanien und Rätien noch nicht bekannt. Mit dem Nachweis dieser Grenzlinie zwischen Neckar- und Alblimes gelang ein wichtiger Beitrag zur Erforschung der Geschichte des obergermanischen und rätischen Limes. Hier wird in den kommenden Jahren vor allen Dingen die Luftbildarchäologie eingesetzt werden müssen, um zu klären, ob es

Verlängerungen der sog. Sibyllenspur des Limes zwischen Neckar und Alb gibt und wenn ja, wie sie aussehen.   *Dieter Planck*

Literaturhinweise
E. Maier, Deutsche Sagen, Sitten und Gebräuche aus Schwaben (1852) 22 ff. – S. Müller, Altes und Neues von dere Sibyllenspur. Blätter des Schwäb. Albvereins 83, 1977, 180 f. – E. Schweitzer, Vermutungen über die Sibyllenspur. Schwäbische Heimat 29, 1978, 42 ff. – D. Planck, Neues zum Neckar- und Alblimes. Fundber. aus Baden-Württemberg 9, 1983

99

Archäologische Untersuchungen im Randbereich des römischen Vicus von Emerkingen, Alb-Donau-Kreis

Emerkingen ist in der archäologischen Forschung bekannt durch ein römisches Kastell, das um die Mitte des 1. Jahrhunderts n. Chr. angelegt, bis in die frühdomitianische Zeit (um 85 n. Chr.) zusammen mit weiteren militärischen Anlagen auf baden-württembergischem und bayerischem Gebiet die Donaugrenze des römischen Reiches schützte. Kastell und Vicus lagen etwa 600 m nordwestlich des heutigen Ortes am Rande einer mit Feldern bedeckten Geländeterrasse, die hier infolge von Kiesabbau relativ steil nach Osten in das rund 15 m tiefer gelegene, weit nach Süden ausgreifende Donauried abfällt.

Die seit dem 19. Jahrhundert aufgrund von Funden nachgewiesene römische Siedlung ist nur wenig erforscht. Eine kleinere Untersuchung von J. Burkhardt führte 1913 zur Entdeckung des Kastells. Ihr folgte 1949 eine weitere Grabung kleineren Umfanges, die sich ebenfalls auf das Kastellgelände beschränkte. Beim Straßenbau 1934 angeschnittene Befunde sowie Luftaufnahmen, die wir den zwischen 1959 und 1962 von Ph. Filtzinger durchgeführten Befliegungen verdanken, geben ein nur schemenhaftes Bild der Siedlung wieder. Demnach befand sich das für die Aufnahme einer Auxiliarkohorte bestimmte Kastell, dessen Reste durch moderne Eingriffe in die Landschaft bereits zum Großteil zerstört sind, mit der Frontseite nach Osten orientiert im Gewann »Schindergrube«. Während das Kastellbad wohl nordöstlich des Kastells in der Donauniederung liegt, finden sich Spuren der zivilen Bebauung sowohl westlich als auch vor allem nördlich der militärischen Anlage zu beiden Seiten eines hier auf die römische Donausüdstraße führenden Straßenzuges.

Nachdem bekannt wurde, daß eine im Gewann »Galgenberg« betriebene Kiesgrube, der bereits zahlreiche römische Siedlungsreste der nördlichen Vicusbebauung ohne vorherige Untersuchung zum Opfer gefallen waren, in ihrer Südwestecke erweitert werden sollte, führte das Landesdenkmalamt Baden-Württemberg, Außenstelle Tübingen, im gefährde-

Abb. 77   Emerkingen. Luftbild (genordet) des Kastell- und Vicusgeländes mit der Kiesgrube in ihrer heutigen Ausdehnung (weiße unterbrochene Linie) und des Grabungsareals (schraffierte Fläche).
Unten im Bild die Mauerzüge des Hauptgebäudes des Kastells.
(Aufnahme F. Bergs; freigeg. vom Innenministerium Baden-Württemberg am 19. 5. 1964, P 1002766)

ten Bereich vom 2. 7. bis 30. 8. 1982 eine Grabung durch. Ihr reibungsloser Ablauf wurde gefördert durch die Unterstützung der Gemeinde Emerkingen, vertreten durch Herrn Bürgermeister Hauler, sowie des Vermessungsamts Ulm, Außenstelle Ehingen, wofür hier gedankt werden soll.

Die Grabungsstelle befand sich rund 150 m nördlich des Kastells und etwa 40 m westlich der römischen Straße (Abb. 77). In vier der fünf angelegten, zwischen 5 x 5 m und 10 x 10 m großen Flächen stieß man völlig unerwartet auf die Spuren einer bis dahin unbekannten Siedlung der jüngeren Urnenfelderkultur. Die Pfostenlöcher und Gruben gehören zwei Bauperioden an, ohne daß sich derzeit weiterführende Aussagen über Art und Anlage der Siedlung machen ließen.

Nach Osten zu griff das Grabungsareal auf den Randbereich des römischen Vicus über. Hier legte man zwei Töpferöfen mit einem kreisrunden Durchmesser von 0,95 bzw. 1,2 m frei, die durch ihren Schürkanal mit einer gemeinsamen Bedienungsgrube verbunden waren (Abb. 78). Die 5 cm dicke, aus gebranntem Lehm bestehende Wandung ihrer in den anstehenden Boden eingetieften Feuerungsräume waren jeweils bis zum Ansatz der einst den Brennraum überwölbenden Kuppe erhalten. Die Füllung des größeren der beiden Öfen, in dem die zungenförmig in den Feuerungsraum vorspringende Stütze des Brennrostes noch in unbeschädigtem Zustand angetroffen wurde, bestand durchweg aus verziegelten Lehmbrocken der Ofenkuppe und des zerschlagenen Brennrostes. Demgegenüber hatte man beim zweiten Ofen bereits in römischer Zeit die Stütze ausgebrochen und dessen Feuerungsraum mit abwechselnden Schichten aus sandigem Lehm und Kalkmörtel sorgsam verfüllt. Daraus geht hervor, daß dieser vor dem größeren Ofen aufgegeben worden war, wobei derzeit noch ungeklärt bleibt, ob beide

Abb. 78   Emerkingen. Römische Töpferöfen und Bedienungsgrube

Öfen gleichzeitig in Betrieb waren oder der größere den kleineren ersetzt hatte.

Wie eine kleinere Anzahl von aus der Bedienungsgrube geborgenen Fehlbränden zeigt, wurde in den Öfen hauptsächlich Grobkeramik wie Töpfe und Schüsseln gebrannt, deren Formen dem Typenschatz des 1. Jahrhunderts n. Chr. entspricht. Wenn auch noch nicht zu entscheiden ist, ob die Öfen zu einem größeren Töpfereizentrum gehörten, oder es sich bei diesen, was eher anzunehmen ist, um einen kleineren, hinter den zur Straße hin ausgerichteten Vicusbauten gelegenen Familienbetrieb handelt, so geben doch die 1982 aufgedeckten Befunde erste konkretere Anhaltspunkte über die Anlage des Vicus von Emerkingen, die auch hier eine für die römische Zeit übliche Siedlungsstruktur erkennen lassen.

Jörg Heiligmann

Literaturhinweise
Ph. Filtzinger, Kastell Emerkingen. Fundber. Schwaben NF 16, 1962, 83 ff. – Ders., Wehranlagen am Donaulimes in Baden-Württemberg im Luftbild. Fundber. Schwaben NF 18/I, 1967, 108 ff. – Ph. Filtzinger, D. Planck, B. Cämmerer, Die Römer in Baden-Württemberg (1976) 260 f.

Der römische Vicus von Stettfeld, Gde. Ubstadt-Weiher, Landkreis Karlsruhe

Im Vorjahr wurde an dieser Stelle über die Ausgrabung eines römischen Gräberfeldes von Stettfeld berichtet, das zu einem umfangreichen Vicus gehört, der bereits seit dem Beginn des 19. Jahrhunderts Gegenstand wissenschaftlicher Beachtung ist. Eine umfangreiche Bautätigkeit – vor allem in den fünfziger und sechziger Jahren dieses Jahrhunderts – förderte eine Fülle von Funden und Befunden zutage, die jedoch wegen der damaligen unzureichenden Ausstattung der Bodendenkmalpflege nicht in wünschenswertem Umfang untersucht werden konnten. Beachtliche Fundmengen im Magazin des Museums in Bruchsal zeugen von der aufopferungsvollen Rettungstätigkeit im dortigen Bereich ansässiger ehrenamtlicher Mitarbeiter. Ausgehend von Neufunden im Areal der Erweiterung des heutigen Gemeindefriedhofs im Jahre 1974, hat das Landesdenkmalamt versucht, alle sich seitdem bei Bauarbeiten bietenden Aufschlüsse zu überwachen und in den meisten Fällen zu Grabungen unterschiedlichen Umfangs zu nutzen. Ziel dieser Bemühungen war es, Umfang und Struktur der römischen Ansiedlung zu erkennen, soweit dafür noch die Möglichkeiten gegeben waren. Die Untersuchungen fanden im Dezember 1982 ihren vorläufigen Abschluß. Die Zusammenfassung aller bisherigen Beobachtungen, ergibt die Grundlage für einen Plan (Abb. 79), der den Umfang des römischen Stettfeld in groben Umrissen erkennen läßt. Bereits durch den Befund einer Weihinschrift für die Göttinnen der vier Wegerichtungen im 19. Jahrhundert war bekannt, daß der Vicus an der Kreuzung von zwei Straßen entstanden ist. Die Fernstraßen Mainz–Heidelberg–Basel und Speyer–Bad Cannstatt dürften sich un-

ter dem Ortskern des heutigen Stettfeld gequert haben. Der Verlauf der erstgenannten ist innerhalb des Ortes durch zahlreiche Anschnitte nunmehr exakt festzulegen: Vom Nordrand des jetzigen Friedhofes zieht die Trasse bis zum Südrand der modernen Bebauung unter dem Kern Stettfelds hindurch. Eine Grabung vor dem Beginn von Bauarbeiten auch auf ihrem letzten noch nicht überbauten Teilstück in der Ortsmitte (Römerstr.) im Jahre 1982 gab einen klaren Einblick in ihren Aufbau: Der unmittelbar auf den gewachsenen Boden aufgebrachte Unterbau bestand aus schuppenartig übereinandergelegten Sandsteinplatten unterschiedlicher Größe. Als seitliche Begrenzung des 4,50 bis 5 m breiten Straßenkörpers waren stellenweise größere Sandsteinblöcke verlegt. Den eigentlichen Straßenbelag bildet eine Kiesschicht, deren ursprüngliche Stärke allerdings kaum noch zu ermitteln war. Nach Anwesen, die die Straße säumten, zweigten Seitenwege ab, deren Unterbau in gleicher Weise, allerdings schwächer, ausgebildet war. Gewisse Anzeichen schienen darauf hinzudeuten, daß innerhalb der Grabungsfläche der eigentliche Kreuzungspunkt der beiden Fernstraßen erfaßt worden war; die angrenzende Bebauung ließ jedoch ein weiteres Verfolgen dieser Befunde nicht zu. Unmittelbar neben dem Straßenkörper wurde ein Steinkeller aufgedeckt, in dessen Mitte noch der Fuß eines Steintisches in situ erhalten war (Abb. 80).

Wegen einer erneuten Erweiterung des Friedhofgeländes und wegen mehrerer Neubauten am Nordrand des Ortes mußten hier größere Flächen aufgedeckt werden. Die Nord-Süd-Straße wurde auch hier erneut angeschnitten;

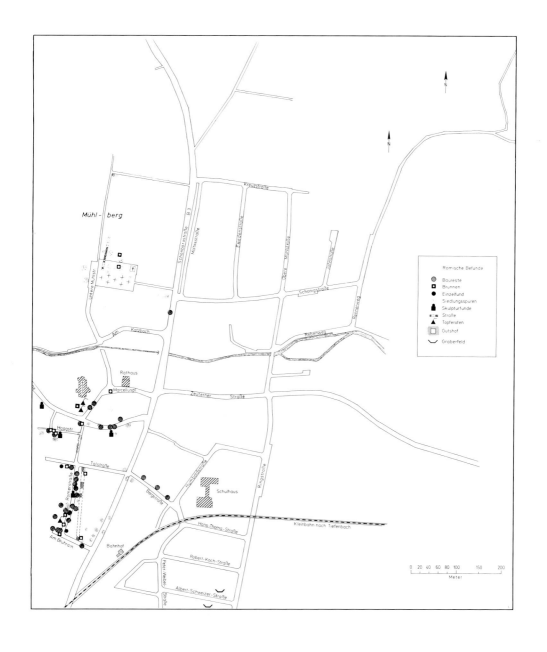

Abb. 79 Stettfeld. Übersichtsplan der römischen Fundstellen im Bereich des heutigen Ortes

103

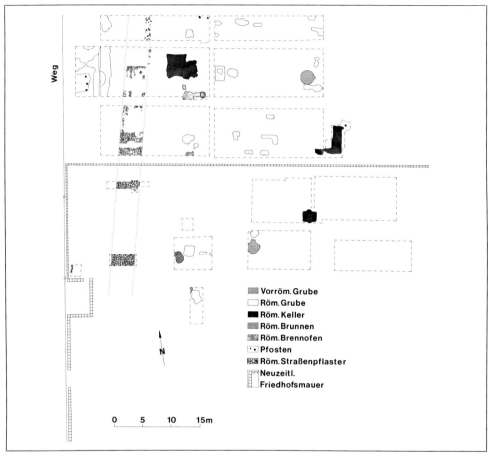

Abb. 80 Stettfeld. Übersichtsplan des bisher untersuchten Teils der römischen Siedlung nördlich des Katzbaches

sie zeigt den gleichen Aufbau wie er oben beschrieben wurde. Allerdings war sie hier durch landwirtschaftliche Nutzung des Geländes teilweise stark zerstört. Beiderseits der Trasse fanden sich mehrere römische Erdkeller und ein Brunnen (Abb. 81). Die Hoffnung in diesem Bereich vielleicht ganze Anwesen oder Gehöfte erfassen zu können, erfüllte sich nicht, da die Bodenerosion die Erdschichten bereits bis unter den römischen Laufhorizont abgetragen hatte. Am Rand des größten Kellers

konnte eine Reihe von Pfosten festgestellt werden, die vielleicht auf die Bauweise des darüber errichteten Hauses Rückschlüsse zuläßt. Im Bereich seines Treppenzuganges fanden sich Bruchstücke eines kleinen Buntsandsteinreliefs, das die Göttin Fortuna darstellt (Abb. 82). In den Falten ihres Gewandes waren noch Reste eines hellen gipsartigen Überzuges erhalten, der vielleicht ursprünglich eine Bemalung in verschiedenen Farben getragen hat.

104

tergigantensäule, zu welcher der Kopf ohne Zweifel gehörte, blieb jedoch ohne Erfolg. Sie könnte unmittelbar neben der Fernstraße oder im Areal eines hier gelegenen, aber noch nicht entdeckten römischen Gutshofes gestanden haben.

Die Untersuchungen des Jahres 1982 an drei verschiedenen Stellen des römischen Vicus lassen in Verbindung mit früheren Grabungen die Aussage zu, daß beiderseits der römischen Nord-Süd-Straße – soweit sie im Bereich der heutigen Ortschaft verläuft – eine dichte Bebauung bestanden hat, die sich in ihren Baufluchten auf diese Trasse ausrichtet. Dabei

Abb. 81   Stettfeld. Teil eines römischen Kellers mit dem Bruchstück des Fußes eines Steintisches in der Mitte des Bildes. An den Schmalseiten Lichtnischen

Als Folge der im Gang befindlichen Ortskernsanierung mußte 1982 unmittelbar neben der Kirche von Stettfeld eine kleine Fläche untersucht werden, die an eine Grabung von 1980 anschloß. Sie erbrachte vor allem einen weiteren Töpferofen in diesem Areal, der sich dadurch besonders hervorhob, daß seine Bedienungsgrube über einem römischen Brunnenschacht angelegt war, den man zuvor verfüllt hatte. Das Fundmaterial aus dem Brunnen scheint diese Schichtenabfolge nachzuzeichnen, da hier möglicherweise ältere Keramik ans Tageslicht kam, als bisher aus Stettfeld bekannt war. Da die Grabung bei Abfassung dieses Manuskriptes noch nicht beendet war, läßt sich Abschließendes noch nicht sagen.

Im Gewann »Mühlberg«, etwa 300 m nördlich der Grabung am Gemeindefriedhof wurde im Frühjahr 1982 beim Pflügen der Kopf einer Gigantenreiter-Statue gefunden. Die intensive Suche nach weiteren Bruchstücken der Jupi-

Abb. 82   Stettfeld. Fragment eines Sandsteinreliefs der Fortuna

105

überwiegt südlich des Katzbaches ein Gebäudetyp, bei dem zumindest die Keller in Stein ausgeführt waren. Auch fanden sich hier die beiden bisher bekannten Inschriften und die meisten Skulpturen. Eine größere Zahl von Töpferöfen läßt auf eine rege Gewerbetätigkeit schließen. Nördlich des Katzbaches sind bisher nur Erdkeller bekannt geworden, auch gemauerte Brunnen fehlen hier. Es scheint, als präge sich damit eine soziale Differenzierung innerhalb der Siedlung aus, doch noch ist es wohl zu früh, dies als gesicherte Erkenntnis zu werten. Die im Gang befindliche Aufarbeitung des gesamten Fundmaterials von Stettfeld kann für diese wie auch weitere Fragen Antwort bringen. *Rolf-Heiner Behrends*

Literaturhinweise
E. Wagner, Fundstätten und Funde im Großherzogtum Baden 2 (1911) 177 ff. – R. Behrends, Arch. Ausgrabungen in Baden-Württemberg 1981, 132 ff.

Ein römischer Töpfereibezirk bei Stettfeld, Gde. Ubstadt-Weiher, Landkreis Karlsruhe

Beim Abschieben einer 12 m breiten Neubautrasse der Kreisstraße von Weiher nach Kronau (Autobahnzubringer) kamen im März 1982 römische Funde zum Vorschein, die durch eine Meldung von Herrn Th. Stegmaier, Stettfeld, dem Landesdenkmalamt bekannt wurden. Eine erste Untersuchung im Bereich des fundträchtigen Straßentrassenabschnittes führte zur Freilegung eines rechteckigen Brennofens. Die systematische Ausgrabung des gesamten Areals dauerte von Ende April bis Ende Juli 1982, wobei annähernd 600 qm untersucht wurden. Insgesamt kam ein Teil eines größeren Töpfereibezirks (Abb. 83) mit fünf Brennöfen, einem Brunnen und einigen Materialgruben zutage. Daneben konnten noch zwei vorgeschichtliche Gräber geborgen werden. Das Töpfereigelände erstreckt sich über einer deutlich erkennbaren Sanddüne etwa 2 km nordwestlich des Ortskerns von Stettfeld. In der Nähe verläuft ein kleiner Bach, der wohl auch in römischer Zeit die Standortwahl des Betriebes an diesem Ort beeinflußt hat. Tongruben befanden sich nur 2 km weiter westlich innerhalb des heutigen Waldes.

Bei Ofen 1 handelt es sich um eine 4 x 3 m große, rechteckige Anlage mit davorgelegener, unregelmäßiger Arbeitsgrube. Der Ofen war SW-NO ausgerichtet, wobei die Befeuerung von der Nordostseite her erfolgte. In der Mitte des Ofens befand sich der 0,50 m breite Feuerkanal, von dem zu den Längswänden hin jeweils drei Seitenkanäle abzweigten, welche seitwärts schräg nach oben führten. Das gesamte Ofeninnere war mit stark verbrannten Ziegel- und Tennenresten, Asche sowie einer kompakten Lage von zum Teil noch gestapelten Leisten- und Halbrundziegeln verfüllt. Diese Funde lassen mit einiger Sicherheit darauf schließen, daß es sich um einen Ziegelofen handelte. Der Ofenaufbau konnte an einem Profil des vorderen Feuerkanals sehr schön beobachtet werden. Hier ließ sich feststellen, daß die Ofenumrisse in den anstehenden Sandboden eingegraben und anschließend die Ofenmauerung aus luftgetrockneten, mit Strohhäcksel durchsetzten Lehmbatzen von

106

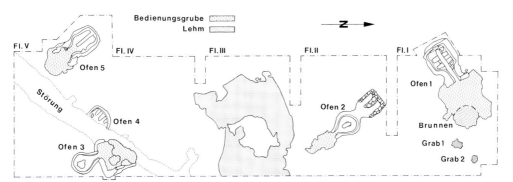

Abb. 83   Stettfeld. Töpfereibezirk. Übersichtsplan

durchschnittlich 0,30 x 0,40 m Größe sowie mit teils ganzen Ziegeln, teils Ziegelbruch aufgebaut worden war. Beim Untersuchen der Arbeitsgrube von Ofen 1 ergab sich unterhalb der Einfüllschichten der Arbeitsgrube eine Verfärbung, die sich bei weiterem Tiefergehen als die Umrisse eines Brunnens herausstellte. Innerhalb der Brunnenfüllung konnten mehrere Einfüllzonen festgestellt werden, die aufgrund der Fundeinschlüsse eine chronologische Beurteilung des Siedlungsganges im Bereich der Töpferei zulassen. Der Brunnen war auf jeden Fall älter als die darüber eingelagerten Einfüllschichten der Arbeitsgrube. Um diese herum ließen sich noch zwei Pfostenstellungen erkennen, die offenbar zu einer Überdachung des Arbeitsbereiches an Ofen 1 gehörte.

Ofen 2 konnte aufgrund seines guten Erhaltungszustandes sehr detailliert untersucht werden. Bereits im ersten Planum ließen sich seine Umrisse sehr schön erkennen (Abb. 84). An einen im Durchmesser 2,50 m großen Rundofen, dessen Außenmauern aus einzelnen Lehmsteinen aufgemauert waren, und der nach Südosten eine unregelmäßige Arbeitsgrube besaß, befand sich an der Rückseite ein viereckiger ofenähnlicher Anbau mit mittlerer Zungenmauer und zwei längsseitigen Kanälen. Dieser Anbau war im Gegensatz zu allen anderen Öfen aus Sandsteinmaterial errichtet. Der Befund lag insgesamt in Höhe des Tennenniveaus des eigentlichen kreisrunden Brennofens. Es hatte ganz den Anschein, als handele es sich dabei um einen die Abzugswärme des tieferliegenden Ofens ausnützende Anlage in

Abb. 84   Stettfeld. Töpfereibezirk. Ofen 2 mit Profilschnitten

107

Form eines Vortrockners. Die Tenne der runden Anlage war noch in großen Teilen erhalten und besaß einige etwa 5 cm große Zuglöcher. Die Überwölbung des Kreiskanals im Ofeninnern wurde von Ziegelbruchstücken, die in Lehmmörtel versetzt waren, gebildet. Im Mittelpunkt des kreisrunden Ofens befand sich ein Stützpfeiler für die Überwölbung des Kreiskanals.

Zwischen Ofen 2 und den weiter südlich gelegenen restlichen Öfen befand sich eine, die ganze Breite der abgeschobenen Straßentrasse einnehmende Lehmpackung, in die einzelne Basissteine für Stützbalken eingesetzt waren. Möglicherweise handelt es sich bei diesem Befund um den Rest einer überdachten Trockenhalle mit Lehmestrich oder aber einer Tonlagerstätte.

Die Öfen 3 und 4 waren durch einen in ostwestlicher Richtung verlaufenden neuzeitlichen Graben teilweise gestört (Abb. 85). Ofen 3 besaß dieselben Konstruktionsmerkmale wie der kreisrunde Töpferofen 2 (Abb. 86). Auch hier wurde der kreisförmige Heizkanal im Ofeninnern von Gewölbebögen, die auf einer

Abb. 86 Stettfeld. Töpfereibezirk. Ofen 3 im Planum

Abb. 85 Stettfeld. Töpfereibezirk. Öfen 3 und 4 im Planum mit neuzeitlicher Grabenstörung

Mittelstütze ruhten, überdeckt. Darauf lag offenbar in gleicher Weise die Ofentenne. Von diesen Bauteilen konnte allerdings bei Ofen 3 nur noch die Basisplatte für die Mittelstütze festgestellt werden. Das Ofeninnere war ausgefüllt mit Keramikbruchstücken und Brandschutt. Interessant ist, daß bei Ofen 3 die Arbeitsgrube ebenfalls im Randbereich mit einer Lehmwand versehen wurde, die an die nach Nordwesten gelegene Schüröffnung des Ofens angesetzt war.

Von Ofen 4, einer ähnlichen Konstruktion wie Ofen 1, war lediglich noch die Hälfte der Brennkammer erhalten. Sehr schön erhalten war wieder Ofen 5, der eine ovale Brennkammer mit davorgesetzter, unregelmäßiger Arbeitsgrube besaß. In der Brennkammer befand sich eine mittlere Zungenmauer, die von beidseitigen Längskanälen begleitet wurde. Die Außenwände des Ofens bestanden aus verstrichenem Lehm. Die Brandintensität konnte durch die Rotfärbung des anstehenden Sandbodens an diesem Ofen wie auch an allen anderen sehr schön beobachtet werden. Ofen 4 wurde quadrantenweise ausgegraben, ein Verfahren, das sich bereits bei der Untersuchung von Ofen 2 sehr gut bewährt hatte. Teile der Ofentenne ließen sich als eingebrochenes Schuttmaterial im Ofeninnern feststellen.

Nach Ausweis des Fundmaterials wurden in diesem Teil der römischen Töpferei bei Stettfeld vor allem Töpfe und möglicherweise auch Krüge hergestellt. Einige Fehlbrände konnten aus den verfüllten Arbeitsgruben geborgen werden. Es zeigte sich, daß Ofen 1, der als Ziegelofen anzusprechen ist, offenbar in Folge Überhitzung krepierte, wobei die beschickten Ziegelformen zusammengebacken und teilweise verglast sind. Reste dieser Ladung ließen sich in den oberen jüngsten Schichten des Brunnens wiederfinden. .

Eine relativchronologische Beobachtung konnte an den Verfüllschichten dieses Brunnens getroffen werden. Insgesamt ergaben sich drei Benutzungsphasen. Phase 1 stellte die eigentliche Benutzungszeit dar, die vor der Existenz des Ziegelofens liegt. In Phase 2 wurde der Brunnen innerhalb der Arbeitsgrube durch die Rückstände und Abfälle der einzelnen Brände allmählich verfüllt. Schließlich planierte man in Phase 3 Teile des krepierten Ziegelofens in die noch offenstehende Brunnengrube ein, die zusammen mit der Arbeitsgrube nun eine homogene Einfüllstruktur zeigte. Aufgrund des Gesamtfundmaterials, das sehr umfangreich und dessen Bearbeitung noch nicht abgeschlossen ist, läßt sich eine vorläufige Datierung des Töpfereibetriebes innerhalb des ausgegrabenen Areals von der Mitte des 2. bis wohl zur Mitte des 3. Jahrhunderts annehmen.

Östlich von Ofen 2 wurden die beiden vorgeschichtlichen Bestattungen festgestellt. Bei Grab 1 handelte es sich um eine Urnenbestattung, wohl der frühen Hallstattzeit. Die Grabgrube zeigte eine unregelmäßige Form und hob sich als dunkle Verfärbung von dem graubraunen Sand sehr deutlich ab. Die Fundstelle war mit einzelnen Leichenbrandbruchstücken und wenigen Keramikscherben versehen. Leichenbrand fand sich auch innerhalb des zerscherbten Urnengefäßes. Bei Grab 2 lag der obere Teil einer menschlichen Schädelkalotte, daneben das Bruchstück eines mit Kerbschnittverzierung versehenen Bechers, eine Bronzenadel sowie weitere Keramikscherben. Grab 2 dürfte der mittleren Bronzezeit angehören.

Zu dem römischen Töpfereibezirk bei Stettfeld gehörten noch einzelne Gebäude, die sich zwischen 200 und 500 m westlich der Ausgrabungsstelle durch Luftbildaufnahmen lokalisieren ließen. Möglicherweise handelt es sich dabei um die Wohn- und weiteren Wirtschaftsgebäude der Töpferei. Die Fundstreuung zu beiden Seiten der untersuchten Straßentrasse legt die Existenz weiterer Ofenanlagen nahe. Soweit es sich bis jetzt absehen läßt, gehörte die Töpferei von Stettfeld zu den größeren Betrieben in römischer Zeit. Es ist anzunehmen, daß von hier aus ein Großteil der umliegenden römischen Gutshöfe versorgt wurde.

Egon Schallmayer

Ein römischer Töpfereibezirk in Bad Krozingen Kreis Breisgau-Hochschwarzwald

Wer den Kurort Bad Krozingen auf der Bundesstraße 3 in südlicher Richtung verläßt geht oder fährt, meist wohl ahnungslos, durch ein ausgedehntes römisches Siedlungsgelände. Oberflächlich erinnert nur ein wieder aufgesetzter Brunnen mit rekonstruierter Holzüberdachung an diesen einst von Leben erfüllten Platz an der wichtigen Fernstraße, die auf dem östlichen Rheinufer von Basel nach Norden führt. Wenn auch Teile dieser Ansiedlung unter der heutigen Ortschaft liegen, hat diese typische frühmittelalterliche Gründung mit ihrem auf -ingen endenden Namen mit der römischen Vorgängerin nichts zu tun. Der Kern des merowingerzeitlichen Dorfes Krozingen und das Zentrum der römischen Ortschaft unbekannten Namens liegen in deutlichem Abstand voneinander. Nur ein vereinzelter Hof des späteren 7. Jahrhunderts n. Chr. und sein zugehöriger Begräbnisplatz (Abb. 87) liegen im Areal der römischen Siedlung und beziehen sich in ihrer Lage auf die römische Hauptstraße (vgl. S. 181 f.). Auch dies hat allerdings mit Kontinuität, mit ständigem Festhalten an einer Sied-

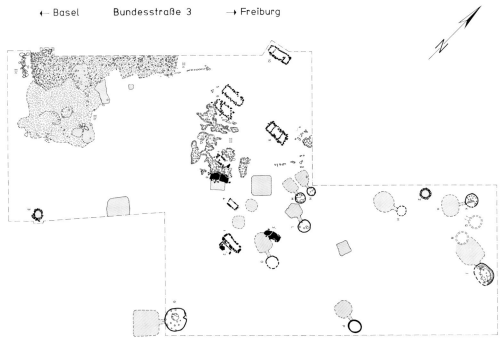

Abb. 87   Krozingen. Großer Hofacker. Römischer Töpfereibezirk mit Bebauungsspuren, Brennöfen, Gruben und Brunnen, dazwischen merowingerzeitliche Steinkistengräber

Abb. 88 Krozingen. Der gleiche Ofen im Querschnitt, der den Aufbau mit Heizraum, darüber liegender Brennplatte und schachtartigem Brennraum veranschaulicht

lungsstelle nichts zu tun. Ohne Unterbrechung wurde nach allem was wir wissen nur die römische Straße benutzt, während von der antiken Bebauung nur noch Trümmer vorhanden waren, als die ersten für uns archäologisch faßbaren alamannischen Siedler sich in diesem Bereich niederließen. Vieles dürfte allerdings damals schon ohne Spur verschwunden gewesen sein, denn wesentliche Teile der römischen Niederlassung waren nur in leichter Bauweise aus Holz oder Fachwerk errichtet. Dies gilt vor allem für das an der heutigen Bundesstraße liegende Gewerbegebiet, wo sich einige Töpfer mit dem Brennen von feiner Keramik befaßten, wo aber auch andere Handwerker, darunter Schmied, Bronzegießer und Beindrechsler nachgewiesen sind. In Stein ausgeführte Bauwerke gab es dann mehr zur Mitte der Ortschaft hin. Soweit nicht in alter Zeit schon

überbaut, sind diese Bereiche durch Gärten oder Parkanlagen in ihrem Bestand weitgehend gesichert, ein gefährdetes Areal ist unter Grabungsschutz gestellt, wodurch unbeabsichtigte und unbeobachtete Zerstörungen vermieden werden.

Gegraben wird seit geraumer Zeit im Areal der Töpferei (Abb. 87), dort, wo auch der rekonstruierte Brunnen steht. Am Rand des römischen Vicus (Siedlung) gelegen und sicher nicht von Anfang an vorhanden, gibt dieser Bereich also nur beschränkte Auskünfte über Gründung, Lebensdauer und auch Schicksal dieses Platzes, vermittelt aber eine Vielzahl vor allem baulicher und technischer Details. Zwischen den Spuren leichter Holzbauten, zwischen Brunnen und Hofpflasterungen sind insgesamt 17 Töpferöfen festgestellt worden (Abb. 88, 89), von denen allerdings nur einer

111

Abb. 89   Krozingen. Großer Hofacker. Zwei nahe zusammenliegende, in den anstehenden Lehm eingetiefte Brennöfen, bei denen ein kuppelartiger Aufbau aus Lehm zu ergänzen ist

komplett geborgen und ins Landesmuseum Karlsruhe gebracht werden konnte. Alle übrigen fielen nach Abschluß der Grabung dem Bauaushub für neue Wohnhäuser zum Opfer, weitere werden aller Wahrscheinlichkeit nach folgen. So hat dieser Bericht durchaus noch etwas Vorläufiges, allzu weitreichende Schlußfolgerungen und Kombinationen verbieten sich von selbst. Beginn der Keramikproduktion, Zahl der Töpfereien oder der gleichzeitig betriebenen Brennöfen, Größe und Lebensdauer der Siedlung insgesamt sind solche Fragen, auf die Antworten erst in näherer oder fernerer Zukunft zu erwarten sind. Für den Augenblick bleibt immerhin festzuhalten: Die

Krozinger Römersiedlung, deren Namen wir nicht kennen, hat sich aus bescheidenen Anfängen zu einem größeren Wohn- und Gewerbeplatz entwickelt, begünstigt durch die Lage an einer wichtigen Fernstraße. Eine Blütezeit erlebte sie wohl im 2. nachchristlichen Jahrhundert, danach werden Funde und Erkenntnisse spärlich, ohne daß wir dafür Gründe angeben könnten.

Mehr wissen wir jetzt schon über Töpferöfen und die hier betriebene keramische Produktion, kennen beispielsweise Formen und Qualitäten der hier gefertigten Gefäße dank zahlreicher »Fehlbrände«, wie die in und neben den Öfen gefundene Ausschußware bezeichnet wird. Zum ergrabenen Befund zählen auch holzverschalte Gruben, in denen Ton geschlämmt und durch Zusatz organischer Stoffe in teilweise langwierigem Prozeß für Töpferscheibe und Ofen vorbereitet wurde. Mehrere Brunnen, die in den kiesigen Untergrund hinabreichen, lieferten das in größerer Menge benötigte Wasser. Nicht gefunden wurden bisher die Tonentnahmestellen, die aber sehr wahrscheinlich in allernächster Nähe liegen.

Wie immer bei der Ausgrabung römischer Töpfereien ist ein mengenmäßig beachtlicher keramischer Fundanfall zu verzeichnen. Dies stellt die Denkmalpflege vor Bearbeitungsprobleme, zunächst im Bereich der Restaurierung, aber auch bei allen weiteren Schritten bis hin zur Publikation. Auch die Krozinger Materialien sind bisher nicht aufgearbeitet, noch nicht einmal inventarisiert sondern nur durchgesehen worden. Sie könnten den Ausgangspunkt bilden für einige interessante Untersuchungen, die sich beispielsweise auf die wirtschaftliche Bedeutung dieses Ortes für seine nähere Umgebung, aber auch für den durchgehenden Verkehr beziehen müßten. Auch das Absatzgebiet der Töpferei und damit der Markt- und Einzugsbereich wären wohl abzustecken und damit Vorstellungen zur Struktur des ländlich-kleinstädtisch geprägten südlichen Oberrheintales in römischer Zeit zu gewinnen. Die Grabungen in Krozingen bieten damit gute Ansatzpunkte auch für Forschungen von mehr als lokalem Charakter und sollen deshalb auch im Gelände, in der Werkstatt und am Schreibtisch konsequent fortgesetzt werden. *Gerhard Fingerlin*

Literaturhinweis
Ph. Filtzinger, D. Planck, B. Cämmerer, Die Römer in Baden-Württemberg (1976) 226

Römische Skulpturenfunde aus dem Waldgewann »Streitenbach« von Illingen-Schützingen, Enzkreis

Beim Holzauszeichnen im Waldgewann »Streitenbach« fand Revierförster Bronn in der abgeschwemmten Uferkante mehrere bearbeitete Sandsteinbruchstücke, die er als archäologisch interessante Funde ansah und daher dem Landesdenkmalamt meldete. Die Fundstelle der Steine liegt annähernd 2,5 km nordwestlich vom Ortskern Gündelbach und 2 km Luftlinie nordöstlich vom Ortskern Schützingen in der Waldgewann »Streitenbach« (auch »Scheckleswiese«) unmittelbar am Streitenbach. Die Fundstücke waren hier in der Uferböschung des unbefestigten Bachlaufes eingelagert aber jüngst teilweise von einem Hochwasser freigespült worden (Abb. 90). Bei allen Bruchstücken handelt es sich um einen gelblichbraunen, grobkernigen kristallinen Schilfsandstein, der nur etwa 300 m nördlich der Fundstelle ansteht.

Herausragendes Fundstück ist eine, von kleinen Beschädigungen am Gesicht abgesehen, gut erhaltene vollplastische Löwenskulptur (Abb. 91). Dargestellt ist ein Löwe, der soeben ein anderes Tier – wohl einen Hasen – gerissen hat und noch in aufspringender Haltung verharrt. Das Gesicht, umrahmt von einer mächtigen, bis auf die breiten Schultern herabfallenden Mähne, ist wie triumphierend nach links gewandt. Leider ist die Schnauze abgeschlagen, jedoch sind die feinen Ohren deutlich erkennbar zurückgelegt. Die mehrzehigen festen Vorderpranken umfassen den ebenfalls im Gesicht beschädigten Hasen, dessen lange Ohren eng an dem zusammengeduckten Körper anliegen. Der Schwanz des Löwen ist um das rechte Hinterbein geschwungen und ruht auf der Basis auf.

Die Skulptur ist keine erstklassige Arbeit provinzialrömischen Steinmetzhandwerks, doch ist der Löwe in seiner soeben eingenommenen, verharrenden Haltung trotz der Schematisierung hervorragend getroffen. Der Skulpturenkörper ist sauber bearbeitet, lediglich an den hinteren Sprunggelenken sind noch Reste des unbearbeiteten Steins erhalten. Die Basis ist grob scharriert. L. 0,70; Br. 0,21; H. 0,62 m. Von den weiteren bearbeiteten Steinen ist die Basis einer offenbar gewandeten Skulptur bemerkenswert. Von der dargestellten Figur sind noch die beiden Füße sowie ein neben dem rechten Fuß stehender stabförmiger Gegenstand erhalten. Ein weiterer Steinblock zeigt möglicherweise den Rest einer Hasendarstellung auf einem Sockel wie er uns bei der Löwenskulptur begegnet. Ein anderer Stein besitzt auf der Vorderseite eine tabula-ansata-ähnliche Reliefierung. Leider sind keinerlei sonstige Einmeißelungen und Ausarbeitungen

Abb. 90 Illingen-Schützingen. Lage der Steinskulpturen bei Auffindung

zu erkennen. Vielleicht trug das Stück ursprünglich eine Inschrift, die jetzt allerdings weggebrochen ist. Weitere sieben Steinbruchstücke zeigen Relief- und Bearbeitungsreste. Sicherlich handelt es sich bei dem Fundort der Steine nicht um deren ursprünglichen Standort. Wahrscheinlich wurden sie zur Befestigung des Streitenbachufers einmal hierhergebracht und in die Uferböschung eingebaut. Nur wenig südöstlich der Fundstelle liegt die Flurgewann »Maurental«, bei der man im vorigen Jahrhundert Mauerreste und römische Ziegel gefunden haben soll. Möglicherweise wurden hier die Reste einer Villa rustica entdeckt.

Da Löwendarstellungen ähnlich der vom Streitenbach als Grabplastiken bekannt sind, könnte unser Fundstück von dem zu einer solchen Villa rustica gehörenden Gräberfeld stammen. Die übrigen Steine gehören wohl eher in den Bereich eines kleinen Heiligtums oder sind einfach als Architekturteile zu interpretieren.   *Egon Schallmayer*

Abb. 91 Illingen-Schützingen. Löwenskulptur. Vorder- und Rückseite

Fortsetzung der Grabungen im römischen Vicus von Sulz am Neckar, Kreis Rottweil

Nachdem 1981 im römischen Siedlungsbereich Erschließungsarbeiten durchgeführt und vom Landesdenkmalamt und einer Gruppe ehrenamtlicher Mitarbeiter beobachtet worden waren, begann 1982 die Bebauung mit mehreren Wohnhäusern. Hatten Kanalisationsgräben und Straßentrassen nur relativ schmale Schneisen in die römische Siedlung gelegt, so waren jetzt größere zusammenhängende Flächen gefährdet und damit auch entsprechende Planausschnitte. Soweit die Baugruben innerhalb der früher schon weitgehend festgelegten antiken Siedlungsgrenze lagen, mußten sie also systematisch untersucht werden. Tatsächlich ergaben sich für den Plan des römischen Sulz, an dem seit Jahren archäologisch gearbeitet wird, einige wesentliche Ergänzungen, für die Übersicht wie auch für das bauliche Detail. Über die modernen Baugrenzen hinauszugehen war allerdings nur selten möglich, doch bleiben die nicht untersuchten Flächen zwischen den neuen Wohnhäusern für künftige Forschung erhalten.

Für die Gesamtsituation, bei der auch das nahegelegene Auxiliarkastell im Auge behalten werden muß, ist die Feststellung wesentlich, daß die zivile Bebauung deutlichen Abstand von der militärischen Anlage hält. Eindeutig ließ sich in dieser Richtung der Rand des Vicus festlegen. Nach der Auflassung und dem Abbau des Kastells, der in sekundär verwendetem Steinmaterial von Türmen und Zinnen erkennbar wird, ist dieses Areal demnach nicht von der zivilen Siedlung beansprucht worden. Nach dem Abzug der Truppe (*Cohors XXIV voluntarium civium Romanorum*) ist also nichts Jüngeres mehr hinzugekommen, was den Wert des unter Denkmalschutz stehenden Kastellgeländes als Forschungsreservat noch bedeutend erhöht.

Typisch für die Art der ergrabenen Befunde und die jetzt möglichen Ergänzungen des römischen Siedlungsplanes ist ein aus Holz errichtetes Gebäude mit einem zugehörigen Steinkeller (Abb. 92), der schon bei den Straßenbauarbeiten 1981 angeschnitten worden war. Es wurde bei der flächigen Aufdeckung einer nahebei ausgesteckten Baugrube gefunden. Seine durch Pfostenreihen und Fundamentgräbchen markierten Wände lassen einen großen Bau mit mehreren Räumen erkennen. Die Orientierung stimmt dabei so genau mit der des Kellers überein, daß trotz der im Plan verbliebenen Lücke die Zusammengehörigkeit sicher ist. Die Ausrichtung mit der Giebelseite zur östlich vorbeiziehenden Hauptstraße und die Lage des Kellers im rückwärtigen Gebäudeteil stimmen völlig mit den schon länger bekannten Grundrissen auf dieser Straßenseite überein. Der Planausschnitt läßt allerdings auch erkennen, wie unvollständig insgesamt der Befund aufgedeckt wurde und welche Einschränkungen sich daraus für die Interpretation ergeben. Dies gilt auch für ein sehr großes Holzgebäude im südlichen Teil der Siedlung, dessen Form und Ausdehnung ebenfalls noch nicht ermittelt werden konnte. Es war daher auch in diesem Jahr noch nicht möglich, seine ursprüngliche Zweckbestimmung herauszufinden.

Glücklicherweise ist für Sulz in groben Zügen die bauliche Entwicklung des Vicus schon bei den großen Plangrabungen der Jahre 1967 bis 1972 geklärt worden. Denn auch für die Frage der Periodisierung und Stratigraphie bieten die relativ kleinen Baugruben heutiger Wohnhäu-

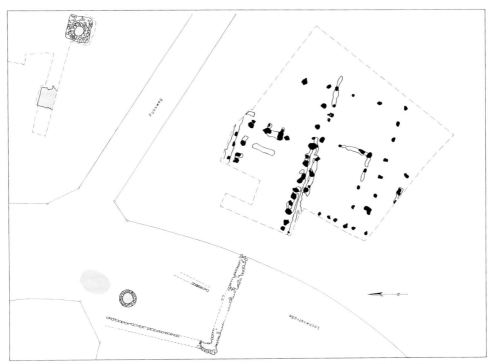

Abb. 92   Sulz a. Neckar. Planausschnitt aus dem römischen Vicus mit Holzgebäude, Steinkeller, Gruben und Brunnen

ser nur beschränkte Möglichkeiten. Immerhin hat sich aber im wesentlichen bestätigen lassen, was damals ermittelt wurde: Gründung in flavischer Zeit als Kastelldorf, zunächst noch lockere Holzbebauung mit nur wenigen Steingebäuden. Nach einem Brand im frühen 2. Jahrhundert (Zeit des Kaisers Trajan) wird das Zentrum der Ortschaft und das »Händlerviertel« nordöstlich davon mit steinernen Gebäuden neu errichtet, daneben entstehen wiederum verschiedene Holzhäuser, teilweise mit gemauerten Kellern. Nach einer weiteren Brandkatastrophe, die mit den Markomannenkriegen unter Kaiser Marc Aurel in Verbindung gebracht wird, hat sich der Platz nicht mehr erholt. Im 3. Jahrhundert fassen wir nur noch eine geringe Bautätigkeit, die aber zeigt,

daß das Leben in dieser ehemals wichtigen Straßensiedlung vor dem Einfall der Alamannen nicht ganz zum Erliegen gekommen ist.

Am Fundzuwachs des vergangenen Jahres haben wie immer in Sulz die zur Männer- und Frauentracht gehörenden Fibeln einen nicht unerheblichen Anteil. Daneben gibt es allerlei Dinge, die auf den Handel verweisen, so etwa ein schön geformter Stilus (Schreibgriffel), schließlich auch Funde militärischen Charakters, was bei der Geschichte dieses Platzes nicht weiter auffällig ist. Zusammen mit den für die Zeitbestimmung ebenfalls sehr wichtigen Sigillatagefäßen (Abb. 93) und mit den Münzen, die erneut die katastrophalen Unterbrechungen im Siedlungsablauf bestätigen, bringen sie – wie die neugewonnenen Planaus-

Abb. 93 Sulz a. Neckar. Tiefer Sigillata-teller mit blütenformigem Töpferstempel

schnitte – eine wichtige Vermehrung und Er-gänzung nicht nur des archäologischen Be-standes, sondern auch unseres Wissens um das tägliche Leben im römischen Vicus von Sulz. Eine wichtige Frage allerdings bleibt weiter of-fen: Kein Fund bisher hat uns Aufschluß über den Namen des Kastells und der von ihm aus-gehenden Siedlung erbracht.

Gerhard Fingerlin

Literaturhinweise
H. F. Müller, Der römische Vicus von Sulz a. Neckar. Fundber. aus Baden-Württemberg 1, 1974, 483. – S. Rieckhoff-Pauli, Die Fibeln aus dem römischen Vicus von Sulz a. Neckar. Saalburg-Jahrbuch 34, 1977, 5. – G. Fingerlin, Arch. Ausgrabungen in Ba-den-Württemberg 1981, 112

Grabungen im Kastellvicus von Walheim, Kreis Ludwigsburg

Seit dem Jahre 1980 hat die Abteilung Boden-denkmalpflege des Landesdenkmalamtes Ba-den-Württemberg jährlich auf Gemarkung Walheim archäologische Ausgrabungen durchführen müssen. Walheim gehört zu den fundreichsten Orten am mittleren Neckar. Es ist nicht verwunderlich, daß wir in dieser Ge-gend schon umfangreiche Siedlungsreste aus der Jungsteinzeit, aus fast allen Metallzeiten, aber auch aus der Kelten- und Römerzeit be-sitzen. Vor allem aber in römischer Zeit bildet Walheim eine der bedeutendsten und wichtig-sten Orte im mittleren Neckarland. Schon un-ter Kaiser Vespasian, spätestens um 73 n. Chr. wurde der Neckar in die Interessensphäre des römischen Imperiums miteinbezogen. Militä-rischer Mittelpunkt wird nun Arae Flaviae, das heutige Rottweil, das zu einem Ausgangspunkt für weitere militärische Unternehmungen im mittleren Neckarland wird. Spätestens um 90

n. Chr. unter Kaiser Domitian wurde eine er-neute Grenzkorrektur durchgeführt. In der Provinz Raetien wurde der sog. Alblimes, in der Provinz Obergermanien der sog. Neckar-limes errichtet. Das südlichste Lager an diesem Neckarlimes war das Kohortenkastell Köngen. Außerdem gehörten das Alenkastell Stutt-gart-Bad Cannstatt sowie die Kohortenkastel-le Benningen, Walheim, Heilbronn-Böckin-gen und Wimpfen im Tal dazu. Diese römi-schen Lager wurden mit einer Straße verbun-den, die gleichzeitig die Grenze des römischen Imperiums bis um die Mitte des 2. Jahrhun-derts n. Chr. bildete. Dank seiner besonders günstigen topographischen Lage, wie auch sei-ner sehr fruchtbaren Böden, bildete sich neben dem Kastell, in dem die *Cohors I Asturum* sta-tioniert war, eine ausgedehnte Zivilsiedlung, die zweifellos eine Mittelpunktstellung im mittleren Neckarland einnahm. Das schon im

117

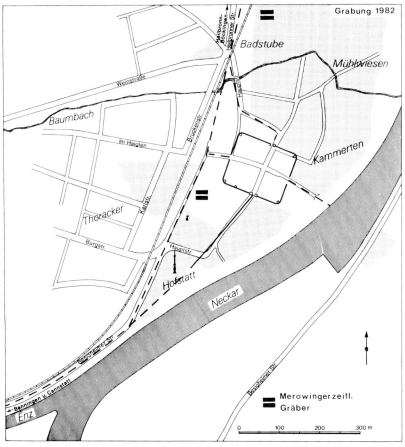

Abb. 94 Walheim. Gesamtplan der Topographie des römischen Walheim mit den beiden merowingerzeitlichen Gräberfeldern

Jahre 1886 entdeckte 2,1 ha große Kastell befand sich unter dem mittelalterlichen Dorf Walheim. Die senkrecht aufeinanderstehenden Hauptachsen des 134 x 156 m großen Truppenlagers entsprechen den heutigen wichtigsten Ortsstraßen, einmal der von Norden nach Süden verlaufenden Hauptstraße und zum anderen der von Westen nach Osten gerichteten Bahnhof- bzw. Neckarstraße. Walheim stellt damit das einzige mittelalterliche Dorf in Baden-Württemberg dar, wo wir im heutigen Grundriß das römische Lager wieder erkennen können. Leider wissen wir über das römische Kastell nur unzureichend Bescheid, da hier archäologische Untersuchungen infolge der mittelalterlichen Bebauung nur punktuell durchgeführt werden konnten. Insbesondere durch die Grabungen der Reichslimeskommission im Jahre 1886 und 1894, dann durch die Grabungen von A. Mettler und W. Bartel im Jahre 1907 und schließlich eine im Jahre 1972 durch das Landesdenkmalamt Ba-

118

den-Württemberg durchgeführte Grabung im Bereich der Beznerstraße ergab einen gewissen Einblick in die Struktur des Kastells. Seit 1972 wissen wir, daß eine ältere Holz-Erde-Kastellanlage durch ein jüngeres Steinkastell abgelöst wird. Zu diesem Kastell gehört eine ausgedehnte Zivilsiedlung, die sich südlich, westlich und vor allen Dingen nördlich und nordöstlich des Kastells erstreckt. Wie zahlreiche Einzelfunde aus dem Kastelldorf bezeugen, handelt es sich hier um eine wohlhabende Siedlung (Abb. 94). Der wirtschaftliche Hintergrund dieser Siedlung ist sicher vor allen Dingen im fruchtbaren Boden des Umlandes zu sehen. Aber auch Handwerksbetriebe können hier lokalisiert werden. Am Südrand der römischen Siedlung entlang der nach Benningen führenden römischen Straße konnte im Jahre 1911 an der Villastraße eine erste Töpferei nachgewiesen werden. Die zweite Töpferei wurde 1980 beim Bau des Brückenbauwerkes für die neue Bundesstraße 27 südöstlich der Eisenbahnlinie angeschnitten und teilweise untersucht. Insgesamt konnten hier sieben Töpferöfen sowie ein kleines Steingebäude aufgedeckt werden. Der Nachweis einer dritten Töpferei gelang im Jahre 1981 als in einer Baugrube unmittelbar südlich des Rathauses im ehemaligen Kastellgebiet eine umfangreiche Abfallgrube einer Töpferei nachgewiesen wurde, die offenbar nach Auflassung des Kastells um die Mitte des 2. Jahrhunderts n. Chr. ihre Produktion aufnahm. Es handelt sich hierbei um eine regelrechte Töpfermanufaktur, die aus einer Vielzahl von einzelnen Öfen bestand. In den nächsten Jahren wird das Töpfergebiet weiter untersucht werden müssen. Wir dürfen annehmen, daß hier ein Handwerkerzentrum angeschnitten wurde, das nicht nur die Bevölkerung von Walheim, sondern das ganze Umland mit Töpfererzeugnissen zu versorgen hatte.

Nachdem schon längere Zeit die Neutrassie-

rung der Bundesstraße 27 geplant war, wurde mit dem Straßenbauamt Besigheim vereinbart, daß die gesamte Straßentrasse der neuen Bundesstraße 27 von der heutigen Bahnlinie bis zum Neckar hin flächig untersucht werden muß. Die Ausgrabungen begannen am 2. März und wurden am 20. August abgeschlossen. An dieser Stelle möchten wir dem Straßenbauamt Besigheim, der ausführenden Baufirma sowie vor allen Dingen der Gemeinde Walheim, an ihrer Spitze Herrn Bürgermeister Botzenhardt für die großzügige Unterstützung unserer Grabung danken. Ihre Ergebnisse sind zweifellos nicht nur für die Geschichte von Walheim von Bedeutung, sondern haben auch überregionales Interesse gefunden. Die Grabung wurde ausschließlich auf die Untersuchung der Straßentrasse beschränkt, so daß wir teilweise nur Gebäudekomplexe anschneiden konnten. Ihre weitere Untersuchung steht in den nächsten Jahren bevor.

Im Bereich der Straßentrasse fanden sich als älteste Siedlungsbelege einige prähistorische Siedlungsgruben sowie wohl ein jungsteinzeit-

Abb. 95 Walheim. Profil durch die Gräben des zweiten Kastells

liches Hockergrab, das allerdings nicht näher zeitlich eingeordnet werden kann, da es keine Beigaben enthielt. Zu unserer großen Überraschung fanden wir als ältesten römischen Besiedlungshorizont ein bisher unbekanntes römisches Lager. Von der Befestigung konnten wir zwei parallel verlaufende Spitzgräben aufdecken (Abb. 95). Der äußere Graben besitzt eine Breite von heute noch stark 4,5 m und eine Tiefe von 2 m. Parallel dazu verläuft ein zweiter Spitzgraben an der Innenseite, der 2,5 m breit und 1,5 m tief ist. Die beiden Gräben konnten bisher auf eine Länge von 95 m nachgewiesen werden und bilden einen rechten Winkel von südöstlicher Richtung. Dort gelang es den äußeren Graben wenigstens auf eine Länge von etwa 55 m nachzuweisen. Das Kastell liegt im Gewann »Mühlwiesen« nahe am Neckarufer. Die beiden parallel verlaufenden sehr sorgfältig in den anstehenden Lößlehm eingetieften Spitzgräben lassen keinen Zweifel zu, daß hier eine bisher unbekannte römische Militäranlage vorliegen muß. Der Nachweis einer zweiten Kastellanlage ist überraschend und wirft neue Fragen der spätflavischen Okkupation des mittleren Neckarlandes durch die Römer auf. Diese Anlage liegt nur 300 m nördlich des bisher bekannten Kohortenkastells. Während der Ausgrabung konnten keinerlei Spuren einer hölzernen Befestigung ermittelt werden, so daß mit der Möglichkeit eines sehr kurzfristig belegten Lagers gerechnet werden muß. Aus der mittleren leicht steinigen Verfüllung konnten einige Funde geborgen werden, die dem späten 1. Jahrhundert zuzuweisen sind.

Unmittelbar nördlich der heutigen Bahnlinie stieß man 1982 auf weitere Gräber. Besonders zu erwähnen ist eine sehr sorgfältig aus Schilfsandstein gearbeitete Steinurne mit einer massiven Abdeckung, in der Ton-, Glas- und Bronzebeigaben enthalten waren. Wenige Meter östlich der im Jahre 1980 nachgewiesenen

Abb. 96   Walheim. Römischer Vicus. Keller mit Kellerfenster

Töpferei konnten zwei weitere römische Brennöfen ermittelt werden, die den Rand dieses Handwerkerbetriebes kennzeichnen. Einen Schwerpunkt der zivilen Bebauung lag ungewöhnlicherweise im Südosten der neuen Trassierung der Bundesstraße 27. Diese römische Bebauung setzt unmittelbar nordwestlich der Mühlstraße ein. Zunächst konnten Spuren von älteren Holzbauten ermittelt werden, obwohl vollständige Grundrisse dabei nicht aufgedeckt werden konnten. Über diesen Holzbauten entstanden mindestens vier große Steinbauten, die z. T. vollständig ergraben wurden (Abb. 96, 97). Gebäude Nr. 1 ein rechteckiges Haus mit 18,5 m Länge und etwa 7 m Breite (Abb. 97) besitzt drei Räume. Neben diesem Rechteckbau befand sich ein Badegebäude (2) mit knapp 20 m Länge und einer Breite von 6,5–8,5 m. Das Badegebäude war in mindestens drei, möglicherweise vier

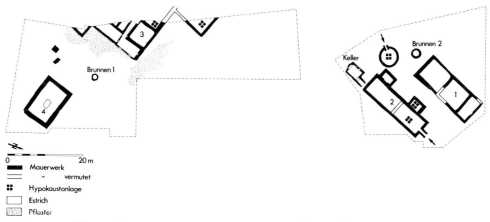

0 ——— 20 m

■■ Mauerwerk
══ " vermutet
▓▓ Hypokaustanlage
▢ Estrich
▨ Pflaster

Abb. 97   Walheim. Schematisierter Grundriß von Gebäude 1 und 2

Räume untergliedert. Die Heizanlage (*prae-furnium*) lag im Norden. Das Badegebäude untergliederte sich in Warmbad (*caldarium*), Laubad (*tepidarium*) und Kaltbad (*frigidari-um*). Warmbad und Kaltbad hatten angebaute Badebecken. Südwestlich des Kaltbades lag ein separater runder Raum, der als Sauna (*su-datorium*) angesprochen werden muß. Er be-sitzt ein separates Praefurnium. Es handelt sich hierbei um eine in Südwestdeutschland bisher nur selten nachgewiesene architektonische Form des Sudatoriums (Abb. 98), das nur an Bädern des 1. und frühen 2. Jahrhunderts nachgewiesen werden konnte. Südlich des Ba-degebäudes befand sich ein isolierter Steinkel-ler, der vollständig untersucht wurde. Vermut-lich muß er einer älteren Bauphase zugeordnet werden.

Weiter südöstlich befindet sich ein viertes gro-ßes Gebäude, das nur zu einem kleinen Teil bisher erfaßt werden konnte. Es handelt sich zweifellos um einen großen repräsentativen Wohnbau, in dessen rückwärtigem Teil ein wohlerhaltener Keller mit 6 m lichter Weite und 3,8 m lichter Breite lag. Der Keller selbst war noch bis zur Auflage der Balkendecke er-

halten. Zwei Abstellnischen befanden sich an der Schmalseite, an der Breitseite nach außen wurden zwei Lichtschächte mit massiven Kel-lerfenstern in situ aufgedeckt. An den Keller schließt sich nach Süden ein quadratischer un-beheizter und schließlich ein rechteckiger be-heizter Wohnraum an. In beiden Fällen waren

Abb. 98   Walheim. Badegebäude mit rundem Sudatorium

121

Abb. 99   Walheim. Römischer Vicus.
Teile der Jupitergigantensäule

breite ursprünglich wohl holzverschalte Grube. Hier kamen Spuren einer hölzernen Truhe zutage, typische eiserne Eckbeschläge lassen diese Vermutung zu. Ähnliche »unterirdische« Truhen kennen wir schon aus verschiedenen römischen Gebäuden so etwa aus einem kleinen landwirtschaftlichen Anwesen in Erbstetten, Gde. Burgstetten, Rems-Murr-Kreis und aus dem römischen Gutshof von Rommelshausen, Gde. Kernen, Rems-Murr-Kreis. In dieser Truhe fand sich ein umfangreicher Depotfund aus eisernen Gerätschaften aller Art. Zu erwähnen sind Sensen, Meißel, Hammer, Bohrer, Radnaben und anderes. Offenbar hat der Besitzer sein landwirtschaftliches Gerät hier in unruhigen Zeiten, möglicherweise im Zusammenhang mit dem Einfall der Alamannen, im 3. Jahrhundert an sicherem Ort versteckt. Von den bisher aufgedeckten drei Brunnen konnten zwei untersucht werden. Vor allen Dingen der zwischen dem Gebäude 4 und Gebäude 5 liegende Steinbrunnen enthielt interessante Funde. Der Brunnen selbst hatte einen 5,3 m tiefen Steinmantel. Als Brunnenstube wurde ein Holzfaß von dem die einzelnen Dauben sowie die hölzernen Faßreifen nachgewiesen werden konnten, benutzt. Auf dessen Sohle fanden sich zahlreiche Götterbilder in z. T. sehr fragmentiertem Zustand. Zunächst einmal sei der Torso eines Jupiter erwähnt, der ursprünglich die sehr qualitätvoll gearbeitete Jupitergigantensäule bekrönte. Der Kopf des Jupiter wie auch der Kopf des Erdgiganten sind bewußt abgeschlagen. Über diesem Torso lag das Kapitell einer Jupitergigantensäule aus sehr feinem grünlichen Sandstein. Dieses Kapitell zeigt die Hand eines hervorragenden Künstlers. Die vier Kapitellenden sind leider abgeschlagen. Dazwischen befinden sich die Büsten der vier Jahreszeiten: Frühjahr, Sommer, Herbst und Winter (Abb. 99). Besonders interessant ist die kühle Darstellung der Winterhore, die außerdem mit einer eigenartigen

noch Teile des Fußbodens und des Wandverputzes am aufgehenden Mauerwerk erhalten. Ein Gebäudeanschnitt neben dem Gebäude Nr. 4 gehört möglicherweise zum gleichen Bauwerk. Nach Nordosten folgt ein befestigter Hof mit einem Brunnen und schließlich ein rechteckiger Bau von 11,5 m Länge und 8 m Breite von dem allerdings nur noch die Fundamentrollierung erhalten war. Die Mauerbreiten betragen stark 1 m. In der Mitte dieses Gebäudes fand sich eine 2 m lange und 1,5 m

Kopfbedeckung bekleidet ist. Möglicherweise handelt es sich hierbei um die Wiedergabe einer lokalen einheimischen Frauentracht. Die Büsten des Kapitells kommen aus breit ausschwingenden Blättern eines Akanthusblattkranzes, der das Kapitell nach unten abschließt. Die hufeisenförmig begrenzten Flächen zwischen den Blattansätzen sind von kleinen Blättern mit gekerbtem Umriß gefüllt; eine ähnliche Darstellung, wie wir sie vom Kapitell der Hausener Säule her kennen. Der eigentliche Säulenschaft ist nicht sorgsam geglättet und trägt eine leichte Aufrauhung. Es besteht kein Zweifel, daß wir hier mit einem Stuck bzw. einer flächigen Bemalung zu rechnen haben. Die Qualität dieser Jupitergigantensäule überragt die der vor Jahren südlich des Kastells geborgenen Jupitergigantensäule bei weitem. Neben der Säule selbst befand sich außerdem ein in Teilen erhaltenes Schutzhäuschen aus Sandstein, wie wir es in ähnlicher Weise auch von dem Fund von Hausen an der

Abb. 101   Walheim. Bronzebeschläge einer Holztruhe

Zaber her kennen. Es handelt sich hierbei um ein Häuschen mit Giebeldach und gewölbter Decke. Derartige Schutzhäuschen dienten für kleine Kultbilder, die wohl an der Rückwand der Häuschen aufgestellt waren. Davor war Platz für die Niederlegung von Opfergaben, wie wir sie häufig im Schoß der Gottheiten finden. Die Fundlage des Kapitells der Jupitergigantensäule – sie lag mit dem Kapitell nach unten – deutet daraufhin, daß sie gewaltsam in den Brunnen geworfen wurde. Im zweiten Brunnen fand sich ein nackter männlicher Torso sowie der Kopf einer Götterstatue mit Helm und lockigem Haar. Es handelt sich hier sehr wahrscheinlich um einen Mars. Auch hier scheint das Gesicht gewaltsam beschädigt worden zu sein. Daneben lag schließlich ein vollständig erhaltenes kleines Relief mit der Darstellung der keltischen Pferdegöttin Epona. Allerdings paßt sie nicht in den üblichen Rahmen (Abb. 100). Sie ist im Herrensitz reitend und wehendem Gewand in dieser Form bisher aus unserem Lande nicht bekannt gewesen. Unter dem umfangreichen Fundmaterial sind mehrere Zentner römischer Keramik zu erwähnen, die hier vor allen Dingen aus den

Abb. 100   Walheim. Eponarelief

Kellergruben und den holzverschalten Kellern bzw. Abfallgruben geborgen werden konnten. Darunter befinden sich hochinteressante und in unserem Land bisher einmalige Tongefäße, wie eine kleine feine rote Tonschale, die eine Metallschüssel imitiert. Aber auch einfache Gebrauchskeramik fand sich in großer Zahl. Besonders herausragend sind zahlreiche Münzen, Fibeln, Gewandnadeln und ein fast vollständig reich verzierter Bronzebeschlag einer hölzernen Truhe, der in einem der beiden Keller geborgen werden konnte und der bisher nur wenige Parallelen besitzt (Abb. 101).

Das in den kommenden Jahren als Baugebiet vorgesehene Areal zwischen der neuen Bundesstraße 27 und dem heutigen Rand der Gemeinde Walheim, vor allen Dingen im Bereich des Gewannes »Badstube« läßt nach den jetzigen Grabungen umfangreiche archäologische Funde erwarten. Neben den von uns schon angeschnittenen Steinbauten, deren Untersuchung weitergeführt werden muß, wird hier ein wichtiger Einblick in die Struktur und in die Ausdehnung dieser römischen Siedlung aus dem 2. und 3. Jahrhundert erreicht werden können. Wir haben in Walheim die letzte Möglichkeit am mittleren Neckar zwischen Köngen und Wimpfen größere zusammenhängende Teile eines römischen Lagerdorfes großflächig zu erforschen.   *Dieter Planck*

Literaturhinweise
Ph. Filtzinger, D. Planck, B. Cämmerer, Die Römer in Baden-Württemberg (1978) 553 ff. – D. Planck, Das römische Walheim, In: 900 Jahre Walheim (1972) 9 ff. – Ders., Archäologische Ausgrabungen 1980, 73 ff. – I. Stork, Archäologische Ausgrabungen 1981, 164 ff.

Römische Sanktuarien in Sontheim/Brenz Kreis Heidenheim

In der Gemeinde Sontheim/Brenz wird seit einigen Jahren die Flur »Braike« überbaut. Auf dieser Feldflur hatte in den dreißiger Jahren der damalige Sontheimer Hauptlehrer H. Ferner neben vorgeschichtlichen Resten (u. a. Bandkeramik, Bronzezeit) auch eine ausgedehnte römische Ruinenstätte festgestellt. In seiner überregionalen Bedeutung erkannt wurde dieser Fundplatz 1978 durch Luftaufnahmen von O. Braasch als bereits erste Privatbauten innerhalb der römischen Anlage errichtet worden waren.

Infolge einer Übereinkunft zwischen Gemeinde und Land fanden in der Zeit vom 3. 3. bis 13. 7. und 9. 8. bis 1. 10. 1982 großflächige Ausgrabungen durch die Abteilung Bodendenkmalpflege des Landesdenkmalamtes Baden-Württemberg statt. Die erste Zeit stand die Ausgrabung unter der Leitung von J. Biel, H.-J. Teufel, den zweiten Abschnitt übernahm die Abteilung für Provinzialrömische Archäologie, Universität Freiburg i. Br. Dank der Unterstützung und tatkräftigen Mithilfe der Gemeinde (Bürgermeister Engelhardt, Herr Mühlberger) und wirksamer Hilfestellungen seitens Sontheimer Firmen (Fa. Hebel, Fa. Röhm) sowie des Landkreises Heidenheim, der Deutschen Forschungsgemeinschaft, der Universität Freiburg und des Ministeriums für Wissenschaft und Kunst konnte eine Fläche von 5000 qm planmäßig untersucht werden (Abb. 102). Die Grabungen sollen 1983 im Bereich des Baugebietes abgeschlossen und danach mit dem Ziel der vollständigen Erforschung dieses Platzes fortgeführt werden.

Die römische Siedlungsstelle liegt auf einem

Geländeabsatz zwischen den südlichen Alb-ausläufern und der Donauniederung, in einem Winkel zwischen Brenz und dem von Westen einmündenden Siechenbach. In römischer Zeit wird der Charakter des Ortes durch eine Ab-zweigung der großen Fernstraße geprägt, die von Mainz über Stuttgart-Bad Cannstatt und Ursprung weiter über Faimingen donauabwärts zog. Diese Straße führte unmittelbar am Süd-rand der Anlage vorbei. Ein zweiter römischer Straßenkörper begrenzte die Siedlung auf der anderen Seite, ehe er, auf einen Übergang am Brenzknie zielend, die natürliche Verbindung durch das Flußtal nach Norden einholte.

Die gute Qualität der Luftbilder gestattete es, vor Beginn der Grabung einen vorläufigen Be-fundplan zu erstellen. Demnach umfaßte das schiefwinklig ummauerte Gelände eine Fläche von ca. 3,8 ha. In diesem Areal waren bereits die Spuren von 15 Steingebäuden verschiede-ner Perioden zu erkennen. Die erste römische Bauperiode besteht jedoch aus Holzbauten, deren Reste im Luftbild ebensowenig auszu-machen waren, wie die Fundamentgruben aus-geraubter Grundmauern.

In der ersten Periode, die nach Ausweis der Si-gillaten (Abb. 103) um 100 n. Chr. begann,

Abb. 102   Sontheim/Brenz. Blick auf den W-Teil der Ausgrabungen. Im Vordergrund Sanktuarien, rechts Umfassungsmauer mit Zangentor

Abb. 103   Sontheim/Brenz. Südgallische Terra sigillata. Maßstab 1:2

125

umzog ein hölzerner Zaun die Anlage. An zwei Seiten sind im Abstand von 3,60 m Gruben nachgewiesen, in denen Pfosten von ca. 0,18 x 0,18 m Grundfläche standen. Ein zweiflügeliges Tor, das einmal erneuert worden ist, öffnete die Anlage nach Nordosten, der einen Straße zu. Im Innern wurden die Grundrisse dreier größerer Holzbauten angeschnitten; bisher liegt noch kein vollständiger Grundriß dieser Pfostenhäuser vor.

In der Steinperiode, nach ersten Erkenntnissen um die Mitte des 2. Jahrhunderts n. Chr. begonnen, bildete eine 0,75 m breite Mauer den äußeren Abschluß. Sie verlief parallel in einem Abstand von 3,0 m vor dem Holzzaun. Das Tor, ein sog. Zangentor, befand sich in derselben Straßenflucht, die sich als gestickte, mit Kies überschüttete Fläche darbot (Abb. 102). Im Straßenschotter der Tordurchfahrt fand sich ein Zügelring (Abb. 104).

Sechs Gebäude wurden bislang ganz oder teilweise untersucht. Erkenntnismindernd machte sich der Umstand bemerkbar, daß durch die Bodenerosion infolge landwirtschaftlicher Nutzung die römische Oberfläche nirgends mehr erhalten war. Es fanden sich nur noch Fundamentmauern. Im Norden war ein großer rechteckiger Bau von 27 x 18 m Grundfläche mit einer Längsseite in die Umfassungsmauer

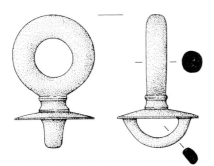

Abb. 104 Sontheim/Brenz. Zügelring. Maßstab 1:2

gesetzt worden. Schmale, hallenartige Anbauten schlossen sich an allen drei Seiten an. Die Innenfläche bedeckten die Reste einer Kalksteinstickung; in der Ost- und Südecke hatten sich hypokaustierte Räume erhalten. – Ein Anbau an die Ostumfassung von 10 m Tiefe konnte erst auf 23 m Länge erfaßt werden. Im Westen bindet ein flach U-förmiger Bau in die Umgrenzung ein. Der nördliche Flügel, 15 m breit und ca. 27 m lang, besaß in der Südecke einen abgeteilten Raum (Abb. 102). Der Hof wies wiederum Kalksteinstickung auf, die nach der Mitte zu ausdünnte. Zwischen Hausfront und Hof führte ein Gräbchen, aus dem u. a. ein Ochsenstachel(?) stammt. Im südlichen Abschnitt der Grabungsflächen fand sich ein schwach fundamentiertes Korridorhaus, das so gut wie keine Funde erbrachte. Das stärkste Interesse darf ein Baukomplex beanspruchen, der sich nach Durchfahrt des Nordtores linker Hand erhob (Abb. 102). Das erste Bauwerk am Platz war ein rechteckiger Hallenbau von 19 x 16 m Grundfläche. Das Innere bedeckte ein massiv gestickter Steinboden, unter dem ein steingesetzter Kanal hindurchführte. Dieser besaß im Zentrum des Bauwerks einen Zufluß. Leicht nach vorne versetzt, schloß unter Benutzung der Nordwestmauer von Bau B ein quadratisches Gebäude an. Sein Grundriß mit parallel ausgerichtetem Innenquadrat verrät einen gallo-römischen Umgangstempel (16 x 16 m). Die Pflasterung des Umgangs enthielt auch Kulturschutt; u. a. eine Münze des Hadrian und Sigillaten, die in die Mitte des 2. Jahrhunderts verweisen. Im gekiesten Innenquadrat fand sich der Rest einer Feuerstelle und einer zentralen Grube. Zu einem späteren, aber nicht genauer datierbaren Zeitpunkt teilte man in der Südecke des Baues einen kleinen kapellenartigen Raum mit halbrunder Apsis ab (Länge 5,5 m; Breite 3,5 m). Die Bauten waren nach Nordwesten, der gepflasterten, platzartig erweiterten Straße hin orientiert. Dort dürfte ein erhöhter Brunnen gestanden haben, dessen Ablauf ebenerdig durch die Umfassung nach Norden abgeleitet wurde.

Es spricht alles dafür, daß wir es hier mit einem Sanktuarium zu tun haben, da sich alle Bautypen in Tempelbezirken nachweisen lassen. Die merkwürdige Integration dreier Sanktuarien zu einem Komplex scheint im römischen Deutschland ohne Parallele. Leider gibt kein Fund Auskunft, welche Gottheiten hier verehrt wurden.

Das Fundmaterial war in Relation zur abgedeckten Fläche wenig zahlreich, was mit den schlechten Erhaltungsbedingungen und dem Umstand erklärt werden kann, daß die Untersuchungen bisher schwerpunktmäßig im Außenbereich stattfanden. Die Funde reichen indessen aus, um die Besetzung des Platzes vom Ende des 1. bis in die 1. Hälfte des 3. Jahrhunderts n. Chr. zu belegen. Wie ein menschlicher Skelettfund und ausgerissene Mauern zeigen, diente der Ort in nachrömischer Zeit gelegentlich als Bestattungsplatz und Steinbruch.

Die genaue Zweckbestimmung der römischen Anlage von Sontheim ist noch nicht völlig klar. Dennoch sei die Vermutung ausgesprochen, daß die vorbeiführenden Straßen maßgeblich mit der Entstehung und dem Aufblühen der Siedlung zusammenhängen. Die Gleichzeitigkeit des Beginns, die Größenordnung der Steinarchitektur mit den zahlreichen, sehr unterschiedlichen Gebäuden zeigen, daß wir es mit einem Siedlungstyp zu tun haben, der sich deutlich von den benachbarten Villen absetzt und bisher in Baden-Württemberg ohne Parallele ist.

Das wache Interesse der Gemeinde Sontheim an ihrer historischen Vergangenheit und die günstige Lage an der »archäologischen« Straße zwischen Heidenheim und Faimingen haben den Gemeinderat bewogen, nach Abschluß der Grabungen den Bebauungsplan zu ändern, die Sanktuarien in eine Grünanlage einzubeziehen und dort sichtbar zu erhalten: die wesentlichen Arbeiten waren vor Wintereinbruch bereits abgeschlossen.

Hans-Ulrich Nuber

Die große römische Gutshofanlage von Großsachsenheim, Stadt Sachsenheim, Kreis Ludwigsburg

Die Ausgrabung des römischen Gutshofes von Großsachsenheim, Gewann »Holderbüschle«, über die wir bereits 1981 berichtet haben, konnte 1982 fortgeführt und zu einem einstweiligen Ende gebracht werden. Vom 29. 3. bis 5. 11. 1982 untersuchten wir den Rest des geplanten und z. T. schon im Bau befindlichen Industriegebiets flächig und durch Baggerschnitte (Abb. 105). Zur erfolgreichen Durch-

führung der Grabung trug wesentlich die Unterstützung seitens der Stadt Sachsenheim bei. Sie förderte unsere Arbeit nicht nur in technischen Belangen, sondern auch durch eine großzügige Spende, die es uns erlaubte, die Untersuchung in diesem Jahr abzuschließen. Herrn Bürgermeister Lüth sei an dieser Stelle hierfür besonders gedankt. Ein herzliches Dankeschön möchte ich den Mitarbeitern von der Volkshochschule Leinfelden-Echterdingen, Herrn Sohnrey und Familie Kurz aus Bietigheim, aussprechen, die unentgeltlich mitwirkten. Schließlich gilt mein Dank allen, die in monatelanger Geländearbeit mithalfen, das Grabungspensum zu bewältigen.

Die untersuchte Fläche betrug 1981 und 1982 zusammengenommen etwas über 8000 qm. Bei weiteren 2400 qm wurde das Abschieben im Zuge der Baumaßnahmen überwacht, so daß also insgesamt auf über einem Hektar die Befunde beobachtet und aufgenommen wurden. Die römischen Baulichkeiten dürften damit, soweit sie sich auf 1,8 ha innerhalb des Industriegebiets befinden, im wesentlichen vollständig erfaßt worden sein. In den verbliebenen Lücken zwischen den Baggerschnitten ist allerdings besonders im Südteil noch mit Siedlungsgruben der vorgeschichtlichen Besiedlungsphasen zu rechnen. Ebenso konnten auch nicht alle Bauspuren römischer Holzgebäude aufgedeckt werden. Während der Gutshof auf dem Areal des Baugebiets wohl komplett untersucht ist, waren die Westteile der Anlage vor der Ausgrabung bereits in den sechziger Jahren, hauptsächlich durch ein Umspannungswerk, unbeobachtet überbaut worden. Der Ostteil des Gutshofs befindet sich außerhalb des vorgesehenen Baugebietes. Die Siedlung umfaßt hier noch Teile der Markung Metterzimmern. Die Größe des durch die jüngste, äußerste Hofmauer umbauten Areals konnte im Nordwesten und Süden aus den vorhandenen Teilen, im Norden durch das Geländerelief und im Osten durch Beobachtungen von Bewuchsmerkmalen im Frühjahr und Spätsommer sowie Begehungen, erschlossen werden. Wir können demnach in der jüngsten Bauphase mit einer Ausdehnung von etwa 170 x 260 m, ungefähr 4,5 ha, rechnen. Vermutlich sind mehr als die Hälfte aller ehemals vorhandenen Steingebäude ausgegraben.

Wie im Vorjahr, gelang es auch 1982 mehrere Bauphasen zu erfassen. Der Gutshof wurde in römischer Zeit von Norden nach Süden und Westen erweitert. Ausgehend von einer flußnahen Besiedlung der Niederterrasse umfaßte er schließlich in der jüngsten Bauphase auch einen beträchtlichen Teil der Hochfläche.

Drei Hauptbauperioden lassen sich unterscheiden: zunächst entstanden Holzbauten in Schwellbalkentechnik. Zu ihnen gehören ein 23 m langes, rechteckiges, dreischiffiges Gebäude unter dem späteren Bad sowie ähnliche, aber nicht rekonstruierbare, ebenfalls West-Ost gerichtete Bauten unter dem Steingebäude (Abb. 105, 14). Auch die mächtigen Pfostengruben vor der Nordfront dieses Baues können in diese Zeit fallen. Bei weiteren Schwellbalkenbauten, die parallel zur älteren Hofmauer (Abb. 105, 6) liegen, ist die zeitliche Zuordnung ungewiß. Unklar ist auch die Deutung und Datierung tiefer, runder Schächte, die sich unter Gebäude 14 befanden. Ihre Einfüllung bestand bis zu einer Tiefe von 2,80 m, der Grabungsgrenze, aus homogenem, völlig fundsterilem, gelbsandigem Lößlehm. Ich möchte hier am ehesten gewerbliche Anlagen vermuten. Leider liegen zur gesamten Holzbauperiode keine datierbaren Funde vor. Vorbehaltlich der Auswertung des Fundbestands der ältesten Steinbauperiode könnten die Holzbauten Ende des 1. oder Anfang des 2. Jahrhunderts errichtet worden sein.

Besser Bescheid wissen wir über die erste Steinbauphase. Zu ihr gehört ein kleiner Eckrisalitbau (Abb. 105, 1), mit einer Frontbreite von 16,5 m. Seine Nordseite war vor Beginn der Grabung der Straßenkanalisation zum Opfer gefallen. Die nordwestlichen Teile wurden durch das Badegebäude (Abb. 105, 11) das im Vorjahr beschrieben wurde, überbaut. Der östliche Risalit war unterkellert. Die Steine der Innenverblendung sind bereits in römischer Zeit, vermutlich für den Bau des Bades, ausgebrochen worden. Über die Kellerverfüllung

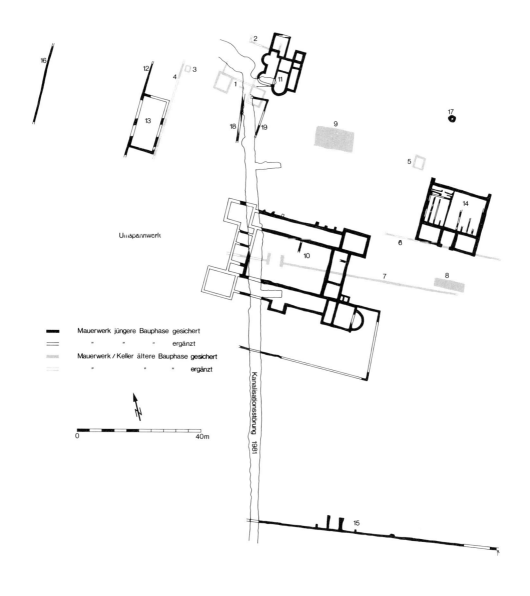

Abb. 105   Großsachsenheim. Gesamtplan der Steinbauten und Keller des römischen Gutshofs
im Gewann Holderbüschle (nach Abschluß der Grabungen 1982)

mit Freskenschutt haben wir 1981 berichtet. Nach den Ergebnissen der Grabung 1982 halte ich es nun auch für möglich, daß der Schutt aus dem Risalitgebäude – wohl einem Wohnbau – gestammt haben könnte. Vielleicht handelt es sich bei ihm um das Hauptgebäude dieser Bauphase. Ein kleiner Mauerrest zwischen den Risaliten mag das Fundament eines Tores gebildet haben. Nördlich, quer zur Achse des Risalitgebäudes, befand sich ein einfacher, rechteckiger Bau von 10 m Seitenlänge (Abb. 105, 2). Von ihm war nur noch die Fundamentrollierung vorhanden. Sein Nordteil ist der Hangerosion zum Opfer gefallen. 11 m westlich von Gebäude (1) lag eine Zisterne (3), die von der Hofmauer (4) einbezogen wird. Leider läßt sich von dieser Mauer nicht entscheiden, ob sie mit der Hofmauer (6) oder der Mauer (7) identisch ist, da sich die Anschlüsse im überbauten Gelände des Umspannwerkes befinden. Die Einfriedungen im Westen stehen zu denen im Norden in stumpfen Winkeln. Der kleine Steinkeller (5) von 3,4 x 4 m Seitenlänge läßt sich ebenfalls der älteren Steinbauphase zuordnen. Auch bei ihm waren die Verblendungssteine in späterer Zeit ausgebrochen und anderweitig verwendet worden. Die Abfolgen der Einfriedungsmauern 6 und 7 sind nicht sicher zu ermitteln. Die Nördliche war schmaler und nur noch in der untersten Steinlage erhalten. Sie ließ sich über 38 m verfolgen. Ihre westliche Fortsetzung fehlte und mag bereits in römischer Zeit abgebaut worden sein, da sie Gebäude 10, dem Hauptgebäude der jüngsten Periode, im Wege war. Die Mauer wurde später von Gebäude 14 überbaut. Weiter im Süden, hangaufwärts, befand sich die Hofmauer (7). Ihre Toranlage mit der 3,5 m breiten Einfahrt hatten wir bereits 1981 festgestellt. Beim Bau des Hauptgebäudes war diese Hofmauer bis auf eine einheitliche Höhe abgebrochen worden. Innerhalb des Innenhofes hatte man sie später mit Steinen überdeckt, wodurch sich

die gute Erhaltung erklärt. Auf sie ist im Osten ein 10 m langer und 2,80 m breiter Erdkeller (8) ausgerichtet. Ob zwei südlich davon gelegene, zu ihm parallele Gräbchen als Reste eines zugehörigen Holzgebäudes in Schwellbalkentechnik angesprochen werden können, ist ungewiß. Eine anzunehmende Überdachung des Kellers wird jedenfalls sicherlich die Hofmauer als Widerlager ausgenutzt haben. Parallel zur Hofmauer 7 ausgerichtet ist der große Erdkeller 9. Er maß 13 x 7 m. Deutlich war eine tieferreichende, lockere Schutteinfüllung im Zentrum und eine flachere, fundsterile, randlich umlaufende Verfärbung zu unterscheiden. Wir möchten sie am ehesten als Abdruck einer Holzumbauung interpretieren. Die Suchschnitte ergaben keinerlei Hinweise auf ein zugehöriges Steingebäude. Der Keller wurde während Periode 3 verfüllt. In der ältesten Steinbauphase ließ sich eine häufigere Verwendung von Tuffsteinen feststellen. Dieses Material fand in der folgenden Periode nur noch als Spolien Gebrauch. Die Ausrichtung der Gebäude ändert sich kontinuierlich von Periode 1 bis 3, indem man die Schmalseiten immer stärker von Nordwest nach West verschob. Ob sich die ältere Steinbauperiode in sich noch zeitlich differenzieren läßt, muß die Bearbeitung des Fundmaterials ergeben.

Die zweite Steinbauphase (Hauptperiode 3) ist gekennzeichnet durch eine völlige Neukonzeption der Baulichkeiten, die mit einer wesentlichen Vergrößerung des Gutshofsareals nach Westen und Süden einhergeht. Die ältere Hofmauer wurde durch das große, repräsentative Hauptgebäude (10) überbaut. Dieses Hauptgebäude befindet sich an der Hangkante; es war damit weithin sichtbar hervorgehoben. Wenn auch sein Westrand innerhalb des Umspannwerks zerstört sein dürfte, so kann es doch aus den vorhandenen Resten einigermaßen rekonstruiert werden. Vorder- und Rückfront weisen südwärts auf die Hochfläche, bzw.

Abb. 106   Großsachsenheim. Gebäude (14) mit Toreinfahrt und älterer Hofmauer (6)

nach Norden talabwärts. Die Symmetrie der Anlage erfordert im Westen die Rekonstruktion von zwei Eckrisaliten. Der nordwestliche Risalit war unterkellert, seine östliche Ecke muß nachweislich durch den Kanalgraben zerstört worden sein.

Wir haben also einen Baukörper mit vier Eckrisaliten und einem Innenhof vor uns. Die Risaliten der südlichen Schaufront sprangen weiter vor als die der nördlichen. Die Ausmaße betragen rekonstruiert 50 x 31 m. Dabei ist die nachweislich später angebaute Apsis des Südost-Risalits nicht mitgerechnet. Würde man in

Analogie, etwa zu Bondorf, auch im Westen einen solchen Anbau annehmen, so ergäbe sich die beachtliche Breite von 56 m. Jedenfalls zählt Groß-Sachsenheim zu den größten in Baden-Württemberg nach dem Kriege (Bondorf 54 m, Hechingen-Stein 46 m, Rottenburg-Kreuzerfeld 40 m). Freilich besteht noch ein deutlicher Abstand zu suburbanen Villengebäuden. Der Erhaltungszustand war hangabwärts, nach Norden, leider schlecht. Die Hangerosion legte die Mauern frei, so daß sie wohl schon sehr früh mittelalterlichem Steinausbruch zum Opfer fielen. Dasselbe gilt für

131

Estrichböden, die wir nur im Süden feststellen konnten. Hier lagen sie keine 0,3 m unter der Ackeroberfläche, so daß der Pflug sie bereits angerissen hatte. Ihre vollständige Zerstörung wäre auch unabhängig vom Baugebiet also nur noch eine Frage weniger Jahre gewesen. Von der qualitätvollen Innenausstattung zeugen Bruchstücke von bemaltem Wandverputz. Die Südfront wurde von einem Korridor eingenommen, dem in der Mitte ein rechteckiger Vorsprung vorgesetzt war. Möglicherweise handelt es sich bei diesem um das Widerlager einer Freitreppe. Der südöstliche Eckrisalit war unterteilt in einen schmalen Vorraum und einen mit einer Hypokaust-Heizung versehenen Wohnraum. Die Beheizung erfolgte von einem kleinen Heizraum im Norden aus. An diesem Risalit ließen sich spätere Umbauten feststellen: sicher später angesetzt wurde die Apsis, aber auch die Fußbodenheizung dürfte erst nachträglich eingebaut worden sein, da der Raum ursprünglich breitere, vorspringende Mauern besaß, die später bis auf einen Sockel abgebrochen und mit Verputz zur Wärmeisolierung versehen wurden. Die rückwärtigen Wohnräume gruppieren sich um einen Innenhof von 25 x 15 m. Zur Lösung der umstrittenen Frage, ob er überdacht war oder nicht, konnten keine sicheren Hinweise gewonnen werden. Folgende Fakten aber bleiben festzuhalten: Die inneren Mauerzüge waren tiefer fundamentiert als die äußeren. Die Hoffläche war nach dem Abbruch der älteren Hofmauer mit bis zu kindskopfgroßen Steinen überdeckt worden, auf denen Feuerstellen angelegt waren. Ob diese Schotterung eine Estrichrollierung darstellt ist ungewiß; wo auf den Steinen eine dünne Auflage stellenweise festgestellt werden konnte, schien sie eher gestampfter Lehm zu sein. Ansammlungen von Kalkresten könnten ebensogut vom Pflug verzogener Gebäudeschutt sein. Jedenfalls gibt es keinen Hinweis auf einen Kalkestrich wie im Korri-

dor. In der Südostecke befand sich ein Winkelgräbchen, das eine rechteckige Schuttfläche einfaßte. In den tieferen Schichten wiesen wir hier eine, von dem Gräbchen umgebene, grünlich-lehmige Eintiefung mit einzelnen Pfostenstellungen nach. Es könnte sich also um ein Wasserbecken gehandelt haben. Ein kurzer Mauerrest an der Nordwand des Innenhofs käme unter Umständen als Träger einer Dachkonstruktion in Frage. Aus dem Befund lassen sich also meines Erachtens keine zwingenden Hinweise in der einen oder anderen Richtung ableiten. An der Nordseite des Gebäudes sprangen Pfeilerfundamente vor, die wohl gegen den Hangschub errichtet wurden, z. T. aber auch als Treppenfundamente gedient haben könnten. Auf der Südseite war das Herrenhaus durch eine angesetzte, nur noch in der Fundamentrollierung erhaltene, schmale Mauer eingefriedet. Eine zwingende Deutung dieses Befunds ist nicht möglich, vielleicht hat es sich um eine Garteneinfassung gehandelt. 38 m nördlich des Herrenhauses befand sich das bereits 1981 vorgestellte Badehaus (11). Westlich von diesem hatte man eine neue Hofmauer (12) errichtet, an die ein Rechteckbau (13) von 17 x 9 m angesetzt war. Solche Anbauten finden sich bei Gutshöfen recht häufig und dürften als Stallungen gedient haben. 14 m nordöstlich des Wohnhauses lag schließlich ein bemerkenswertes Gebäude (14) von 20 x 19 m Ausdehnung. Es überlagerte die ältere Mauer (6) sowie Holzbauten der Periode 1. Auch hier ließen sich mindestens zwei Bauphasen nachweisen.

Einem Kernbau von 20 x 13,50 m war im Süden ein Anbau mit zwei seitlichen, risalitartigen Räumen und einer 2,60 m breiten Einfahrt vorgesetzt, dessen Mauern auf breiteren, älteren auflagen. Weitere Mauervorsprünge im Innenraum dürften als Widerlager für Bretter eines Holzfußbodens gedient haben. Die Toreinfahrt war repräsentativ mit vorspringenden

Fundamenten, auf denen große Steinblöcke lagen, gestaltet (Abb. 106). Der rückwärtige, nördliche Gebäudeteil wies ebenfalls entlang eines Flurs symmetrisch verteilte Räume auf, die an der Westseite besser erhalten waren als im Osten, wo durch die starke Hangerosion der Befund sich weniger klar abzeichnete. Unter 20 cm dickem Brandschutt kamen schmale, nord-südlich verlaufende Mauerzüge zum Vorschein, die den Raum in vier 1,5 m breite Streifen unterteilten. Meines Erachtens haben diese Mäuerchen am ehesten einen abgehobenen Holzfußboden getragen. Nördlich anschließend befand sich in einem schmalen, abgetrennten Raum in der Mitte eine Feuerstelle, von der Heizkanäle abzweigten. Ob auch in den nördlichen Raum warme Luft eingeleitet wurde, ist ungewiß; jedenfalls konnten wir keinen Heizkanal feststellen. Die ganze Anlage ist bisher meines Wissens ohne Parallelen. Das mächtige Gebäude ging durch Feuer zu-

Abb. 108 Großsachsenheim. Leistenziegel mit Abdrücken genagelter Schuhe. Maße des Ziegels 34,5 x 42,5 cm

Abb. 107 Großsachsenheim. Sandsteintorso der vollplastischen Darstellung eines Knaben. Höhe 14,5 cm

grunde, denn auch das aufgehende Mauerwerk wies Brandrötungen auf. Die Funktion des Bauwerks ist einstweilen noch nicht befriedigend zu klären. Der abgehobene Boden erinnert an Speicherbauten. Die Heizanlage könnte vielleicht mit Getreideröstung zusammenhängen. Einen ähnlichen Grundriß, allerdings ohne entsprechende Inneneinbauten, konnte H. Reim 1979 in Langenau (Alb-Donau-Kreis) feststellen. Auch dort ist aber der Befund nicht zwingend zu deuten.

Zu Bauphase 3 gehört sicher auch die südliche Hofmauer (15) mit einem turmartigen Anbau, die 62 m vom Hauptgebäude entfernt verlief. Die westlichste Mauer (16) kann wegen fehlender Anschlüsse nicht befriedigend korreliert werden. Vor Aufarbeitung des Fundmaterials ist auch der Steinbrunnen (17) keiner bestimmten Bauphase zuzuordnen. Dasselbe gilt für die drei festgestellten Wasserleitungen,

Abb. 109 Großsachsenheim.
Klappmesser mit Beingriff. Länge 10,6 cm

Mauer (18) sowie den Gebäuderest (19), der am ehesten Periode 3 angehört. Nachrömische Bauspuren waren an der südlichen Außenwand des Hauptgebäudes bemerkbar. Auf den Mauerausbruch hatte man, sicherlich intentionell, Steinplatten gelegt. Die Datierung und Deutung dieses Befundes bleibt eine offene Frage.

Das Fundmaterial der Grabung 1982 war erwartungsgemäß durch die starke Erosion am Hang nicht ganz so reichhaltig wie im Vorjahr. Immerhin gibt es eine Reihe aufschlußreicher Fundstücke. Zu ihnen gehört der Sandsteintorso eines Knaben (Abb. 107) aus dem Erdkeller (9). Sicherlich gehörte er zur Figurengruppe eines Götterbildes. 1981 hatten wir anhand von Fehlbränden vermutet, daß zu dem Gutshof auch eine Ziegelei gehört hat. In diese Richtung könnte auch ein Leistenziegel mit zwei Abdrücken genagelter Schuhe weisen (Abb. 108). Vielleicht haben wir hier eine ähnliche Erscheinung vor uns wie bei »Feierabendziegeln« neuerer Zeit. Die Inschrift mit der römischen Zahlenangabe »108« ist dagegen von einem Töpfer außerhalb Großsachsenheims in den lederharten Ton eines Kruges geritzt worden. Das Klappmesser (Abb. 109) wird sicherlich ähnlich universal wie unsere heutigen Taschenmesser verwendet worden sein.

Das römische Landgut im »Holderbüschle« fand vielleicht schon im Alamanneneinfall des Jahres 233 n. Chr. ein gewaltsames Ende. Sicherlich aber hat es das Jahr 260 nicht überdauert. Dem Landmann, der hier am Ende des Dreißigjährigen Krieges einen bayerischen Halbkreuzer verlor, mögen die Mauerreste aufgefallen sein – von ihrem römischen Ursprung hat er kaum gewußt.   *Ingo Stork*

Literaturhinweis
I. Stork, Archäologische Ausgrabungen 1981, 147 ff. (mit weiterer Literatur)

Das zweite Militärbad von Neckarburken, Gemeinde Elztal, Neckar-Odenwald-Kreis

Bei Kanalverlegearbeiten unterhalb der Landstraße von Neckarburken nach Dallau wurden im Herbst 1982 etwa 200 m südlich der Enz die bisher unbekannten Reste eines zweiten römischen Militärbades entdeckt (Abb. 110). Leider hatte der Bagger vor dem Eintreffen der Fundmeldung durch Bürgermeister Götz, Elztal, beim Referat Bodendenkmalpflege des Landesdenkmalamtes Baden-Württemberg in Karlsruhe bereits einen Teil des Gebäudes zerstört. Im Bereich der östlichen Außenmauer des Bades waren schon die Kanalrohre verlegt. Die gesamte Anlage wird sonst aber von keiner Baumaßnahme berührt, auch sind keine Planungen in diesem Bereich in nächster Zukunft zu erwarten, so daß es jetzt nur darauf ankam, den aufgedeckten Befund zu dokumentieren. Der bereits verlegte Kanal wird wieder her-

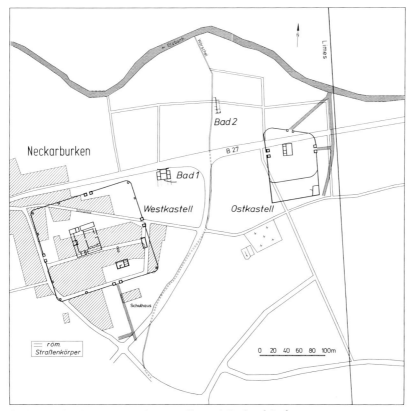

Abb. 110   Neckarburken. Römische Kastelle und Badegebäude

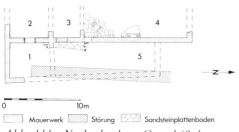

Abb. 111 Neckarburken. Grundrißplan des neuen Badegebäudes

ausgenommen und die zum Neubaugebiet südlich oberhalb des Ostkastellbereichs ziehende Kanaltrasse östlich in einem Abstand von 15 m an dem römischen Bauwerk vorbeigeführt. Zu diesem Zweck wurden drei Suchschnitte angelegt, welche die Untergrundverhältnisse feststellen sollten, aber keinerlei weitere Besiedlungsspuren zu erkennen gaben.

Das Badegebäude (Abb. 111) ist offenbar in nordsüdlicher Richtung orientiert. An seiner östlichen Breitseite waren bereits starke Zerstörungen durch Ausbaggerung und Kanalverlegung eingetreten. Vollständig erhalten ist eine nord-südlich ausgerichtete aus feinem Quadermauerwerk bestehende und 24,50 m lange Gebäude-Innenmauer, von der nach den Seiten weitere Mauern rechtwinklig abzogen, damit die Raumeinteilung des Bades andeutend (Abb. 112). Insgesamt ergaben sich mindestens zwei östlich anschließende Räume, die beide mit Hypokaustheizungen versehen waren. Dabei bestanden die Hypokaustpfeiler in Raum 1 aus aufeinandergesetzten quadratischen Ziegelplatten, die von Sandsteinplatten überdeckt wurden. Der nördlich anschließende Raum 5 besaß eine Heizanlage, die aus monolithischen Kalktuffsteinpfeilern mit unregelmäßiger Sandsteinplattenabdeckung bestand. Die Südwand dieses Raumes konnte nicht mit aller Sicherheit festgestellt werden. Raum 5 erstreckte sich allerdings nicht bis zum

südlichen Ende der langen Gebäude-Innenmauer. Beide Räume, die offensichtlich zu unterschiedlichen Zeiten mit einer Fußbodenheizung versehen wurden, lassen sich als Warmbaderäume ansprechen. Raum 2 war nicht hypokaustiert. Die Innenwände waren mit einem mit roten Ziegelbrocken durchsetzten Wandverputz versehen. Dieser Wandverputz war noch bis unter die drei letzten Steinschichten des aufgehenden Mauerwerks erhalten. Die Oberfläche des Putzes ist pompejanischrot

Abb. 112 Neckarburken. Freigelegte Mauern des Badegebäudes

136

bemalt. Vor der Nordwand lag am Boden eine große Sandsteinplatte. Unterhalb der Türschwelle des Durchgangs zwischen Raum 1 und 2 befand sich ein Viertelrundstab. Es zeigte sich, daß die Mauerteile der Trennwand zwischen Raum 1 und 2 unregelmäßig aufgeführt wurden. Offensichtlich ist hier über einem älteren Mauerwerk eine neue Teilmauer aufgeschichtet worden, wobei auch die Türwangen ausgebessert wurden. Der Raum 2 gehörte zum Kaltbadetrakt des Bades. An den Mauern von Raum 3 zeigten sich ebenfalls Umbauspuren. Die ehemals durchgehende Nord-Süd gerichtete lange Gebäude-Innenmauer besaß kurz nach dem Ende der Südwand von Raum 3 einen Türdurchgang, der in späterer Zeit zugemauert wurde. Auch hier ist das Mauerwerk sehr sauber eingeflickt. Unmittelbar hinter der Flickstelle lag eine Türschwelle aus rotem Sandstein. Der Boden dieses Raumes besteht aus unregelmäßigen Sandsteinplatten, die in einen gelblich grobkörnigen Estrichmörtel verlegt sind. Raum 4 besaß unmittelbar neben der Nordwand von Raum 3 einen Durchgang unterhalb dessen im Innern des Raumes eine Sandsteinplatte als Treppenstufe lag. Der Boden dieses Raumes war ebenfalls mit unregelmäßigen Sandsteinplatten gepflastert. Die lichte Länge des Raumes 4 betrug 13 m. 6,50 m nördlich der Südwand von Raum 4 ergab sich der Rest einer Wandtubulierung mit davorgelegtem Viertelrundstab. Möglicherweise handelt es sich dabei um eine nachträglich eingebaute Wanne. Unmittelbar hinter dem Eingang zu diesem Raum lag ein vollständig erhaltener Altar aus Sandstein (Abb. 113). Offensichtlich bestand zwischen Raum 3 und 4 ebenfalls ein Durchgang, es scheint, als sei die Trennwand zwischen den beiden Räumen erst nachträglich angesetzt worden. Die Kante der östlichen Türleibung wird noch durch zwei in situ gelegene Steinquader angezeigt. Die danebenliegende Sand-

Abb. 113   Neckarburken. Blick auf den in situ befindlichen Altar in Raum 4

steinplatte diente wohl ehemals als Türschwelle. Raum 4 ist vielleicht als Apodyterium oder Tepidarium anzusprechen.

Der erhaltene Altar besitzt eine außerordentlich interessante Inschrift, die angibt, daß ein altes Badegebäude zerstört war und von den Elzbrittonen wiederhergestellt wurde, wobei man eine Apsis sowie Heizkessel eingebaut hat, während die aus Ziegeln bestehenden gewölbten Decken wiederhergestellt wurden. Das ganze geschah, wie es sich aufgrund der Konsuldatierung ergibt, im Jahre 158 n. Chr. unter dem Statthalter Calpurnius Agricola. Es handelt sich damit um die jüngste Weihung am älteren Odenwaldlimes, die auf die militärischen Gegebenheiten nach der Mitte des 2. Jahrhunderts in diesem Limesabschnitt ein neues Licht wirft.   *Egon Schallmayer*

Literaturhinweis
E. Schallmayer, Das zweite Militärbad von Neckarburken mit neuer Inschrift. Fundber. aus Baden-Württemberg 9, 1983.

Ausgrabung eines Benefiziarier-Weihebezirkes und römischer Holzbauten in Osterburken, Neckar-Odenwald-Kreis

Am 25. August 1982 meldete das Straßenbauamt Buchen, daß bei Tiefbohrungen für die Pfahlgründung einer Eisenbahnüberführung im Sanierungsbereich an der Seedammstraße in Osterburken eine »Grabplatte mit Verzierung« gefunden worden sei. Ein eilig anberaumter Ortstermin ergab, daß bei einer bereits niedergebrachten Bohrung ein römischer Weihealtar durchschlagen worden war. Geringe Sondierungen im Bereich der Bohrstelle brachten innerhalb kürzester Zeit sechs Altäre zum Vorschein, die eingemessen, fotografiert und sodann geborgen wurden. Dabei stellte sich heraus, daß unterhalb dieser umgestürzten Steine die dazugehörenden Plinthen (Basis-

steine) noch vorhanden waren. Damit war sofort klar, daß wir einen Schicht- und Befundzusammenhang angetroffen hatten, der seit der Zuschwemmung in römischer und frühmittelalterlicher Zeit unberührt im Boden ruhte. Die nun gebotene Ausgrabung des unmittelbar angrenzenden Areals versprach aufregende Einblicke in einen Teilbereich der römischen Siedlung von Osterburken, der hier unter Planier- und Aufschwemmschichten von 3,50 bis 4 m Mächtigkeit lag. Wie die Untergrundverhältnisse anzeigten, war das gesamte Gelände durch offenbar öfter wiederkehrende Überschwemmungen unterschiedlichen Ausmaßes der Kirnau bereits in der Antike einge-

0   5m

Abb. 114   Osterburken. Übersichtsplan des Benefiziarier-Weihebezirks

138

Abb. 115 Osterburken. Benefiziarier-Weihebezirk. Altar und Basissteine sowie erste Holzfunde in situ

schwemmt worden. Diese Beobachtung ist von
besonderer Wichtigkeit, muß doch nun die gesamte archäologische Situation des Bereichs
zwischen Bahndamm und Rathausvorplatz
neu überdacht werden. Bisher hatte man nämlich angenommen, die Römer hätten das Gebiet der unteren Kirnau-Talaue nicht so dicht
besiedelt.

Die Grabungsstelle, die mit Hilfe des Baggers
auf eine Fläche von 11 x 17 m erweitert wurde,
wobei die oberen Deckschichten bis zur Ober-
grenze des römischen Niveaus abgetragen
werden mußten, liegt etwa 250 m nordöstlich

des Ausfalltores (*porta praetoria*) des Kohortenkastells, ca. 50 m unterhalb des ersten und
ca. 100 m unterhalb des zweiten Militärbades
des römischen Kastellplatzes im Talbereich
der Kirnau. Der gesamte Talgrund ist durch
Aufschüttungen für die Eisenbahnlinie beim
Bau des Bahnhofes sehr stark verändert worden. Daß es sich um ein ehemals sehr sumpfi-
ges und öfters unter Wasser stehendes Gelände handelte, zeigte sich neben den Unter-
grundverhältnissen vor allem an dem ständig in
die Arbeitsgrube einsickernden Wasser, das
stellenweise wie aus Quellen hervorsprudelte

und die Grabungsarbeiten erheblich erschwerte. Zwei ständig eingesetzten Pumpen, vor allem aber dem über längere Zeit guten Wetter war es zu verdanken, daß das Herausputzen der Befunde und die anschließende Dokumentation in gewohnter Weise vorgenommen werden konnte. Nach Freilegung des römischen Bodenniveaus ergaben sich insgesamt sieben von Nord nach Süd hintereinanderstehende Steinreihen, deren einzelne Altarsteine in annähernd ostwestlicher Richtung nebeneinander aufgereiht waren (Abb. 114). Die nördlichste Reihe bestand aus sechs Altären, die nach Osten zu halbkreisförmig angeordnet waren. Aufgrund einer in das Jahr 174 n. Chr. konsuldatierten Inschrift, der bisher ältesten absolut datierten dieses Weihplatzes, läßt sich diese Reihe als erste Steinzeile innerhalb des Weihebezirks ansehen. Sie war ausschlagge-

Abb. 117   Osterburken. Übereinandergestürzte Altarsteine der Reihen drei und vier. Dahinter Basissteine und Schwellbalken für die Weihung an die Dea Candida

Abb. 116   Osterburken. Altarstein mit Bohrloch, das durch einen Holzpfropfen geschlossen wurde

bend für die Setzung weiterer Altäre am selben Ort in den nachfolgenden Jahrzehnten. In dieser Reihe lag auch der von der Tiefbohrung betroffene Weihestein. Glücklicherweise ging das Bohrloch nicht durch den Inschriftenteil der Weihung (Abb. 116). In der zweiten Reihe befanden sich zwei über ihren Basissteinen rücklings umgestürzte Weihungen. Diese beiden Steinreihen waren nach Norden hin von einem kleinen Holzzaun, dessen einzelne Holzpfosten noch in situ im Boden steckten, begrenzt. Im östlichen Abschnitt von Reihe 3 standen vier Basissteine in situ, einer davon war zusammen mit dem unteren Teil des Altars durch einen bereits einbetonierten Brückenpfeiler zerstört worden. Die Bruchstücke wurden geborgen. Die Inschrift läßt sich wenigstens zum Teil wiederherstellen. Westlich dieser Pfeilergründung setzten sich die Altäre der Steinzeile fort. Dazu gehörte ein noch aufrechtstehender Stein mit der Weihung an den

Genius loci, die in das Jahr 182 n. Chr. datiert werden kann. Am Fuße des Steins lag an dessen Rückseite der Kopf, vor der Inschriftenseite, etwa 0,50 m höher, der Körper einer vollplastischen Geniusstatue, deren Füße abgeschlagen und dessen vorderer Oberkörper beschädigt war. Dieser Altar wurde von einem kleinen hölzernen Schutzhäuschen umgeben, wie sich an den noch im Boden liegenden Schwellbalken zu erkennen gab. Weiter westlich befanden sich auf gleichem Niveau zwei Altäre, von denen der eine über einen auf das Jahr 183 n. Chr. datierten Stein der vierten Reihe gefallen war (Abb. 117). Allesamt standen sie hier vor einem durch Schwellbalken ausgewiesenen 1,60 x 2,80 m großen hölzernen Schutzbau, in dessen Mitte sich der mit Relieffigur versehene und in eine Basis eingesetzte Altarstein mit Weihung an die Dea Candida befand. Er war in der Mitte auseinandergebrochen. Möglicherweise war dieser gesamte Bereich durch eine hölzerne Abschrankung gegenüber dem übrigen Weiheareal nach Osten hin abgeteilt. In der vierten Steinreihe

Abb. 118   Osterburken. Blick von O auf einen Teil der Steinreihen eins bis vier (von rechts nach links)

Abb. 119   Osterburken. Weiheinschrift des Benefiziariers Quintus Melicius Respectus, Soldat der Legio VIII Augusta an Jupiter, Juno, Mars Exalbiovix, alle Götter und Göttinnen sowie an den genius loci

saßen acht Plinthen sowie an ihrem westlichen Ende die genannte Inschrift von 183 n. Chr. Die fünfte Reihe wies östlich eines zweiten Brückenpfahls acht Basen auf, sowie 7 m westlich davon eine weitere, die vereinzelt auf einem rund 0,50 m höheren Bodenniveau stand. Die östlich des Brückenpfeilers stehenden Steine und Inschriftreste befanden sich noch auf dem ursprünglichen Niveau. Es ergaben sich hier u. a. Datierungen aus den Jahren 203 und 204 n. Chr. (Abb. 118). Die sechste Reihe befand sich insgesamt auf einem um 0,50 bis 0,70 m höheren Niveau. Hier waren nur die Basissteine – insgesamt sieben – erhalten. In der südlichsten und letzten Reihe befanden sich noch drei Steinbasen in situ, die sehr weit auseinandersaßen. Darunter ein Altar, der in sekundärer Verwendung zu einer Steinbasis umgearbeitet worden war. Die ehemals dazwischen stehenden Steine wurden offenbar im Mittelalter geraubt, denn in der Anfang der siebziger Jahre abgebrochenen alten Kilianskirche von Osterburken befanden sich einige Benefiziariersteine vermauert, davon werden vier in die ersten drei Jahrzehnte des 3. Jahrhunderts n. Chr. datiert. Es handelte sich also offenbar um die Steine, welche in den Steinreihen standen, die bei der Grabung keine Altäre mehr aufwiesen. Vor der letzten Steinreihe befanden sich die Reste eines mit unregelmäßiger Steinpflasterung versehenen Weges, der offenbar teilweise mit nebeneinanderliegenden Holzbohlen ausgebessert worden war. Alle Inschriften waren zu diesem Weg hin ausgerichtet. Es ist denkbar, daß darin der im Grabungsbereich angenommene Verlauf der Römerstraße zu sehen ist.

Zahlreiche Basissteine waren zunächst auf eine Rollierungsschicht aus Steinabschlägen gestellt, die vielleicht von der Bearbeitung der Altäre und ihrer Plinthen an Ort und Stelle herrührten. Darunter befanden sich bei einigen Holzkonstruktionen, die das Absinken der

aufgestellten Weihungen in den sumpfigen Boden verhindern sollten. Die Römer waren sich also der schwierigen Bodenverhältnisse durchaus bewußt, daß sie trotzdem in diesem Gelände ihre Weihungen aufstellten, mag sich zum einen aus dem Mangel des für eine Siedlung geeigneten Raumes hier im Kirnautal, zum andern aus der bereits vorhandenen Straße, vielleicht auch der Benefiziarierstation in der Nähe ergeben haben.

Bei den Altarsteinen handelt es sich durchweg um Weihungen von Benefiziariern. In den Weihinschriften werden die Staatsgötter des alten Rom angerufen, also Jupiter, der Beste und Größte, die »Himmelkönigin« Juno, Mars, der Kriegsgott, dazu alle Götter und Göttinnen des römischen Götterhimmels sowie der Schutzgott des Ortes (*genius loci*). Daneben kommen Weihungen an Fortuna Redux, die Göttin der glücklichen Heimkehr, an Mars Exalbiovix sowie zwei Dedikationen an Dea Candida vor. Der Stifter nennt sich jeweils mit seinem vollen Namen, den *tria nomina*, sowie mit seiner militärischen Zugehörigkeit. Die Soldaten, die sich auf den in Osterburken gefundenen Weihinschriften nennen, gehören der *Legio XXII Primigenia pia fidelis*, der *Legio VIII Augusta* und der ab 179 n. Chr. in Regensburg stationierten *Legio III Italica* an.

Abb. 120 Osterburken. Altar mit Spielszene im Giebelfeld

Abb. 121–124 Osterburken. Altäre mit Darstellungen auf der Schmalseite. Von links nach rechts: Truppenstandarte; Legionsadler und Stier; Blitzbündel und Opfergeräte und Baum mit Vögeln und Schlange

Sodann erfolgte die Angabe, daß die Weihung als Einlösung eines Gelübdes von dem Stifter für sich und die Seinen gern und freudig ausgeführt wurde. Zum Schluß erscheint auf einigen Steinen die Angabe des Konsuljahres, das in diesen Fällen die Altäre auf das Jahr, teilweise sogar auf den Tag genau datiert (Abb. 119). Der Erhaltungszustand der Weihealtäre ist hervorragend. Bei einigen Steinen hat sich sogar noch die ursprüngliche Bemalung erhalten. Die Steine waren mit einer Kalkbrühe übertüncht und die ausgemeißelten Buchstaben der Inschriften sowie die Reliefs farblich ausgemalt. Bei einem Stein ist die weiße Kalküber-

schlämmung auf schwarzer Grundierfarbe aufgetragen. Die Buchstaben wurden offenbar sogleich ausgeputzt, so daß sie nun schwarz hervortreten. Die Schrift ist bis auf wenige Fälle exakt ausgemeißelt, die Reliefs sehr sauber ausgeführt. Hin und wieder wurde daber auch ein Schreibfehler nachträglich noch korrigiert. Die Altaraufsätze zeigen ein Gesims mit zwei Eckvoluten, zwischen denen eine Opferplatte oder -schale ausgearbeitet ist. In einem Altargiebel ist die Darstellung einer Spielszene gegeben. Zwei Männer – vielleicht Benefiziarier – sitzen sich auf Klappstuhl und wohl Korbsessel gegenüber, zwischen sich ein

143

Brettspiel haltend (Abb. 120). Auf den anderen Altarsteinen sind in Reliefs Truppenstandarte (Abb. 121), Adler und Stier (Abb. 122), Opfergeräte und Blitzbündel (Abb. 123) sowie ein das Inschriftenfeld oder aber den oberen Gesimskranz umrahmendes vegetabiles Ornament ausgearbeitet. Besonders reizvoll sind auf zwei Steinen die Darstellungen eines Baumes mit Vogelnest, worin drei Jungvögel sitzen, die von einem Altvogel gefüttert werden. Am Baumstamm windet sich eine Schlange empor (Abb. 124). Aus der Art und Weise wie manche Altäre verziert sind, läßt sich mit Sicherheit auf Werkstattzusammenhänge schließen. Einige Altäre mit relativ einheitlicher Ausarbeitung im Gesimsteil wurden wohl in derselben Werkstatt hergestellt. Bisher wurden über 20 Inschriften bzw. Inschriftenteile sowie an die 45 Basissteine geborgen. Die Basissteine sind teilweise treppenförmig profiliert, in einem Falle sogar mit Tierreliefs versehen (Abb. 125). Die meisten sind blockförmig gearbeitet, wobei in der Mitte eine Einsatzkartusche für die Altäre ausgemeißelt ist.

Abb. 125 Osterburken. Mit Tierreliefs versehene Altarplinthe

Zeichneten sich bereits bei der Ausgrabung der Benefiziarierweihesteine einige ebenfalls bestens erhaltene Holzkonstruktionen ab, so wurden diese noch übertroffen durch die außerordentlich vielfältigen und hervorragend konservierten Holzbauten in den unter dem Niveau der Steinbasen angelegten Plana. Es handelte sich um zum Teil vollständig erhaltene Balkenkonstruktionen mit Verzapfungen. Im westlichen Bereich der Grabungsfläche konnte unterhalb des hölzernen Schutzhäuschens für das Reliefbild der Dea Candida eine U-förmige Abwasserrinne, welche diagonal darunter durchzog, auf 3,40 m Länge freigelegt werden. Der Kanal entwässerte nach Norden wohl zum antiken Bachbett der Kirnau hin. Nur rund 1,50 m weiter östlich dieses Befundes ergab sich ein in Nord-Süd-Richtung verlaufender weiterer Abwasserkanal. Er bestand aus zwei im Abstand von 0,52 m parallel zueinander errichteten Eichenholzbohlen von 0,10 m Dicke, die hochkant aufgestellt und von viereckigen senkrecht in den Boden geschlagenen Pfosten gehalten wurden. An einer Stelle befand sich ein Abdeckbrett über den Kanal gelegt. Neben der Rinne lagen in gleicher Ausrichtung zwei vollständig erhaltene Baumstämme. Der Befund konnte in diesem Jahr nicht mehr freigelegt werden, da die Ausgrabung bis in den Dezember hinein dauerte und die Witterung eine optimale Befundfreilegung und -dokumentation nicht mehr zuließ. Im mittleren Bereich des Ausgrabungsareals konnte eine ebenfalls in nord-südlicher Richtung verlaufende Wasserleitung freigelegt werden. Sie bestand aus in der Länge nach durchbohrten, 0,15 m starken Rundhölzern, die an den Stoßflächen durch eiserne Deuchelringe miteinander verbunden waren. Der Bereich um diese Wasserleitung herum scheint durch die späteren römischen Siedlungsaktivitäten – wohl durch das Aufstellen der ersten Weihungen und der Benefiziarier – gestört

Abb. 126   Osterburken. Holzgebäude

worden zu sein. In der östlichen, unmittelbar an die heutige Seedammstraße anschließenden Grabungsfläche, wurde ein nahezu vollständig erhaltener Hausgrundriß aufgedeckt (Abb. 126). Von mächtigen, zwischen 0,24 bis 0,34 m starken Schwellbalken war ein rechteckiger Raum eingeschlossen, dessen Westseite durch die o. g. Störung abgerissen war. Die Balken waren an den Kreuzungsstellen miteinander verzapft. In den Schwellbalken konnten weitere Zapflöcher für senkrecht aufgehendes Holzbauwerk festgestellt werden. So befanden sich im nördlichen Balken sechs rechteckige Zapflöcher in einem Abstand von jeweils 0,10 m. Im östlichen Balken ergaben sich die Reste der aufgehenden Zwischenbalken – fünf an der Zahl – im Abstand von 0,60, 0,70 und 0,80 m. Hier lagen die senkrechten Ständer abgeknickt noch im Boden und gestatteten die Rekonstruktion der Raumhöhe von etwa 2,40 m, da sich in einem Falle das noch in den Ständerbalken eingezapfte Deckenbrett erhalten hat. Zwischen den Ständern befand sich ehemals eine Fachwerkkonstruktion. An einer

Stelle des nach Osten hin weiterführenden südlichen Schwellbalkens war das Flechtwerk besonders gut erhalten. Unterhalb dieses Schwellbalkens lagen als Gründung dienende nebeneinandergelegte halbe Baumstämme (Abb. 127). Sie bildeten somit einen regelrechten Schwellboden, der dem darüber errichteten Holzgebäude Halt geben und es vor dem Absinken in den Sumpf bewahren sollte. Überall um diese Konstruktion herum lagen Holzteile, die sehr schöne Bearbeitungsspuren aufwiesen. Sie wurden alle geborgen.

Etwas jünger als dieses Holzgebäude, das man am ehesten zu einer ersten Besiedlungsphase im Lagerdorf des Kohortenkastells rechnen möchte, ist ein Holzzaun, der das gesamte Areal nach Westen begrenzte. Er bestand aus übereinandergestellten mit Eisennägeln vernagelten Brettern an Querhölzern, die von senkrecht in den Boden eingeschlagenen rechteckigen Pfosten im Abstand von ca. 3 m

Abb. 127   Osterburken. Baumstämme als Schwellbalken unter Holzgebäude

145

gehalten wurden. Auffallend ist, daß dieser Zaun über die genannte Wasserleitung verläuft, so daß auf jeden Fall eine relativchronologische Abfolge gegeben ist. Westlich des Zauns lagen unter einer stellenweise erhaltenen Kalkmörtelschicht zahlreiche Holzbalken und Baumstämme in nordsüdlicher Richtung. Es dürfte sich bei diesen Funden um Teile eines Holzbohlenweges handeln, der mit Mörtelabfall stellenweise ausgebessert worden war. Vielleicht ist in diesem Weg der Vorgänger zu der späteren, östlich vor den Weihesteinen verlaufenden gepflasterten Straße zu sehen. Das Holzmaterial wird einige dendrochronologische Datierungen erbringen, die für die Abfolge der römischen Bebauung auf dem Gelände südlich der Seedammstraße Klarheit bringen dürften. Soviel steht derzeit schon fest: Ein erster Holzbau an Ort und Stelle, vielleicht sogar mit Ausbesserungen wurde durch eine Hochwasserkatastrophe überschwemmt. Über den zugeschwemmten Holzresten errichteten die Römer später einen Benefiziarier-Weihebezirk, der einzelne durch Zäune und Schutzhäuschen abgeteilte Bereiche besaß. Die älteren Steine wurden wiederum durch Hochwässer teilweise oder auch ganz zugeschwemmt. Man hielt aber an dem Ort als Weiheplatz fest und stellte die neuen Weihesteine auf dem nun höheren Bodenniveau auf. Weitere Überschwemmungen wohl in spät- und nachrömischer Zeit ließen den gesamten Bereich allmählich unter dem Erdboden verschwinden. Die ersten Begehungsspuren in diesem Areal finden sich erst wieder in frühmittelalterlicher Zeit, als man die noch mit dem Oberteil aus dem Sumpf herausragenden Steine zog und sie in der alten Kilianskirche als willkommenes Baumaterial vermauerte. Der Name Seedammstraße verrät, daß das gesamte Areal in Mittelalter und Neuzeit immer hochwassergefährdet war. Die alten Häuser, welche bei der Sanierung einem Brückenbau über die Bahnlinie weichen mußten, waren demzufolge nicht oder nur teilweise unterkellert. So haben die einer Siedlung an und für sich ungünstigen Bodenverhältnisse den antiken Befund bestens erhalten und gestatten es, wie durch ein Fenster in die Vergangenheit zu blicken.

Egon Schallmayer

Ausgrabungen im Lagerdorf des Numeruskastells Walldürn, Neckar-Odenwald-Kreis

Die intensive ackerbauliche Nutzung des Geländes im Bereich des römischen Kastells und Lagerdorfes von Walldürn macht eine archäologische Untersuchung dringend erforderlich, will man nicht Gefahr laufen, daß die noch vorhandene Befundsubstanz durch die weitere Überackerung unwiederbringlich zerstört wird. Das Kastellgelände wird durch Ankauf der betreffenden Flurparzellen aus der Bewirtschaftung herausgenommen und so der Nachwelt erhalten. Das gleiche kann naturgemäß nicht mit dem Gesamtareal, der um das Kastell gelegenen Siedlung vorgenommen werden, so daß sich die archäologischen Ausgrabungen besonders auf Teile des Lagerdorfes konzentrieren müssen, dessen Ausdehnung durch systematische Flurbegehungen und Fundaufsammlungen von seiten zweier Heimatforscher mit einiger Sicherheit bekannt ist.

Die Grabungen des Jahres 1982 betrafen den zwischen Kastell und dem 1971/72 ausgegrabenen und restaurierten Badegebäude liegenden nordwestlichen Lagerdorfbereich. Sie begannen Anfang Juli. Bisher wurden in zwei Profilschnitten, drei kleineren Probeschnitten und acht Flächen annähernd 650 qm untersucht. Die Grabungen dieses Jahres dienten vor allem dazu, die Erhaltung der Fundsubstanz zu überprüfen.

Zunächst wurden zwei Profilschnitte westlich unterhalb des Badegebäudes angelegt. Sie zogen sich in nord-südlicher Richtung quer über einen im Gelände sichtbaren Erddamm, der offenbar den Rest einer Römerstraße, die am Kastell vorbeiführte und den Limes überschritt, darstellte. Im Bereich des Dammes ließ sich in den Profilen beider Schnitte sowie in einem kleinen Planum eine aus Muschelkalkbruchsteinen bestehende Steinsetzung beobachten. Die Straße läuft hier auf einer Strecke parallel zum nur 8 m entfernten Marsbach. Unmittelbar vor dem heutigen Bachlauf konnten aus dem schlammigen, stark humosen Untergrund in einer Tiefe von etwas über 1 m die Teile von drei im Durchmesser 0,20 m starken Holzpfosten geborgen werden. Bei einem Pfosten handelt es sich um einen Viertelteil eines Baumstammes. Die Hölzer erlauben eine dendrochronologische Untersuchung. Es wäre denkbar, daß sie zu einer steg- oder auch brückenartigen Konstruktion im versumpften Uferbereich des antiken Marsbaches gehörten. Die übrigen Flächen wurden entsprechend einer Vermessungsachse, welche sich in etwa parallel zur Nordwestseite des Kastells erstreckte, ausgerichtet. Drei kleinere Suchschnitte, rund 25 m vor dem nordöstlichen Kastelltor bereits auf den zum Hang hin ansteigenden Ackergelände angelegt, ergaben, daß

schon nach 0,15 m der gewachsene Muschelkalkboden, der hier in größeren Platten ansteht, zum Vorschein kam. Dieses Ergebnis ließ noch zu Anfang der Grabung befürchten, daß auch die übrige Fundsubstanz bereits weitestgehend zerstört sei. Doch schon die ersten beiden Flächen trafen einige recht interessante Befunde.

In Fläche I wurden bereits nach dem Abdekken der hier nur etwa 0,30 m starken Humusschicht die Umrisse eines Steinkellers deutlich. Es handelte sich um einen der typischen römischen Kellerbauten mit einem Kellerhals, der eine Zugangsrampe besaß und dem eigentlichen Kellerraum. Der aus Sandsteinen errichtete Bau hatte eine Länge von insgesamt 5,70 m und Breite von 3,60 m. Sein Mauerwerk war in unregelmäßigen Quadern aufeinandergeschichtet, zum Teil ohne Mörtelbindung. Das Innere war angefüllt mit verbranntem Bauschutt, der offenbar zu dem einst über dem Keller stehenden Fachwerkbau gehörte. Im Profil ließen sich deutlich zwei Einfüllzonen unterscheiden, so daß angenommen werden kann, daß nach einem ersten Brand der Keller, zumindest teilweise, eingefüllt und planiert wurde und man darüber wiederum ein Haus errichtete, dessen Brandschutt schließlich als oberste Schicht abgelagert wurde. In einem Zwischenplanum ließen sich einige Holzkohlespuren freilegen, die möglicherweise zu einer Holzbalkenkonstruktion des aufgehenden Gebäudes gehörten. Der Keller reichte noch in die nördlich anschließende Fläche IV hinein. Sein nördlicher Abschluß erschien zunächst als holzverschalte Wand. Erst in einer Tiefe von etwa 0,80 m kam die Steinmauer zum Vorschein. Von der Nordwestecke des Kellers führte eine gräbchenartige, mit Hüttenlehm verfüllte Struktur weiter. Sie stellt zusammen mit einem parallel dazu in 1,60 m Abstand weiter westlich verlaufenden Gräbchen wohl die Reste des ehemals über dem

Keller stehenden Barackenbaues dar. Das keramische Material aus der Kellerfüllung erlaubt eine vorläufige Datierung in das 3. Jahrhundert n. Chr. Auf der untersten Bodenzone, etwa in der Mitte der Kellerrampe, fand sich ein im Brandschutt liegender Dechsel (*ascia*) mit angerostetem Eisenstück.

Etwa 25 m östlich dieses mit seinem Eingang nach Südosten ausgerichteten Kellers, konnte in Fläche II, die aus zwei Teilflächen zusammengelegt wurde, um die Gesamtstruktur ergraben zu können, ein weiterer Keller freigelegt werden, der aber nur holzverschalte Außenwände besaß. Im anstehenden Muschelkalkboden zeichneten sich auch hier Kellerhals und Vorratsraum deutlich ab. Sehr schön ließ sich die Verfärbung des vergangenen Schalholzes der Wände sowie das dahinter gegen den anstehenden Boden eingefüllte graubraune Lehmmaterial beobachten. Das Kellerinnere war wiederum angefüllt mit Brandschutt. An den beiden Längsseiten befanden sich noch die etwa zur Hälfte erhaltenen Gefäßkörper von großen spanischen Ölamphoren (Abb. 128). An der Westseite des Kellers

Abb. 128   Walldürn. Fläche II. Teilweise freigelegte Amphoren im Planum

standen zwei, an seiner Ostseite drei Amphoren, daneben ein Dreihenkel- und ein Einhenkelkrug. Eine weitere Amphore stand an der Südwand neben dem flachen rampenförmigen Kellereingang. Bei der Anlage eines Zwischenplanums ließ sich erkennen, daß die als Vorratsgefäße benutzten Amphoren auf einem flachen Erdbankett, das offenbar mit Holzgestellen versehen war, aufsaßen. Aus dem gleichen Keller stammen zwei zusätzliche Amphoren, die bereits im vergangenen Jahr von den Heimatforschern geborgen werden konnten. Aus der einen ließen sich die Reste von erhitztem Weizenmehl bergen. Diese beiden Amphoren sowie eine der in situ stehenden besaßen einen Graffito C. D, der wohl die Initialen des Kellerbesitzers ausweist. Als weitere Funde wurden Eisenteile und -nägel, eine fast vollständig erhaltenen Terra-sigillata-Bilderschüssel sowie eine Menge Keramik geborgen, die ebenfalls eine exakte Datierung der Einfüllung möglich machen werden. In der Kellermitte befand sich ein runder Sickerschacht.

In der unmittelbar hinter dem Amphorenkeller aufgedeckten Fläche VI zeichneten sich die Umrisse eines Abwassergräbchens ab, welches nach etwa 6 m in eine große dunkelbraune Bodenverfärbung einmündete. Weitere gleichartige Veränderungen des gewachsenen Bodens gehören teilweise wohl ebenfalls Entwässerungseinrichtungen an. Darüber hinaus ergaben sich in dieser Fläche wiederum in den Muschelkalk eingetiefte Balkengräbchen von Holzbauten, die allerdings noch zu keinem vollständigen Grundriß ergänzt werden können.

Als besondere Überraschung kam in der Südwestecke der Fläche, etwa 2 m nordwestlich des Amphorenkellers eine Steinsetzung aus Sandstein zum Vorschein. Beim Putzen dieses Befundes ergab sich, daß eine annähernd viereckige Grube kellerartig in den Boden einge-

Abb. 129 Walldürn. Ein Bronzeeimer und zwei verzierte Bronzeschälchen. Depotfund aus Fläche VI

tieft und etwas unansehnlich mit Steinen ausgekleidet worden war. In der Grube lagen zwei verzinnte Bronzeschälchen neben einem total zerdrückten aber fast vollständigen Bronzekessel sowie Teilen eines weiteren Bronzegefäßes (Abb. 129). Es handelt sich sicherlich um ein kleines Depot, das in Zeiten der Not eilig vergraben worden war. Der Besitzer der Stücke hatte keine Gelegenheit mehr, die Gefäße zu bergen. Der Bronzekessel weist zahlreiche Flickstellen auf, die mit zu kleinen Tüllen zusammengerollten Bronzeblechstückchen vernietet worden waren. Dies deutet offenbar auf die extreme Materialknappheit, die an diesem Teil des obergermanischen Limes in der Spätzeit herrschte.

In den Flächen III und IV ergab sich lediglich eine größere, sehr unregelmäßige und aus verschiedenen Steinmaterialien bestehende Steinsetzung. Möglicherweise handelt es sich um eine vom Pflügen verursachte Erscheinung.

In Fläche VII wurden bereits mit dem ersten Planum die Balkengräbchen eines größeren Gebäudes freigelegt. Um eine etwa 0,15 m starke und annähernd 4 m im Durchmesser große Hüttenlehmpackung befanden sich drei parallel zueinander in West-Ost-Richtung verlaufende Gräbchen, die beiden inneren besaßen eine Breite von 0,30 m, das äußere, vielleicht ein Traufgräbchen, war 0,60 bis 0,80 m breit. Im rechten Winkel dazu verlief ausgehend von dem mittleren Gräbchen eine weitere grabenartige Struktur bis zur Flächengrenze. Ein mittlerweile aufgenommenes Luftbild macht deutlich, daß sich diese Strukturen weiter fortsetzen und sich wohl bei der Grabung im nächsten Jahr zu einem vollständigen Hausgrundriß ergänzen lassen werden. Insgesamt haben die Ausgrabungen in diesem Jahr gezeigt, daß die vorhandene Fundsubstanz wichtige Erkenntnisse zur Lagerdorfstruktur eines Numeruskastelles, wie es das Kastell Walldürn mit 0,8 ha Größe darstellt, und dessen Besatzung – der *exploratores stu* . . . – inschriftlich belegt ist, zuläßt. Die Ausgrabungen werden 1983 fortgesetzt, wobei die in diesem Jahr nur in Einzelflächen untersuchten Ackerparzellen nördlich des Kastells möglichst vollständig freigelegt werden sollen.

Egon Schallmayer

Das Fahnenheiligtum im Kastell Aalen

Die diesjährigen archäologischen Ausgrabungen im Bereich des Alenkastells von Aalen galten vorwiegend der Untersuchung des eigentlichen zentralen Raumes innerhalb des Stabsgebäudes, dem Fahnenheiligtum. Die Grabungsarbeiten begannen am 26. April und wurden am 27. September vorläufig abgeschlossen. Eine Nachuntersuchung erfolgte vom 12. bis 16. November. Gleichzeitig wurde von Juni bis November die Teilrestaurierung der im Jahre 1981 und 1982 untersuchten Bereiche durchgeführt. Die Ausgrabung beschränkte sich in diesem Jahr auf die Flächen 67–71 und 76–80 sowie auf eine Teiluntersuchung der Fläche 63. Im Mittelpunkt der Ausgrabung stand die sorgfältige Untersuchung des eigentlichen Fahnenheiligtums (9) sowie des darunterliegenden Kellers (9 b) (Abb. 130). Außerdem führten wir die flächenhafte Untersuchung des mittleren Bereiches des Innenhofes durch. Bei der Untersuchung der vor die rückwärtigen Räume vorgelagerten Querhalle (3) fanden sich eine Fülle von Inschriftenfragmenten, die wichtige Dokumente für die Geschichte des Kastells von Aalen sind. Die epigraphische Bearbeitung der weit über 50 Inschriftenfragmente hat freundlicherweise Herr Prof. Dr. Géza Alföldy vom Seminar für Alte Geschichte der Universität Heidelberg übernommen. Eine erste Übersicht ergab, daß es sich hierbei um rund 15 Inschriften handelt: Widmungen an Herrscher, die zum Teil namentlich ermittelt werden können. Unter den Inschriften ist eine wohl als Bauinschrift der Principia anzusprechende Inschrift zu erwähnen, die aus der gemeinsamen Regierungszeit der Kaiser Marcus Aurelius und Lucius Verus datiert und aus den Jahren zwischen 163 und 165 n. Chr. stammt. Zwei weitere lassen sich in die Regierungszeit des Septimius Severus und seiner Söhne einordnen. Bei diesen Inschriften handelt es sich nach freundlicher Mitteilung von Herrn Professor Alföldy um routinemäßige Loyalitätsbekundungen der Aalener Einheit den jeweils regierenden Herrschern gegenüber. Sie reichen von der Zeit unmittelbar nach Erbauung des Aalener Kastells bis zum frühen 3. Jahrhundert n. Chr. Für die Geschichte des Kaiserkultes beim Heer unter den Antoninen und Severern ist der Fundkomplex trotz des sehr schlechten Erhaltungszustandes der einzelnen Inschriften von besonderem In-

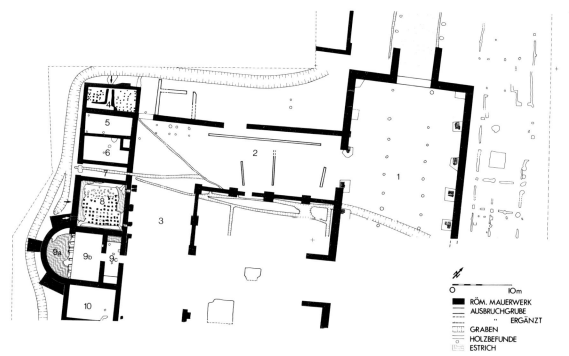

Abb. 130   Aalen. Gesamtplan der Principia nach der Grabung 1982

teresse. Die Inschriften wurden teilweise aus einem leicht bräunlichen Sandstein, teilweise aus sehr hartem Kalkstein gemeißelt. Vor allen Dingen die Kalksteininschriften wurden sehr wahrscheinlich in den Kalkbrennöfen zu Kalk verbrannt und sind deshalb nur sehr fragmentarisch erhalten. Teilweise zeigen diese Kalksteinplatten auch durch Brand starke Veränderungen. Die Fundlage der zerstörten Inschriftenfragmente deutet darauf hin, daß sie in den rückwärtigen Räumen bzw. an den Wänden der vor die rückwärtigen Räume vorgelagerten Querhalle (3) angebracht waren. Im Innenhof der Principia konnte auch in diesem Jahr keine alte Oberfläche mehr ermittelt werden. Sie ist der intensiven landwirtschaftli-

chen Nutzung zum Opfer gefallen. Quer durch die Grabungsfläche verlief ein Gräbchen, das wir schon 1979 weiter nördlich nachweisen konnten. Möglicherweise handelt es sich hierbei um Entwässerungsgräben des Innenhofes, bzw. einer Zisterne. In den Flächen 67 und 76 wurde der Eingang in die Exerzierhalle eben noch angeschnitten. Es konnte jedoch deutlich nachgewiesen werden, daß hier zwei in den Innenhof vorspringende Wangenmauern den Eingang bilden. Wir haben es hierbei zweifellos mit einem besonderen Charakteristikum der architektonischen Gestaltung der Principia von Aalen zu tun. Genau in der Mittelachse des Innenhofes fanden wir eine quadratische Fundamentrollierung, die als Subkonstruktion

151

Abb. 131 Aalen. Gesamtansicht der im Jahre 1982 untersuchten Räume der Principia (Aufnahme Referat Photogrammetrie des Landesdenkmalamtes Baden-Württemberg)

für einen Altar anzusprechen ist. Den südlichen Abschluß des Innenhofes bildet die nördliche Wand der Querhalle. Der Westteil war ganz ausgebrochen und konnte nur anhand der sekundär verfüllten Baugrube ermittelt werden. Der östliche Teil war noch als Fundament erhalten. Unmittelbar vor dem Fahnenheiligtum, genau in der Mittelachse befindet sich der etwa 8 m breite Eingang in den Innenhof. In der Querhalle (3) konnte in Teilen das alte Laufniveau nachgewiesen werden. Quer durch diese Halle verläuft durch den Ausgang in den Innenhof ein großer Drainagegraben, der zur Trockenlegung des Kellers unter dem Fahnenheiligtum notwendig wurde.

Im Zusammenhang mit der Restaurierung des Raumes 8 der schon im Jahre 1981 untersucht werden konnte (Abb. 131), zeigte es sich, daß nach Abnahme der Estrichbodenreste in der südlichen Ecke des Raumes ein Praefurnium eingebaut war (Abb. 130). Diese ältere Feuerstelle wurde zugemauert als die sekundär an die Apsis angebauten Stützpfeiler errichtet werden mußten. Es besteht daher kein Zweifel, daß ein zeitlicher Zusammenhang zwischen der Errichtung der offenbar notwendig gewordenen Stützpfeiler und dem Neueinbau der Hypokaustanlage in Raum 8 besteht. Grund für den Anbau von drei massiven Steinpfeilern an die Apsis scheint vor allen Dingen

152

Abb. 132   Aalen. Auswahl römischer Denare aus dem Keller unter dem Fahnenheiligtum der Principia

der hier anstehende Opalinuston und damit mögliche Hangrutschungen gewesen zu sein. Sehr wahrscheinlich wurde im gleichen Zusammenhang auch der Keller unter dem Fahnenheiligtum verfüllt und aufgegeben. Das neue Praefurnium in der Mitte der südwestlichen Wand von Raum 8 wurde anscheinend nicht mehr benutzt. Die Untersuchung des eigentlichen Fahnenheiligtums, also des axial ausgerichteten Raumes, ergab wichtige Aufschlüsse für die Baugeschichte und die Architektur der Principia. Das Fahnenheiligtum selbst besitzt eine lichte Weite von etwa 8,5 x 8 m sowie eine knapp 5 m tiefe Apsis. Der Erhaltungszustand dieses Bereiches war ungewöhnlich gut (Abb. 131). Ursache dafür ist offenbar eine Kalkbrennerei, die im Mittelalter hier in diesem Bereich der Principia eingebaut wurde. Von dieser Kalkbrennerei konnten bisher fünf Kalkbrennöfen, die in einer Reihe angeordnet waren, aufgedeckt werden. Drei von ihnen befanden sich im verfüllten Keller der Principia. Das eigentliche Fahnenheiligtum hatte sehr wahrscheinlich eine Größe von 10 m und bestand aus den Raumteilen 9 a und b. Der Bereich 9 c ist wohl als Treppenaufgang zur Principia zu deuten. Hier konnten an der Außenseite zur Querhalle (3) hin im nördlichen Bereich Fundamente nachgewiesen werden, die nur als Auflage von

Stein- oder Holztreppen anzusprechen sind. Die Apsis selbst war ungewöhnlich gut, im aufgehenden Mauerwerk noch bis zu 0,8 m erhalten. Sie war nicht unterkellert und ihr sorgfältig gestrichener Estrichboden konnte noch im Original aufgedeckt werden. Auch Reste des Wandverputzes ließen sich nachweisen. Der Keller selbst hat eine Breite von knapp 5 m und eine Länge von 8,5 m. Seine lichte Höhe beträgt nur etwa 1,8 m. Besonders überraschend sind insgesamt acht Balkenlöcher in der südwestlichen Wand des Kellers, die eine sichere Rekonstruktion erlauben. Im Bereich des Fahnenheiligtums fanden sicher mehrfach Umbauten statt, die erst infolge der eingehenden baugeschichtlichen Untersuchung klar erkennbar werden. Der Raumteil 9 c wurde sehr wahrscheinlich angelegt, um die Freitreppe nicht in die Querhalle hineinragen zu lassen. Ähnliche baugeschichtliche Befunde konnten auch bei den Commodianischen Limeskastellen Niederbieber und Holzhausen nachgewiesen werden. Der Eingang zum Keller selbst ist ohne Zweifel direkt aus dem Fahnenheiligtum heraus erfolgt. Spuren eines Kellerzuganges konnten nicht ermittelt werden. Hier erscheint eine Holztreppe wahrscheinlich. Da der Keller in den Opalinuston stark eingreift und deshalb die Gefahr bestand, daß er stets mit Wasser gefüllt war, mußte für gute Entwässerung gesorgt werden. Diese führt durch die Querhalle in den Innenhof. Bei den Untersuchungen im Fahnenheiligtum fand sich vor allen Dingen in der Verfüllung des Kellers eine große Zahl von hochinteressanten Fundgegenständen. Neben der Keramik, auf die hier nicht weiter eingegangen werden soll, kam vor allen Dingen eine ganze Anzahl von Münzen, die allerdings bisher noch nicht vollständig restauriert werden konnten, zutage. Immerhin ist interessant, daß bei den bisher bestimmten Münzen ein Antoninian des Philippus Arabs aus den Jahren 244–249 ist. Ein Zeichen dafür, daß das Kastell Aalen sicher bis zum endgültigen Fall des rätischen Limes im Jahre 260 Bestand hatte (Abb. 132). Unter den Kleinfunden ragen Hunderte von kleineren und kleinsten Bruchstücken einer bronzenen Kaiserstatue heraus. Charakteristische Stücke der Pteriges, Bartfragmente und Haarpartien lassen vermuten, daß hier das Standbild eines Kaisers der zweiten Hälfte des 2. Jahrhunderts vorlag. Außerdem sind (Abb. 133) Schmuckgegenstände, wie zwei tordierte Armreifen aus Silber und Gold sowie ein silbervergoldeter herzförmiger Anhänger einer Standarte und schließlich der vollständig erhaltene kleine Adler, der als Aufsatz einer Standarte oder als Aufsatz eines anderen Holzgegenstandes gedient hat (Abb. 134) zu erwähnen. Anläßlich der Grabungen der Reichslimeskommission konnte im Keller unter dem Fahnenheiligtum die inzwischen berühmt gewordene Bronzetafel mit den dolichenischen Göttern Minerva und heiligem

Abb. 133 Aalen. Silberner und goldener Armreif und herzförmiger silbervergoldeter Anhänger einer Standarte aus dem Keller unter dem Fahnenheiligtum der Principia

154

Abb. 134   Aalen. Bronzener Adler aus dem Keller unter dem Fahnenheiligtum der Principia. (Maßstab 1 : 1)

kennen, sichtbar. Es handelt sich hierbei um den Jupiter Dolichenus, einen orientalischen Himmelsgott, auf dem Stier. Er war einer der Vorläufer des Christentums. Vor allen Dingen in den ersten drei Jahrhunderten blühte dieser Kult im gesamten römischen Imperium. Wir kennen Heiligtümer und Darstellungen dieser Gottheit von Großbritannien bis nach Afrika. Neben der eben genannten Darstellung auf der Bronzetafel besitzen wir seit 1973 die in sekundärer Verwendung aufgefundene Inschrift. Hierbei handelt es sich um einen Weihestein, den ein Decurio der Ala II Flavia mit der Statue des Gottes dem Iupiter Optimus Maximus Dolichenus widmete. Das Bronzeblech im Fahnenheiligtum der Principia von Aalen

Baum aufgefunden werden (Abb. 135). Das ursprünglich vergoldete Bronzeblech ist heute noch 21 cm hoch erhalten und befindet sich im Limesmuseum in Aalen. Die Zeichnung ist eingraviert. Die dolichenischen Götter auf ihren Tieren umstehen auf der Darstellung einen Baum mit Blüten oder Früchten. Es handelt sich hierbei um den heiligen Baum dieser Region. Erkennbar ist im unteren Teil die Minerva, vom Mars ist nur noch der Helm links davon erhalten. In den Ecken des Fragmentes sind die flußlosen Genien auf Doppelstieren, wie wir sie von anderen Darstellungen her

Abb. 135   Aalen, Bronzeblech mit der Darstellung des Jupiter Dolichenus aus dem Keller unter dem Fahnenheiligtum (Photo Württ. Landesmuseum Stuttgart)

155

zeigt, daß dieser Kult zweifellos eine wichtige Stellung bei der Truppe des Kastells hatte.

Die schwierigen Bodenverhältnisse und das hangabwärts dringende Wasser hat schon unmittelbar im Zusammenhang mit dem Bau der Principia den Anlaß gegeben, daß hangaufwärts die gesamte Principia mit einem großen Entwässerungsgraben umzogen werden mußte. In diesen Entwässerungsgraben wurden die jünger angebauten Strebepfeiler an der Apsis des Fahnenheiligtums eingetieft. Die vielen architektonischen Details und die überraschend gute Erhaltung der Mauerbefunde läßt hier eine sichere und gute Rekonstruktion der Principia nachvollziehen. *Dieter Planck*

Literaturhinweise
ORL Abt. B Nr. 66 (1904). – D. Planck, Neue Ausgrabungen im Kastell Aalen. Aalener Jahrbuch 1980, 26 ff. – Ders., Die Principia im Kastell Aalen. Aalener Jahrbuch 1982, 13 ff. – M. P. Speidel, Iupiter Dolichenus, der Himmelsgott auf dem Stier. Kleine Schriften zur Kenntnis der römischen Besetzungsgeschichte Südwestdeutschlands 24 (1980).

Neue neckarsuebische Siedlungsreste in Mannheim-Wallstadt

Die Grabungen der Jahre 1977/78 und 1981, die vom Reiß-Museum im Auftrag des Landesdenkmalamtes, Abt. Bodendenkmalpflege unternommen wurden, führten in der südwestlichen Randzone von Mannheim-Wallstadt zur Aufdeckung umfangreicher neckarsuebischer Siedlungsreste, worüber kurz bereits im Vorjahr an gleicher Stelle berichtet wurde.

Größere neue Baumaßnahmen im Jahre 1982 waren der Grund für weitere Notgrabungen, die vom Juli bis Oktober in den Gewannen »Kiesäcker« und »Wallstädter Langgewann« mit dem Ziel durchgeführt wurden, weitere Aufschlüsse über die auch an dieser Stelle vermutete Siedlung zu erlangen. Während der Anlage einer großen Tiefgarage konnte im Gewann »Kiesäcker« das zur Baugrube gehörende Areal planmäßig, soweit dies die schnell voranschreitenden Bauarbeiten erlaubten, untersucht werden. Nachweisen ließen sich dort noch fünf in verhältnismäßig geringem Abstand zueinander liegende neckarsuebische Brunnenanlagen. Unter den im gleichen Grabungsareal aufgedeckten Gruben befand sich zumindest eine, die aufgrund des Fundmaterials ebenfalls mit der neckarsuebischen Besiedlung in Verbindung gebracht werden kann. Leider konnten die Reste einer neckarsuebischen Grubenhütte, bedingt durch die fortschreitenden Bauarbeiten, nur in groben Zügen aufgenommen werden.

Die im Boden teilweise noch gut erkennbaren Spuren der Brunnen zeigen, daß es sich hier um die übliche, auch von anderen Fundplätzen bekannte Konstruktion handelt. In eine zunächst trichterförmig ausgehobene Grube, die bis auf den Grundwasserspiegel gegraben wurde, baute man einen rechteckigen Holzkasten von nur geringem Durchmesser (0,7 – 1 m) hinein und verfüllte den entstehenden Zwischenbereich des Trichterkegels mit Erde.

Eine Vorstellung vom Aussehen des unteren Teils dieses Brunnens gibt uns die hier wiedergegebene Profilzeichnung (Abb. 136).

Nach den festgestellten geringen Tiefen der Brunnenschächte zu schließen, die jeweils nur etwa 3 m unter die heutige Oberfläche reichen,

156

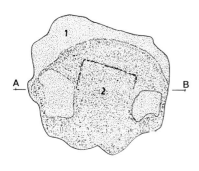

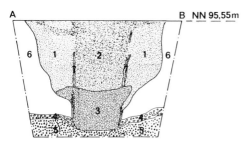

Abb. 136 Mannheim-Wallstadt, südwestliche Randzone, Gewann Kiesäcker. Neckarsuebischer Brunnen. Planum und Schnitt vom Brunnenschacht. 1 Verfüllung der Brunnenbaugrube, 2 Brunnenschachtfüllung, 3 Schlammablagerung, 4 Tonband mit größeren Kieselsteinen, 5 Kiesschicht, 6 gewachsener Boden, sandiger Lehm, 7 Schachtspuren

muß hier wie auch anderswo in späterer Zeit eine deutliche Absenkung des Grundwasserspiegels stattgefunden haben, ein Vorgang, der mit der modernen Neckarlaufkorrektur und der heutigen verstärkten Grundwasserentnahme zusammenhängen dürfte.

Das bei den Grabungen von 1982 geborgene eher bescheidene Fundmaterial, das sich mit jenem aus Grabfunden natürlich nicht messen läßt, entspricht in seiner Zusammensetzung den aus neckarsuebischen Siedlungsbereichen üblichen Hinterlassenschaften. Kurz seien hier nur aufgeführt: In einem Brunnen fand sich eine kurze Bronzenadel mit profiliertem Kopf sowie eine römische Bronzemünze und zwar ein As des Tiberius für Augustus, geprägt in Rom nach 22 n. Chr.

Der Aushub eines anderen Brunnens barg außer einheimischen und provinzialrömischen Scherben – ein Gefäßunterteil von dunkelgrauer Ware mit schwarzem Firnisüberzug ließ sich rekonstruieren – eine frühkaiserzeitliche Bronzefibel des 1. Jahrhunderts n. Chr. (Typ Hofheim I b). Ein weiterer Brunnen lieferte u. a. eine grautonige, außen schwarz gefirnißte Schale mit Stempelverzierung in Schachbrettmusterform, die ebenfalls ins 1. Jahrhundert n. Chr. datiert werden kann (Abb. 137). In der Brunneneinfüllung fanden sich außerdem Stücke einer menschlichen Schädelkalotte. In etwas über 30 m Entfernung südlich des eben

Abb. 137 Mannheim-Wallstadt, südwestliche Randzone, Gewann Kiesäcker. Römische Schale mit Schachbrettmusterverzierung aus einem neckarsuebischen Brunnen

besprochenen Areals wurde die Grabung auf zwei zur Bebauung vorgesehenen unmittelbar benachbarten Grundstücken im Bereich »Wallstädter Langgewann« fortgesetzt. Festgestellt werden konnten hier die Reste einer neckarsuebischen Hütte mit den Ausmaßen von 3,7 x 2,8 m, deren Südseite freilich teilweise durch einen Kanalgraben modern gestört war. Bei dieser handelt es sich wieder um den üblichen bereits bekannten Typ der kleinen rechteckigen Grubenhütte, deren Grundriß in der Regel die Spuren zweier Seitenpfosten sowie die von zwei in der Längsachse angebrachten Pfosten zur Abstützung des Firstbalkens aufweist. Aus dem Rahmen fallen bei unserem Grundriß ein in der Hüttenmitte festgestelltes Pfostenloch sowie weitere im Innenbereich nachweisbare Pfostensetzungen, die auf einen sekundären Umbau schließen lassen. Mehrere beim Aushub aufgefundene Eisennägel und unbestimmbare Eisenstückchen dürften von der ursprünglichen Hüttenkonstruktion stammen.

Das Scherbenmaterial enthielt neben der typischen neckarsuebischen Ware Reste römischer Gefäße, darunter verzierte Terra-sigillata-Fragmente, die eine Datierung in die 2. Hälfte des 1. Jahrhunderts n. Chr. ermöglichen.

Zwei Vorratsgruben in unmittelbarer Nähe wiesen leider moderne Störungen auf. Eine der beiden lieferte außer einer sehr langen und kräftigen bronzenen Nähnadel die Reste einer frühkaiserzeitlichen Bronzefibel (Typ Hofheim I b) sowie Scherben einheimisch neckarsuebischer und vor allem provinzialrömischer Herstellung, die den Zeitansatz des Fibelfundes bestätigen. Die Fundstelle 150 ergab neben großen Hüttenlehmbrocken auch Scherben, aus denen sich u. a. eine kleine Schale neckarsuebischer Form zusammensetzen ließ (Abb. 138) und außerdem eine flache, profilierte Bronzephalere römischer Herkunft von 6,8 cm Durchmesser.

Abb. 138   Mannheim-Wallstadt, südwestliche Randzone, Wallstädter Langgewann. Neckarsuebische Schale aus einer Grube

Im östlicher gelegenen Grabungsareal wurde außer einer Grube sowie einigen zusammenhanglosen Pfostenlöchern ein im rechten Winkel verlaufendes Gräbchen von nur 15 cm Tiefe auf einer Gesamtlänge von 7,5 cm aufgedeckt, das jedoch leider an beiden Seiten moderne Störungen aufwies. Datierendes Scherbenmaterial macht zwar eine Zugehörigkeit zu den neckarsuebischen Siedlungsresten wahrscheinlich, eine eindeutige Funktionsbestimmung dieser Anlage erwies sich jedoch bisher als nicht möglich.

Die hier vorgestellten neuen Spuren neckarsuebischer Besiedlung, die dem 1. Jahrhundert n. Chr. angehören, bilden trotz der eher bescheidenen Funde dieser Kampagne eine wichtige Ergänzung der Entdeckungen der letzten Jahre.

Nachdem bei Grabungen der Vorkriegszeit bereits zahlreiche Gräber neckarsuebischer Zeitstellung aus dem Gebiet von Mannheim-Wallstadt zutage gekommen sind, zeichnet sich durch die neuen Untersuchungen, über die hier berichtet wurde, das Bild einer großflächigen Besiedlung mit einer bisher bereits erfaßten Ausdehnung von 420 m Länge und über 120 m Breite ab. Die Grabungsbefunde lassen einen lockeren Bestand von nordöstlich-südwestlich orientierten kleinen rechteckigen Grubenhütten von weitgehend einheitlicher Erscheinungsform mit in der Nähe angelegten Vorratsgruben erkennen.

Bescheidenen Ausmaßes waren auch die Brunnen, die innerhalb des von uns untersuchten Siedlungsareals bisher freilich nur an der hier besprochenen Stelle im Gewann »Kiesäcker« nachgewiesen werden konnten.

Obwohl ein jetzt verlandeter Seitenarm des Neckars in unmittelbarer Nähe unserer Siedlung vorbeigeflossen sein muß, bediente man sich, wofür die Brunnen sprechen, bei der Trinkwasserversorgung doch offenbar lieber des saubereren Grundwassers.

Befestigungsanlagen irgendwelcher Art konnten bezeichnenderweise nicht nachgewiesen werden. Die Funde, besonders das keramische Material, das neben einheimisch germanischer Ware große Mengen provinzialrömischer Importe aufweist, scheint denn auch schon für das 1. Jahrhundert n. Chr. eher im Sinn einer fortschreitenden Akkulturation der ehemaligen Bewohner an die kulturell überlegenen römischen Nachbarn zu sprechen.

Friedrich-Wilhelm von Hase

Literaturhinweis
F.-W. v. Hase, Arch. Ausgrabungen in Baden-Württemberg 1981, 1801.

Frühalamannische Grabfunde aus Wyhl am Kaiserstuhl, Kreis Emmendingen

Über die Verhältnisse in Südwestdeutschland nach dem gewaltsamen Ende der Römerherrschaft wissen wir historisch und archäologisch nur sehr wenig. Siedlungen und Gräber der einwandernden Alamannen des 3. Jahrhunderts und der folgenden Generation sind selten. Erst mit dem allgemeinen Beginn der großen Reihengräberfelder 200 Jahre später verbessert sich die archäologische Quellenlage. Gründe für die Spärlichkeit germanischer Funde aus der Völkerwanderungszeit hat man teils in der noch geringen Seßhaftigkeit der einwandernden Gruppen gesehen, teils in der relativ kleinen Zahl der Ankömmlinge. Auch die Bestattungssitte dieser Zeit hat man – sicher mit Recht – zur Erklärung herangezogen. Die einfachen, oft genug beigabenlosen Brandgräber, wie sie schon in den elbgermanischen Herkunftsgebieten der Alamannen üblich waren, sind schwer zu finden, wurden und werden deshalb bestimmt in vielen Fällen unbemerkt zerstört. So sind aus der Völkerwanderungszeit (3.–5. Jh. n. Chr.) bisher überwiegend Bestattungen der Oberschicht bekannt geworden, weil diese soziale Gruppe unter dem Einfluß der christlich gewordenen spätrömischen Provinzbevölkerung relativ rasch dazu übergegangen war, ihre Verstorbenen unverbrannt beizusetzen. Die Zahl solcher Gräber muß naturgemäß klein bleiben, während bei den Siedlungen ganz offensichtlich noch eine Forschungslücke besteht. Auch dies hängt mit den Auffindebedingungen zusammen. Spuren leicht gebauter Holzhäuser lassen sich nun einmal schwerer nachweisen als etwa die steinernen Fundamente römischer Wohn- und Wirtschaftsgebäude. Hinzu kommt eine gewisse Schwierigkeit, alamannische Keramik dieser Frühzeit von sehr viel älterer keltischer Ware zu unterscheiden. Mancher Siedlungsplatz läßt sich vielleicht noch unter »falschem Etikett« in den Altbeständen unserer Museen herausfinden und lokalisieren. Fest steht allerdings jetzt schon: bis zum Hoch- und zum Oberrhein reichte schon im 3. Jahrhundert n. Chr. das Siedlungsgebiet der Alamannen. An dieser Flußgrenze traten sie in ständigen Kontakt mit der römisch-spätantiken Welt, wurden für mehr als 150 Jahre im Guten und Schlechten zu Nachbarn Roms.

Wenn an dieser Grenze, deren wichtigste Durchlässe von römischen Festungen beherrscht sind (z. B. Kaiseraugst, Breisach), alamannische Wohn- und Bestattungsplätze auftauchen, stellt sich sofort die Frage nach dem Verhältnis zum linksrheinischen Reichs-

Abb. 140   Wyhl, »am Leiselheimer Kreuz«. Silberne Verschlußteile einer Kette mit vermutlich hölzernen Perlen (nicht erhalten)

Abb. 139   Wyhl, »am Leiselheimer Kreuz«. Silberfibeln aus Frauengräbern, teilweise vergoldet und mit Niello-Einlagen verziert

gebiet. Zumindest im Vorfeld der Kastelle wie auch unmittelbar am Rheinufer läßt sich germanische Seßhaftigkeit ohne Regelung der nachbarlichen Beziehungen gar nicht vorstellen. Dabei kann man an Siedlungen denken, die vor allem dem grenzüberschreitenden Handel und damit einem gemeinsamen friedlichen Interesse dienten. Nicht zu übersehen ist aber auch die strategische Bedeutung grenznaher Plätze, vor allem der an wichtigen Straßen und Flußübergängen gelegenen Orte, deren Bewohner wohl meist in einem vertraglich bestimmten Verhältnis zum römischen Imperium standen und als *foederati* (Verbündete) Aufgaben der Vorfeldsicherung wie den unmittelbaren Grenzschutz übernahmen. Ähnlich wie im römisch-fränkischen Grenzgebiet sind solche Verträge auch für die Alamannen verschiedentlich bezeugt. Auch stellte dieses Volk, darunter ausdrücklich erwähnt die Bewohner des Breisgaus (*Brisigavi*), starke Kontingente für das spätrömische Reichsheer. Im Fundmaterial zeitgleicher Grenzkastelle (Breisach, Sponeck b. Jechtingen) ist der Anteil germanischer Truppenteile genauso ablesbar, wie römischer Import auf rechtsrheinischem Gebiet den Handel mit den römischen Provinzen und die von dort wirkenden kulturellen Einflüsse erkennen läßt. Daneben stehen allerdings, vor allem seit der Mitte des 4. Jahr-

Abb. 141   Wyhl, »am Leiselheimer Kreuz«. Gläserne Becher aus verschiedenen Gräbern

hunderts, schwere kriegerische Auseinander-
setzungen, die von römischen Geschichts-
schreibern bezeugt und deren Auswirkungen
z. B. an Zerstörungshorizonten grenznaher
Siedlungen und Kastelle noch greifbar sind.
Bei dem bisher etwa 20 Gräber umfassenden
Friedhof am Ortsrand von Wyhl, fast am
Rheinhochufer gelegen, drängt sich allerdings
der Gedanke an Siedler auf, die ihren nahe am
Flußübergang gelegenen Wohnort nicht nur
mit römischer Billigung sondern wahrscheinlich doch in Erfüllung einer Bündnispflicht an-

gelegt und über einen gewissen Zeitraum weg
auch gehalten haben. Mit Sicherheit handelt es
sich bei den hier Bestatteten um die Mitglieder
einer höhergestellten Familie oder Gruppe
und nicht um Angehörige der einfachen bäuer-
lichen Bevölkerung. Dafür spricht die Anlage
von west-östlich orientierten Körpergräbern
und die Beigabe kostbarer Waffen und
Schmuckstücke (Abb. 139, 140), wovon allerdings manches späteren Eingriffen und Störungen zum Opfer gefallen ist. Auch der Besitz
römischer Importgefäße (Abb. 141, 142) aus

*Abb. 142   Wyhl, »am Leiselheimer Kreuz«. Schale in spätantiker Tradition mit rotem Farb-
überzug, Dm. 30 cm*

Glas und Keramik bestätigt die Zugehörigkeit zur alamannischen Oberschicht dieser Zeit. Andere Fragen bleiben dagegen vorläufig (?) noch offen. Da der Bestattungsplatz erst unvollständig erfaßt ist, wissen wir nicht, wieviele Gräber insgesamt hier angelegt worden sind, damit auch nicht, wann dieser Platz gegründet und wann er wieder verlassen wurde.

An einem anderen wichtigen Rheinübergang, bei Herten gegenüber Kaiseraugst, bildet eine ähnliche frühe Gräbergruppe den Ausgangspunkt eines großen Reihengräberfeldes. Dies ist auch in Wyhl denkbar, ja durchaus wahrscheinlich und es wird interessieren, ob die »Gründerfamilie« trotz veränderter Voraussetzungen ihre örtliche Stellung halten konnte, welche Rolle ihr in späteren Generationen zufiel, und schließlich auch, ob sie überhaupt am Ort verblieb. Denn bald nach dem Jahr 400 n. Chr. verlassen wesentliche Teile der römischen Truppen ihre Standorte. In anderen Grenzabschnitten werden zahlreiche Kastelle zerstört. Wie lange man im südlichen Oberrheintal noch von einer intakten Grenze zwischen dem im

5. Jahrhundert langsam zerbrechenden römischen Reich und den Alamannen sprechen kann, wissen wir nicht. Für die Bewohner des grenznahen Raums, ob nun mit Rom verbündet oder nicht, entstand jedenfalls eine ganz neue Situation, auf die sie auch intensiv reagiert haben. Ihr Siedlungsraum erweiterte sich nach Westen. Allmählich entwickelten sich die Verhältnisse, die zur Konfrontation mit den Franken und schließlich zum Aufgeben des alamannischen Gebietes im fränkischen Reich führen sollten. In diese bewegte Zeit, das ausgehende 4. und beginnende 5. Jahrhundert, führen uns die Funde aus dem Gräberfeld von Wyhl. Vollständig ausgegraben wird dieser Fundplatz noch manche Information bereithalten zum nachbarlichen Verhältnis von Römern und Alamannen wie auch über die tiefgreifenden geschichtlichen Veränderungen nach dem Ende der linksrheinischen Römerherrschaft, denen sich eine so exponierte Siedlungsgemeinschaft mit Sicherheit nicht entziehen wollte und konnte.

Gerhard Fingerlin

Neue archäologische Untersuchungen in den Seewiesen bei Heidenheim-Schnaitheim, Kreis Heidenheim

Die Seewiesen bei Heidenheim-Schnaitheim sind seit den zwanziger Jahren dieses Jahrhunderts als archäologische Fundstelle bekannt. Bei der Entwässerung des im Hochwasserbereich östlich der Brenz gelegenen sumpfigen Geländes wurden 1925 hallstattzeitliche Grabhügel entdeckt. Sie gehörten zu einer Nekropole von der noch 26 Hügel obertägig sichtbar waren. Vier Hügel wurden damals ausgegraben, die restlichen wurden durch den Dampfpflug weitgehend eingeebnet und gerieten in Vergessenheit. So war es möglich, daß in den fünfziger Jahren beim Bau einer Kläranlage etwa die Hälfte der Hügel unbeobachtet zerstört wurde. Bei Planierungsarbeiten Ende 1973 sind erneut hallstattzeitliche Hügel angeschnitten worden. Diese Entdeckung löste eine intensive archäologische Untersuchung der Brenzniederung zwischen Heidenheim und Schnaitheim aus. So konnten auch am südlichen Ortsrand von Schnaitheim Grabhügel festgestellt werden. Von 1974 bis 1979 fanden umfangreiche Ausgrabungen statt, die wegen der Erschließung des Geländes als Industriegebiet und des Ausbaues der B 19 unumgänglich waren. Dabei konnten neben hallstattzeitlichen Gräbern auch Bestattungen der Bronze- und Merowingerzeit, Siedlungsfunde der Bronze- und Urnenfelderzeit sowie eine Wüstung des 7. bis 10. Jahrhunderts n. Chr. entdeckt werden (Abb. 143).

1982 wurden durch Straßenbaumaßnahmen und die Auffüllung weiterer Parzellen veranlaßt, neue archäologische Grabungen durchgeführt. Leider konnte das bedrohte Areal nur notdürftig in einer Rettungsgrabung untersucht werden, da das Landesdenkmalamt nicht rechtzeitig von den Baumaßnahmen unterrichtet wurde. Auf einem Teil des Geländes waren die Aushubarbeiten schon so weit fortgeschritten, daß eine Ausgrabung nicht mehr möglich war. Hier konnte allerdings aus dem Abraum noch Keramik der Urnenfelderzeit aufgelesen werden. Aus dem Profil eines Kanalisationsgrabens stammt eine Bronzesichel der gleichen Periode. Auf dem restlichen Areal, das nur frühgeschichtliche Funde erbrachte, war die archäologische Schicht noch in einer Mächtigkeit bis zu 10 cm erhalten, so daß eine Ausgrabung noch sinnvoll erschien.

Um Zeit zu sparen, wurde die Fläche mit einer Feinplaniermaschine abgezogen, die dann erkennbaren Verfärbungen wurden von Hand nachgeputzt. Im Bereich natürlicher Einschwemmungen, die sich zur Brenz hin häuften, waren die Befunde nur schwer zu erkennen. Teilweise sind die Pfosten nicht bis auf das Niveau der Grabungsfläche eingetieft gewesen, ihre Spuren daher schon abgeschoben oder der Abschwemmung zum Opfer gefallen. Dennoch konnten auf einer Fläche von ungefähr 9000 qm für die Klärung des Besiedlungsablaufes auf den Seewiesen wichtige Funde und vor allem Befunde freigelegt werden. Die Grabungsarbeiten dauerten vom 22. 6. bis 23. 7. 1982. Sie erfuhren großzügige technische Unterstützung durch das Tiefbauamt der Stadt Heidenheim, das dann auch seine Baumaßnahmen mit den Erfordernissen der Grabung koordinierte. Weitere Untersützung fand die Unternehmung auch durch Herrn H. Huber aus Giengen und durch die unter seiner Leitung stehende archäologische Arbeitsgemeinschaft des Werkgymnasiums Heidenheim, ohne deren Einsatz die Grabung nicht in der kurzen Zeit hätte anlaufen können.

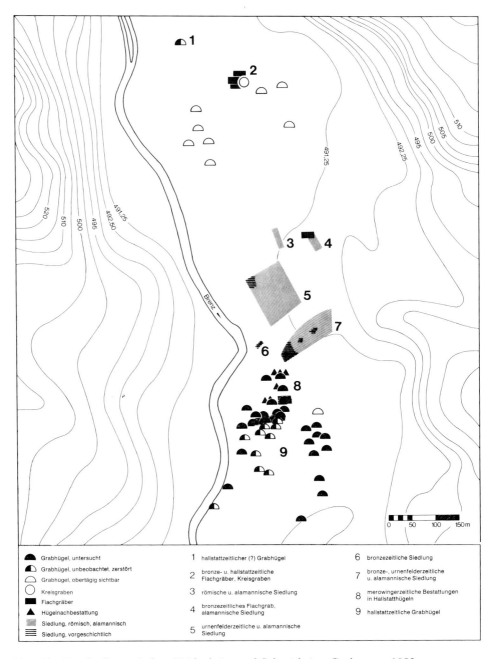

Abb. 143 Fundstellen zwischen Heidenheim und Schnaitheim. Grabungen 1982 bei Nr. 3 und 5

An der Nordgrenze der Grabungsfläche wurde die Ecke eines hölzernen Schwellenbaues freigelegt. Der größte Teil dieses, aufgrund der in seinem Bereich gefundenen Keramik wohl römischen Gebäudes, liegt in einem noch nicht untersuchten Bereich. Anhaltspunkte für eine genauere Datierung bieten Terra-sigillata-Scherben vom Beginn des 2. Jahrhunderts n. Chr. Weitere römische Keramik wurde vereinzelt auch auf dem übrigen Areal angetroffen. Zwei von Nordosten nach Südwesten verlaufende, jedoch fundfreie parallele Gräbchen könnten ebenfalls zu dieser Bebauungsperiode gehören, da sie ähnlich orientiert sind. Hier werden die im nächsten Jahr nötigen Grabungen in den Nachbarparzellen wohl Aufklärung bringen.

Weitaus zahlreicher als die römischen sind die alamannischen Siedlungsspuren. So konnten bis jetzt 19 Grubenhäuser und über 1000 Pfostenlöcher freigelegt werden. Die oben angesprochenen Erhaltungsbedingungen und eine mehrphasige Bebauung machen es bis auf wenige Ausnahmen nicht möglich, einzelne Pfostenlöcher sicher bestimmten Hausgrundrissen zuzuordnen. Sich abzeichnende Pfostenreihen lassen jedoch darauf schließen, daß die Längsachse der Gebäude annähernd nach Nordosten bzw. Südosten ausgerichtet war. Dies entspricht auch einem 1979 ergrabenen Befund. Sicher nachgewiesen sind zwei einschiffige Hallenbauten, die aber bisher nur zu einem Teil freigelegt wurden. Die Seitenwände dieser Häuser bestanden aus in einem Meter Abstand stehenden Doppelpfosten. Einen halben Meter davor war alle drei Meter ein einzelner Pfosten gesetzt. Ihre Funktion bei der Hauskonstruktion ist vorerst ungeklärt. Ebenso muß die Zweckbestimmung der Langbauten selbst noch offen bleiben, da das wenige Fundmaterial, ausschließlich Keramik, das in ihrem Bereich gefunden wurde, hierüber keine Aussage zuläßt. Besser sind die Ergebnisse bei den

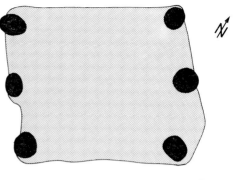

Abb. 144   Heidenheim. Grundriß eines Grubenhauses. Im 1. Planum sich abzeichnende Grundfläche gerastert. Pfostenstellungen erst im 2. Planum zu erkennen

Grubenhäusern. Sie waren in die ursprüngliche Oberfläche eingegraben und sind noch bis zu 30 cm Tiefe erhalten. Ihre Länge schwankt zwischen 3,5 und 4,5 m, die Breite zwischen 3 und 4 m. Sie weisen mit geringen Variationen ein einheitliches Konstruktionsprinzip auf. An den Schmalseiten waren jeweils drei zur Hausmitte geneigte Pfosten eingegraben, so daß man zeltförmige Dächer annehmen möchte (Abb. 144). Neben guten Befunden brachten sie auch reichhaltiges Fundmaterial, das auch Hinweise auf ihre Funktion als Arbeitsräume gibt: Webgewichte, Spinnwirtel, eine knöcherne Nähnadel, größere Mengen von Eisenschlacke, Tierknochen und Keramik (Abb. 145), aber nur wenige Metallfunde. Hier sind zwei ca. 60 cm lange eiserne Lanzenspitzen, ein Schlüssel und mehrere Bruchstücke von Messern zu erwähnen. Die große Menge von Eisenschlacke, die auch außerhalb der Grubenhäuser aufgefunden wurde, macht die Gewinnung von Roheisen in der Siedlung wahrscheinlich. Dafür spricht auch ein leider nur noch in geringen Resten erhaltener Schmelzofen. Entsprechend konstruierte, bes-

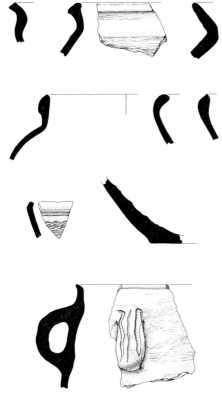

Abb. 145   Heidenheim. Keramik aus ala-
mannischen Grubenhäusern. Maßstab 1:3

Drehscheibe in charakteristischer Machart hergestellte Keramik kann ins ausgehende 7. und ins 8. Jahrhundert n. Chr. datiert werden. Wann diese Ansiedlung aufgegeben wurde, kann erst eine genaue Untersuchung des Fundmaterials klären.

Die Siedlung wurde auf einem flachen Kiesrücken angelegt, und war so vor dem Hochwasser der Brenz etwas besser geschützt als ihre Umgebung. Die bei der Ausgrabung festgestellten Erosionsspuren lassen darauf schließen, daß die alamannische Oberfläche etwa 20 bis 50 cm höher lag als heute. Die Siedlung ist in ihrer Fläche erst zu einem Teil erfaßt, doch ist aufgrund der bisherigen Grabungen eine Mindestausdehnung von 300 m in nordsüdlicher und von 180 m in ostwestlicher Richtung anzunehmen.

Zugehörige Gräber wurden im Südwesten als Nachbestattungen in den Hallstatthügeln gefunden. Bei den wenigen, aber gut ausgestatteten Gräbern kann es sich nur um einen Teil der zum Ort gehörigen Bestattungen handeln.

In den für 1983 geplanten Ausgrabungen wird in erster Linie die Ausdehnung der Siedlung und die Gründe für ihre Auflassung zu klären sein. Vielleicht stößt man aber auch auf weitere Bestattungen, die am Ortsrand vermutet werden dürfen.   *Hanns Dietrich*

Literaturhinweise
J. Biel, Archäologische Ausgrabungen, 1974, 13 ff. – 1975, 20 ff. – 1976, 14 ff. – 1977, 32 ff. – 1979, 39 ff. – Ders., Denkmalpflege in Baden-Württemberg, 6, 1977, 39 ff. – D. Planck, Archäologische Ausgrabungen, 1978, 86 ff.

ser erhaltene Anlagen konnten 1978 in Heidenheim-Großkuchen ergraben werden.

Die Zeitstellung der Schnaitheimer Siedlung ist anhand der zahlreich gefundenen »Donzdorfer Ware« gut bestimmbar. Diese auf der

Ein neues frühmittelalterliches Gräberfeld in Walheim, Kreis Ludwigsburg

Walheim liegt links des Neckars unterhalb der mit Weinbergen überdeckten Lettenkeuperhochfläche. Hier macht der Neckar einen großen nach Osten orientierten Bogen, in dem das mittelalterliche Dorf Walheim liegt. In den Muschelkalk schneidet sich im südlichen Teil der Gemarkung der Baumbach ein, der bei Walheim in den Neckar mündet. Unmittelbar unterhalb des Schalksteins bei der Einmündung des Baches entstand auf den Ruinen des römischen Kohortenkastells das mittelalterliche Dorf Walheim. Im mittelalterlichen Dorfgrundriß läßt sich das römische Kastell anhand der Straßen und Wege deutlich erkennen. Den senkrecht aufeinanderstehenden Hauptachsen des 134 x 156 m großen Kohortenkastells entspricht die Anlage der wichtigsten Dorfstraßen, der von Süden nach Norden verlaufenden Hauptstraße und der von dieser an der Stelle des ehemaligen Lagermittelpunktes ausgehenden nach Westen und Osten orientierten Bahnhof- bzw. Neckarstraße. Die heutige Kirche wurde in der Südostecke des Kastells auf den Resten des Kastelleckturmes errichtet. Damit ist Walheim die einzige Gemeinde in Baden-Württemberg, in der sich im mittelalterlichen Dorf- bzw. Stadtplan der römische Ursprung nachvollziehen läßt.

Vom mittelalterlichen Walheim wissen wir, daß der Ortsname schon erstmals im Jahre 1071/75 als Waleheim überliefert wird. Möglicherweise geht dieser Ortsname auf eine hier sitzengebliebene romanisierte einheimische Bevölkerung, sog. Welschen zurück. Schon im Jahre 1846 sind beim Eisenbahnbau sechs Gräber mit Waffen, Perlen und einem Goldring gefunden worden. Unter den heute noch im Württembergischen Landesmuseum aufbewahrten Funden ragt ein sehr reich ausgestattetes Frauengrab heraus (um 500 n. Chr.). Erhalten sind noch eine silbervergoldete Haarnadel, silbervergoldete S-Fibeln, Perlen, Bronzeknöpfe, Dreiknopffibeln mit halbrunder Kopfplatte sowie Keramikfragmente. Schließlich wurde im Jahre 1911 südlich des Bahnhofes beim Verlegen einer Wasserleitung in der Villastraße ein weiteres beigabenloses Grab aufgedeckt (Abb. 94). Dieses Gräberfeld, dessen Größe wir nur vermuten können, bildete bisher den einzigen Hinweis auf die alamannische Gründung des Ortes.

Anläßlich der Neutrassierung der Bundesstraße 27 wurden am 13. Mai 1982 im Gewann »Krummen« innerhalb der Parzellen 742, 743, 822 und 823 unmittelbar an der Einmündung der Neutrassierung der Bundesstraße 27 in die alte Trasse der Bundesstraße 27 beim Verlegen von einem Kabelgraben menschliche Knochen beobachtet. Eine unmittelbar darauf erfolgte kleine Notgrabung durch die Grabungsmannschaft, die zur gleichen Zeit weiter südöstlich mit der Untersuchung des römischen Kastelldorfes beschäftigt war, ergab mindestens fünf Grabgruben. Beim Abschieben der Straßentrasse wurden weitere Grabgruben ermittelt, die dann schließlich zu einer Untersuchung führten. In Absprache mit dem Straßenbauamt Besigheim und der ausführenden Baufirma Maier und Co. war es möglich, die Grabungsarbeiten umgehend einzuleiten. Vom 13. Mai 1982 bis zum 27. Mai 1982 und schließlich vom 14. Juni bis zum 18. Juni und vom 19. Juli bis zum 27. Juli konnte der vom Straßenbauvorhaben tangierte Bereich des bisher unbekannten merowingerzeitlichen Friedhofes untersucht werden. Der Friedhof

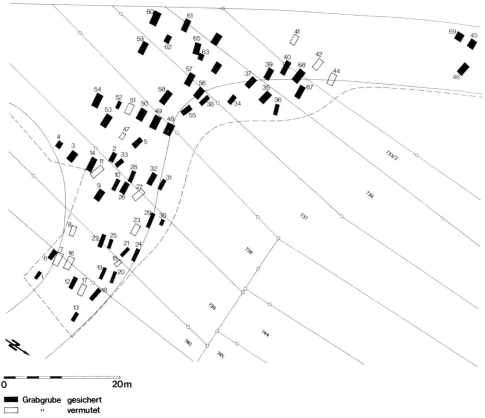

Abb. 146   Walheim. Gesamtplan des merowingerzeitlichen Friedhofes beim Bau der Bundes-straße 27

selbst liegt auf einem leicht nach Osten hin abfallenden Hang. Es besteht kein Zweifel, daß weitere Gräber im derzeit nicht zugänglichen Areal liegen. Da die Bauarbeiten zügig fortgesetzt werden mußten, war eine Grabung in mehreren Abschnitten notwendig geworden. Insgesamt konnten 69 Gräber aufgedeckt werden (Abb. 146). Von den insgesamt 69 Gräbern waren nur sieben ungestört, wobei zwei durch den Baggereinsatz gelitten hatten. Immerhin 18 Gräber hatten keine Beigaben mehr. Der Prozentsatz an ausgeplünderten Gräbern (Abb. 147) war auffallend hoch. In

den meisten nachweisbaren Fällen muß die Plünderung erst nach der Verwesung des Bestatteten durchgeführt worden sein, da die Knochen z. T. zusammengeworfen in einer Ecke oder in der Mitte der Grabgrube lagen. Vereinzelt befanden sich in den gestörten Gräbern aber noch Beigabenreste, die z. T. einen beachtlichen Reichtum widerspiegeln. Es sind vor allen Dingen reich ausgestattete Männer- und Frauengräber, wie etwa Grab 6, 35, 40, 44, 45, 54 und 69. Besonders zu erwähnen ist ein sehr reich ausgestattetes Frauengrab 35, das zweifellos ein Adelsgrab darstellt. Bei die-

168

ser Bestattung konnten noch 36 Beigaben geborgen werden, unter anderem ein reich verzierter Doppelkamm mit Futteral, mehrere
Goldblechreste, darunter eine Riemenzunge
mit Goldblechbelag sowie Teile eines reich
verzierten bronzebeschlagenen Kästchens. Es
handelt sich hier sehr wahrscheinlich um eine
adelige Bestattung aus der ersten Hälfte des
7. nachchristlichen Jahrhunderts. Zweizeilige
Kämme sind bisher nur in reich ausgestatteten
alamannisch-fränkischen Gräbern geborgen
worden. Betrachtet man sich den Gesamtplan
der bisher untersuchten Friedhofsareale (Abb.
146) fällt auf, daß die Hauptmasse der Gräber

Abb. 147   Walheim. Grab 12 während
der Ausgrabung im Sommer 1982

Abb. 148   Walheim. Merowingerzeitliche
Keramik aus dem Gräberfeld

konzentriert im Straßenbereich liegt. Im Nordwesten befindet sich eine Gruppe aus drei Gräbern (Grab 45, 46 und 69) die auffallenderweise ungestört sind. Es handelt sich hier um drei z. T. mit Sax und Spatha ausgestattete Männergräber in denen sich auch Tongefäße des 7. Jahrhunderts fanden (Abb. 148). Möglicherweise handelt es sich hier um eine Sondergruppe innerhalb des Friedhofes, die durch die randliche bzw. isolierte Lage von den Grabplünderern verschont geblieben ist. Auch in südlicher und südöstlicher Richtung dünnt der Friedhof aus. Es ist zu vermuten, daß sich das Gräberfeld vor allen Dingen in nördlicher Richtung im heutigen Ackergelände fortsetzt. Da die Restaurierung des Fundbestandes vorerst nicht durchgeführt werden kann, läßt sich über die genaue Chronologie des Gräberfeldes nichts Endgültiges aussagen. Insgesamt liegt hier sehr wahrscheinlich ein Friedhof aus der zweiten Hälfte des 6. und der ersten Hälfte des 7. Jahrhunderts n. Chr. vor.

Mit dem Nachweis eines zweiten merowingerzeitlichen Reihengräberfriedhofes wird die Frühgeschichte dieses wichtigen mittelalterlichen Dorfes um Wesentliches bereichert. Nach dem Fall des obergermanischen Limes, spätestens im Jahre 260 n. Chr. beginnt mit dem Beginn der Völkerwanderungszeit auch für Walheim eine bisher nur schlecht nachweisbare Epoche. Es ist auffallend, daß wir bisher im Münzbestand von Walheim keine spätantiken Münzen besitzen, wie wir sie von zahlreichen ähnlichen Siedlungen im mittleren Neckarland kennen. Für die Anwesenheit früher alamannischer Bewohner zeugen einige Einzelfunde, die vor allen Dingen bei den diesjährigen Grabungen aufgedeckt worden sind. Als Beispiel sei hier eine Armbrustfibel aus Bronze genannt, die in das 4. nachchristliche Jahrhundert gehört und zweifellos einen Hinweis auf frühalamannische Bewohner bildet. Die beiden merowingerzeitlichen Friedhöfe von Walheim, einmal der schon seit 1846 bekannte Friedhof beim Bahnhof südwestlich des mittelalterlichen Dorfkerns und nun der neue Friedhof etwa 0,5 km nördlich des mittelalterlichen Dorfkerns zeigen, daß das Dorf Walheim wohl aus zwei frühmittelalterlichen Hofstellen entstand. *Dieter Planck*

Literaturhinweise
W. Veeck, Die Alamannen in Württemberg (1931) 188. – D. Planck, Das römische Walheim. In: 900 Jahre Walheim (1972) 9 ff. – R. Christlein, Die Alamannen (1979) 172 Taf. 59.

Grabungen im frühmittelalterlichen Sasbach, Kreis Emmendingen

Das Winzer- und Fischerdorf Sasbach, in der Ebene zwischen Kaiserstuhl und Limberg an einer alten Rheinschlinge gelegen, hat in den letzten Jahren durch bedeutsame archäologische Entdeckungen von sich reden gemacht. Dies gilt für fast alle prähistorischen Perioden für die römische Zeit, ganz besonders aber für das frühe Mittelalter. Nicht weniger als vier merowingerzeitliche Gräberfelder sind heute auf der Gemarkung bekannt, von denen zwei schon früh im 5. bzw. 6. Jahrhundert einsetzen, eines in die »Ausbauzeit« des 7. Jahrhunderts gehört und eines noch nicht sicher beurteilt werden kann. Auf relativ engem Raum liegen damit vier Siedlungen, von denen eine, wie noch zu zeigen ist, zu den größten ihrer Zeit im südwestdeutschen Raum gehört. Diese und zwei andere wuchsen im Lauf der Geschichte zum mittelalterlichen Dorf Sasbach zusammen, während an die vierte Niederlassung, im Nordteil der Gemarkung gelegen, heute nicht einmal mehr ein Name erinnert. Das im 9. Jahrhundert erstmals als *fiscus* (Königsgut) in Urkunden erwähnte Sasbach verdankt seine Bedeutung der verkehrsgünstigen und auch strategisch interessanten Lage im Bereich zweier wichtiger Rheinübergänge. Es ist daher nicht erstaunlich, daß sich sehr früh schon starke fränkische Elemente in den »alamannischen« Grabfunden dieses Ortes bemerkbar machen. Ihm fiel offensichtlich bei der Besetzung und Sicherung des Landes durch die Franken eine Schlüsselrolle zu, lange bevor er in karolingischer Zeit zu einem Mittelpunkt der königlichen Verwaltung wurde. Gut ins Bild fügt sich eine Burg, in beherrschender Situation auf dem nahen Limberg, die noch in der Merowingerzeit angelegt worden ist, vermutlich im 7. nachchristlichen Jahrhundert. Fränkische Präsenz und Mittelpunktcharakter des Ortes unterstreicht auch die Pfarrkirche mit ihrem ebenfalls frühen Patrozinium des hl. Martin, des Schutzpatrons der Franken.

In absehbarer Zeit wird man die vorkarolingische Geschichte Sasbachs mit größerer Detailtreue nachzeichnen können, dann nämlich, wenn der große Friedhof am Ortsrand, im Gewann »Behans«, vollständig ergraben sein wird. Am Rand der Weinberge gelegen, teilweise von Reben überdeckt, wird er immer wieder durch kleinere Bereinigungsmaßnahmen aufgeschlossen, wobei meist 20 bis 30 Gräber untersucht werden können. Mehr als 500 Bestattungen sind bisher erfaßt worden, auch haben bauliche Eingriffe der Vor- und Nachkriegszeit schon kleinere Teilflächen zerstört. Insgesamt ist mit mehr als 2000 Gräbern zu rechnen, was gegenüber dem bisher größten Alamannenfriedhof des Breisgaus (Mengen)

mit etwa 1200 Bestattungen doch einen beträchtlichen Abstand ergibt. Sasbach gehört damit zu einer Größenordnung, die in Süddeutschland nur noch selten, häufiger in den zentralen Gegenden des fränkischen Reiches erreicht wurde. Die zugehörige Siedlung, von der im vergangenen Jahr ebenfalls kleine Teilbereiche aufgedeckt werden konnten, bestand demnach aus zahlreichen Höfen und beherbergte wenigstens 200 Bewohner, mit offenbar zunehmender Tendenz. Dies läßt sich jetzt schon dem Gräberfeldplan und dem Fundbestand entnehmen, die beide 1982 wieder eine beachtliche Ergänzung und Vermehrung erfuhren. Wie immer drückt sich die »zentrale

Abb. 149 Sasbach »Behans«. Fränkische Bügelfibel nordfranzösischer Herkunft aus einem Frauengrab, 6. Jh. n. Chr.

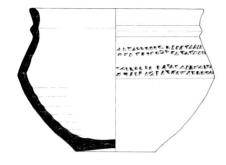

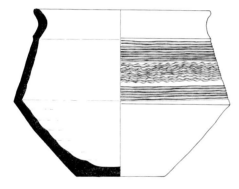

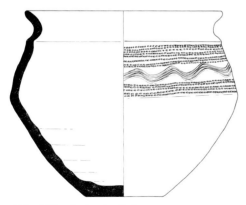

Abb. 150   Sasbach »Behans«.
Importkeramik vom nördlichen Oberrhein.
Maßstab 1:3.

Abb. 151   Sasbach »Behans«. S-förmige
Fibeln mit Vogelköpfen, Import aus dem
westungarischen Donaugebiet, 6. Jh. n. Chr.

Funktion« des Ortes in der Beigabenausstattung der Gräber aus. Anders als bei kleineren, rein ländlichen Siedlungen zeigt sich eine gewisse »Weltoffenheit« der Bewohner im Besitz von weither eingehandelten oder auch mitgebrachten Dingen. Neben den schon herausgestellten fränkischen Elementen, darunter Schmuckstücken aus Nordfrankreich (Abb. 149) oder Keramik aus der Gegend von Mainz (Abb. 150) finden sich auch Fibeln, die im östlichen Donauraum beheimatet sind (Abb. 151). Die hierzulande seltenen und kostbaren gläsernen Trinkgefäße bezog man aus Glashütten des fränkischen Rheinlands, Burgunds und des langobardischen Italiens (Abb. 152), von wo beispielsweise auch sorgfältig geschliffene Amethystperlen importiert worden sind.

Auch wenn die Bodendenkmalpflege keine systematische Forschungsarbeit betreiben kann – nicht einmal an so hervorragenden »historischen Stätten« – wird die Aufdeckung der Sasbacher Frühgeschichte in den nächsten Jahren kontinuierlich weitergehen. Bleiben Burg und Kirche vielleicht als Forschungsreservate noch längere Zeit erhalten, werden Gräberfelder und Siedlungsplätze in gleicher Weise durch Rebumlegung, landwirtschaftliche Nutzung und vor allem durch bauliche Veränderungen gefährdet. Einem lang andauernden und kostspieligen Engagement der Denkmalpflege steht aber gerade in Sasbach ein außerordentlicher Gewinn an exemplarischer geschichtli-

cher Erkenntnis gegenüber. Jetzt schon ist der Fundbestand aus Siedlungen und Bestattungsplätzen dieser Gemarkung in Menge und Qualität bedeutender, als von jeder anderen merowingerzeitlichen Fundstelle des Kaiserstuhls. *Gerhard Fingerlin*

Literaturhinweise
G. Fingerlin, Kastellorte und Römerstraßen im frühmittelalterlichen Siedlungsbild des Kaiserstuhls. In: Von der Spätantike zum frühen Mittelalter. Vorträge und Forschungen 25. Hrsg. vom Konstanzer Arbeitskreis für mittelalterliche Geschichte (1979), 379. – Ders., Vor- und Frühgeschichte um den Limberg und am nördlichen Kaiserstuhl. In: Naturschutzgebiet Limberg am Kaiserstuhl. Führer durch Natur- und Landschaftsschutzgebiete Baden-Württembergs 2, 1978, 55.

Abb. 152 Sasbach »Behans«. Aus einer Werkstatt Oberitaliens stammt dieses schlanke »Stengelglas«, 6. Jh. n. Chr. Höhe 12,6 cm

Merowingerzeitliche Grabhügel bei Überauchen, Gde. Brigachtal, Schwarzwald-Baar-Kreis

Etwa 3 km nordwestlich der Ortsmitte von Überauchen liegen im Eggwald nahe der Schichtstufengrenze vom Muschelkalk zum Buntsandstein zwei hallstattzeitliche Grabhügel, von denen der eine wegen starker Störungen durch Windbruch 1980 und 1981 ausgegraben werden mußte. Neben fünf Bestattungen der Hallstattzeit barg der Hügel auch zwei beigabenlose merowingerzeitliche Nachbestattungen. 70 m südwestlich dieses Hügels entdeckte H. Letulé Steinsetzungen aus ortsfremdem Gestein, die durch Militärfahrzeuge bereits teilweise freigelegt waren. Da weitere Manöverschäden zu befürchten waren, mußte der Befund durch eine Grabung gesichert wer-

den. Das Grabungsergebnis war überraschend und in Südwestdeutschland bisher ohne vergleichbare Befunde. In dem stark zerklüfteten Muschelkalk, der ab 0,30 m Tiefe ansteht, fanden sich zwei Kreise in die exakt gesetzte und sorgfältig bearbeitete Steinplatten eingesetzt waren. Die Kreise, im Durchmesser 5,40 m und 3,50 m messend, waren in ihrer jeweiligen östlichen Hälfte noch vollständig erhalten, während in der westlichen Hälfte sich nur noch ein in den Fels geschlagener Graben nachweisen ließ (Abb. 153, 154). Pflugspuren an den erhaltenen Steinplatten belegen eine ehemalige landwirtschaftliche Nutzung des jetzigen Waldgebietes; ihr dürften auch die fehlenden

N

0   1   2m

Abb. 153   Überauchen. Planzeichnung der Steinringe und Grabanlagen

174

Abb. 154 Überauchen. Der nördliche, größere Steinkreis

Teile der Plattenringe zum Opfer gefallen sein. Genau an der Ostseite des größeren Plattenringes standen in etwa 1 m Abstand zwei pfeilerartige Steine, die die übrigen Steine des Ringes um etwa 10 cm überragten. Zwischen diese war eine von außen verkeilte große Platte gesetzt, so daß der Eindruck eines verschlossenen ehemaligen Zuganges zu dem Inneren des Steinringes entsteht (Abb. 155). An dem kleineren Ring war der entsprechende Bereich so stark gestört, daß sich ein ähnlicher Befund nicht mehr nachweisen ließ. Alle noch in situ stehenden Steinplatten der beiden Kreise waren leicht nach außen geneigt. Dies läßt sich nur dadurch erklären, daß diese Steinsetzungen ursprünglich die Einfassungen kleiner Hügel darstellten. Der Druck der aufgeschütteten Hügelerde hat die ehemals von außen sichtbaren Steine dann in diese Schräglage gebracht. Im Inneren des größeren Steinkreises befand

sich in Ost-West-Richtung – und damit genau auf den verschlossenen Zugang weisend – eine 2,30 m lange, 0,85 m breite und noch 0,70 m tief in den anstehenden Fels geschlagene Steinkiste, deren Wände sorgfältig in Trokkenmauerwerk gesetzt waren und die mit großen Sandsteinplatten abgedeckt war. Südlich anschließend lagen noch innerhalb des Steinkreises zwei weitere Steinkisten ähnlicher Bautechnik. Bei einer handelt es sich um ein Kindergrab. In dem kleineren Steinkreis befand sich nur in der Mitte eine stark gestörte Steinkiste. Innerhalb der Grabungsgrenzen fanden sich außerhalb der Steinkreise weitere Steinkisten, alle in gleicher Art errichtet und ebenso in Ost-West-Richtung angelegt. Mit dieser Grabung sind die Grenzen des Gräberfeldes noch nicht erreicht, es ist jedoch nicht anzunehmen, daß der Friedhof sehr umfangreich gewesen ist.

175

Abb. 155 Überauchen. Steinring mit 2 pfeilerartigen Steinen, dazwischen eine Platte

Alle Gräber waren ausgeraubt und zum Teil durch mehrere Nachbestattungen gestört. An Beigaben fanden sich nur noch in der zentralen Bestattung des größeren Steinkreises eine Riemenzunge langobardischer Herkunft und als Streufund ein Ohrring aus Bronze. Diese wenigen Funde erlauben zumindest eine grobe Datierung der Grabanlagen in das späte 7. Jahrhundert n. Chr. und gestatten den Schluß, daß ein Teil der in diesem Friedhof Bestatteten einer sozial herausgehobenen Bevölkerungsschicht der damaligen Zeit angehörte. Für diese Ansicht spricht auch der Aufwand, mit dem die Grabanlagen hergerichtet worden sind.

Es ist sicher kein Zufall, daß dieser wohl kleine merowingerzeitliche Friedhof in unmittelbarer Nähe des zur damaligen Zeit ja noch deutlicher sichtbaren hallstattzeitlichen Gräberfeldes angelegt worden ist. Gerade aus dem späten 7. und dem beginnenden 8. Jahrhundert n. Chr. sind auch aus anderen Gebieten besonders aus dem alamannischen Raum in verstärktem Maße Nachbestattungen in vorgeschichtlichen Grabhügeln und auch die Neuanlage von Grabhügeln bekannt. Man hat hierin ein – allerdings nur kurzfristig sichtbares – Aufleben heidnischer Vorstellungen gesehen, das auch in Gegenständen mit symbolhaftem Charakter aus dieser Zeit deutlich wird. Wie dabei das Nebeneinander dieser Bevölkerungsgruppe mit Familien vergleichbarer sozialer Stellung zu sehen ist, die zur gleichen Zeit in oder bei Kirchen bestatten oder über deren Friedhof, wie im benachbarten Kirchdorf, später eine Kirche errichtet wird, muß vorerst noch ungeklärt bleiben.

Die in dieser Form bisher einzigartigen Grabanlagen im Eggwald bei Überauchen sollen an Ort und Stelle restauriert und sichtbar erhalten werden.   *Rolf Dehn*

Literaturhinweise
H. Ament, Merowingische Grabhügel, in: W. Schlesinger, Althessen in Frankreich (1975) 63 ff. – R. Moosbrugger, Die frühmittelalterliche Grabhügelnekropole Illnau. Helvetia Antiqua. Festschrift Emil Vogt (1966) 293 ff.

Ein Grab der Merowingerzeit bei Kalkweil, Stadt Rottenburg, Kreis Tübingen

Kalkweil liegt etwa 2 km westlich von Rottenburg, auf der Höhe über dem engen und tief in die Muschelkalkschichten eingeschnittenen Neckartal. Um die Mitte des 13. Jahrhunderts, 1245 bzw. 1251, wird der Ort »Calcwil« erstmals urkundlich genannt. Im 14. Jahrhundert lebten etwa 70 Personen in der kleinen, zur Herrschaft Hohenberg gehörenden Siedlung, deren Markungsfläche über 1000 Morgen betrug. Zu Beginn des 15. Jahrhunderts, wohl zwischen 1405 und 1410 ist die Siedlung abgegangen. Heute stehen in Kalkweil noch die um oder nach 1644 erbaute St.-Georgs-Kapelle, das 1522 errichtete Schafhaus und ein 1935 erstelltes Anwesen.

Siedlungsreste aus römischer Zeit im Bereich der Georgskapelle und der wenig südlich davon liegenden Quelle, die Mauern eines Badegebäudes, Ziegel, Scherben und Münzen, lassen darauf schließen, daß sich hier, am Südrand einer fruchtbaren Lößfläche gelegen, einmal ein römischer Gutshof (*villa rustica*) befunden hat, der zusammen mit weiteren Gehöften in der näheren Umgebung die Versorgung der römischen Stadt Sumelocenna zu sichern hatte. Noch heute weist der Name Kalkweil durch die Endung -weil = lateinisch villa auf eine römische Siedlung an diesem Platz hin.

Daß die mittelalterliche Siedlung Kalkweil ältere Wurzeln haben mußte, wurde durch einen 54,5 cm langen Sax (einschneidiges Hiebschwert) verdeutlicht, der 1973 etwa 250 m östlich der Kapelle, südlich der Landstraße nach Remmingsheim, im abgeschobenen Humus des Steinbruchbetriebes Baresel aufgefunden wurde. Zweifellos handelt es sich hierbei um eine Waffenbeigabe aus einem zerstör-

ten Grab. Im Abraum lagen auch vereinzelte Sandsteinbrocken, die zu einplanierten Steinkammergräbern gehört haben dürften. Ein weiterer Hinweis auf einen zu Kalkweil gehörenden merowingerzeitlichen Friedhof kam 1982 zutage. Bei Bodenkartierungen am Nordrand des Steinbruchgeländes durch das Geographische Institut der Universität Tübingen, wurde eine etwa 60 cm unter der Grasnarbe liegende Bestattung angeschnitten, die im August 1982 durch die Außenstelle Tübingen des Landesdenkmalamtes freigelegt wurde. Es handelt sich um das Grab eines jungen Mädchens im Alter von 10 bis maximal 15 Jahren. Der Schädelbereich der Bestattung war bereits abgegraben worden, zusammen mit einem Ohrring aus Bronzedraht mit Hakenverschluß und aufgeschobener Würfelkapsel aus Goldblech. Die Seiten der Kapsel sind mit glaseingelegten rauten- und röhrenförmigen Zellen verziert sowie mit S- und V-förmig angeordneten Goldfiligrandrähten. Die beiden Seitenteile, an denen der Bronzedraht durch die Würfelkapsel geführt wurde, sind kegelförmig ausgearbeitet (Abb. 156, 1). Es ist damit zu rechnen, daß ursprünglich ein weiterer Goldohrring vorhanden war. Bei der Freilegung der Bestattung zeigten sich weitere Beigaben: an der linken Hüfte lag eine einfache Gürtelschnalle aus Eisen mit eingezogenem Schnallenbügel, beim linken Oberschenkel fand sich ein Eisenmesser (Abb. 156). Spuren eines Holzsarges konnten nicht beobachtet werden.

Auf zwei der Beigaben soll kurz näher eingegangen werden. Eine Fremdform im alamannischen Raum ist der Ohrring mit der aufgeschobenen Würfelkapsel aus Goldblech. Ver-

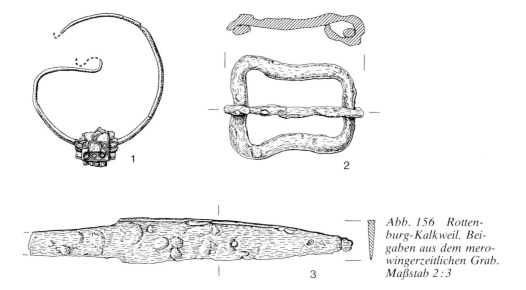

Abb. 156 Rotten-burg-Kalkweil. Bei-gaben aus dem mero-wingerzeitlichen Grab. Maßstab 2:3

gleichbar sind alamannische Ohrringe mit Polyederkapseln, die, wie der Kalkweiler Ring mit quadratischen, rhombischen oder röhrenförmigen Zellen mit Glaseinlagen und mit Filigrandraht verziert sein können. Sämtliche Polyederkapseln im alamannischen Raum sind jedoch im Gegensatz zu dem Goldohrring von Kalkweil aus Silberblech gearbeitet. U. von Freeden, die sich im Rahmen einer Dissertation mit den merowingerzeitlichen Ohrringen bei den Alamannen eingehend befaßt hat, legt dar, daß die Ohrringe mit Polyederkapseln – von fränkischen Formen beeinflußt – im alamannischen Gebiet gefertigt wurden. Seitliche Kegel an Polyederkapseln sind außerhalb Südwestdeutschlands nicht bekannt geworden. Zeitlich gehören diese Ohrringformen in das letzte Viertel des 7. Jahrhunderts. Bei dem Kalkweiler Ohrring, der sich nicht nur durch die Würfelform sondern auch durch das verwendete Goldblech von den Ohrringen mit Polyederkapseln unterscheidet, jedoch durch die Verzierungselemente und die seitlichen Kegel wiederum deutliche Beziehungen zu diesen

Ringformen verrät, wird es sich demnach um eine Sonderanfertigung handeln, die aus einer Werkstatt des alamannischen Raumes stammen dürfte. Inwieweit dem langobardischen Bereich eine vermittelnde Rolle bei der Ausprägung dieser Ohrringform zukommt – wie U. von Freeden ausführt gibt es Zusammenhänge zwischen der Wiederaufnahme der Ohrringmode bei den Alamannen im beginnenden 7. Jahrhundert und Beziehungen zwischen Alamannien und dem langobardischen Italien – müßte einer gesonderten Untersuchung vorbehalten bleiben. Ebenso wie der Ohrring ist auch die eiserne Gürtelschnalle mit seitlich eingezogenem Bügel als Fremdform im alamannischen Raum anzusprechen. Eine Verbreitungskarte dieser Schnallen im Raum nördlich der Alpen wurde von R. Christlein zusammengestellt. Das Exemplar von Kalkweil wäre als der am weitesten westlich gelegene Punkt nachzutragen.

Christlein erklärt das Verbreitungsbild dahingehend, »daß es sich um eine nur von den Bajuwaren adaptierte Schmuckform handelt«.

Dies würde bedeuten, daß der Fund von Kalkweil als Export angesprochen werden müßte, da eine Erklärung als Heiratsgut ausscheidet. Da jedoch auch im langobardischen Raum vergleichbare Schnallen bekannt sind, worauf Christlein hinweist, muß wie auch bei dem Goldohrring in Erwägung gezogen werden, ob es nicht Kontakte nach Süden waren, die zum Auftauchen dieser Schnallenform im alamannischen Raum geführt haben. Man ist versucht dieser Interpretation Vorrang einzuräumen, zumal die Verbreitung östlicher Schmuckformen, wie Christlein ausführt, von wenigen Ausnahmen abgesehen nach Westen hin nur bis zum Lech reicht. Die beiden Fundstücke von Kalkweil könnten demnach, wie diejenigen aus einem Grab von Bieringen, Stadt Rottenburg, Zeugnisse für Kontakte sein, die in der zweiten Hälfte des 7. Jahrhunderts zwischen dem Neckarraum um Rottenburg und dem langobardischen Italien bestanden haben. Der Steinbruchbetrieb wird in den nächsten Jahren eingestellt werden. Vor der Rekultivierung des Geländes wird eine archäologische Untersuchung des Geländestreifens zwischen der Landstraße und dem heutigen Nordrand des Steinbruchs erfolgen müssen, um weitere Gräber des Friedhofes vor der Zerstörung zu bewahren und so neue Quellen zur frühmittelalterlichen Geschichte des Dorfes Kalkweil zu erschließen.

Hartmann Reim

Literaturhinweise
Der Landkreis Tübingen. Amtliche Kreisbeschreibung. Band 3 1974, 324 ff. – F. Manz, Zur Geschichte des mittelalterlichen Dorfes Kalkweil. In: Sülchgauer Altertumsverein. Jahresgabe 1960, 26 ff.; 1961, 44 ff. – R. Christlein, Zwei bemerkenswerte Grabfunde des frühen Mittelalters von Rennertshofen. In: Neuburger Kollektaneenblatt 123, 1970, 39 ff. – Ders., Eine langobardische Gürtelgarnitur von Bieringen, Kreis Horb. In: Der Sülchgau 15, 1971, 55 ff. – U. von Freeden, Untersuchungen zu merowingerzeitlichen Ohrringen bei den Alamannen. In: 60. Ber. RGK 1979, 227 ff.

Alamannische Steinplattengräber und gemauerte Grüfte in Stuttgart-Feuerbach

Am Südwestrand des Feuerbacher Talkessels liegt ein ausgedehnter alamannischer Friedhof, von dem bisher etwa 138 Gräber bekannt geworden sind. Seit 1860 wurden hier immer wieder Gräber aufgedeckt, wobei größere Grabungen 1911/12 und 1927/28 durch R. Kallee, R. Blind und W. Veeck durchgeführt wurden. Der Friedhof wird von der heutigen Stuttgarter Straße (früher Rosenstraße bzw. W.-Murr-Straße) durchschnitten und ist auch heute noch nicht vollständig untersucht. Im Mai 1982 wurde das Gebäude Stuttgarter Straße 115 zum Bau eines Mehrfamilienhauses abgerissen. Hierbei sollte eine kleinere Fläche, die noch ungestört war, überbaut werden. Sie mußte im Mai durch eine kurze Notgrabung, bei der immerhin noch zwölf Gräber aufgedeckt werden konnten, untersucht werden. Diese Gräber schließen im Südosten an den bisherigen Gräberplan an. Schon im bekannten Teil des Friedhofes fiel die große Zahl an Steineinbauten auf – 46 Gräber aus großen Stubensandsteinplatten, immerhin vier aus Trockenmauerwerk aufgesetzte Kammern. Diese steingeschützten Gräber treten vor allem am Südrand des Gräberfeldes auf, wo auch die neu untersuchte Fläche lag. Offensichtlich handelt es sich hier um den jüngsten Teil des Friedhofs. Von den zwölf im Jahre 1982 untersuchten Gräbern waren alle mit einem Steineinbau versehen – sieben Plattengräber, die übrigen sind Grüfte von denen eine mit Mörtel aufgesetzt, eine andere mit Kalk verputzt war. Die senkrechten Wände der Plattengräber sind aus außerordentlich großen und zum Teil auch sehr dünn gespaltenen Schilfsandsteinplatten gesetzt. Eine Kammer war aus vier solcher Platten gebaut, die an der Längsseite dann eine Länge von 2 m hatten. Verschiedentlich ist auch der Kammerboden mit Platten ausgelegt. Alle Gräber waren beraubt, so daß die Deckplatten meist im Brustbereich gestört oder zerschlagen waren. Das schönste dieser Platten-

Abb. 157 Stuttgart-Feuerbach. Alamannisches Steinplattengrab

gräber wurde zu Ausstellungszwecken geborgen (Abb. 157). Die fünf gemauerten Gruften waren zum Teil aus Bruchsteinen, in einem Fall auch aus gesägten Tuffsteinen aufgesetzt. Eines dieser Gräber war, wie schon erwähnt, mit Kalkmörtel aufgemauert, ein anderes zeigte deutliche Reste eines Kalkinnenverputzes. Leider ergab gerade dieses überhaupt keine Funde mehr, handelt es sich bei diesen Grabanlagen doch in der Regel um besonders hervorgehobene Tote. Auch die gemauerten Gräber sind zum Teil mit Platten ausgelegt.

Die Skelette der Bestatteten sind recht gut erhalten; durch die Beraubung sind jedoch viele Knochen aus ihrem Zusammenhang gerissen oder fehlen ganz. So sind auch die Funde nur bruchstückhaft erhalten. Die Beraubung erfolgte sehr gründlich, denn offensichtlich waren die Kammern zum Zeitpunkt der Plünderung noch nicht mit Erde verschwemmt und deshalb gut zugänglich. Die in solch aufwendigen Grabanlagen zu erwartenden reichen Funde sind deshalb ausnahmslos verloren gegangen. Zu erwähnen sind Reste von Bronze- und Eisenschmuck, Perlen, ein verzierter Bein- sowie ein Metallkamm. Keramik fehlt vollständig. Die Gräber gehören in das späte 7. Jahrhundert n. Chr.

Unsere kleine Notgrabung stellt somit eine Abrundung des bisher nur teilweise publizierten Friedhofs von Feuerbach dar.   *Jörg Biel*

Literaurhinweise
O. Paret, Die frühschwäbischen Gräberfelder von Groß-Stuttgart und ihre Zeit (1937) 31 ff. – R. Christlein, Merowingerzeitliche Grabfunde unter der Pfarrkirche St. Dionysius zu Dettingen, Kreis Tübingen, und verwandte Denkmale in Süddeutschland. Fundber. aus Baden-Württemberg 1, 1974, 573 ff. bes. 582 ff. mit Abb. 6 (zu gemauerten Grabkammern).

Spätmerowingerzeitliche Gräber aus Bad Krozingen, Kreis Breisgau-Hochschwarzwald

Auf der heutigen Gemarkung von Krozingen, mit dessen römischer Vergangenheit sich ein anderer Beitrag in diesem Jahresbericht befaßt (vgl. S. 110), liegen zahlreiche merowingerzeitliche Bestattungsplätze, die nur teilweise ausgegraben und auch noch nicht zusammenfassend bearbeitet und veröffentlicht worden sind. Die Zahl der Fundstellen zeigt aber jetzt schon deutlich, daß dieser Ort und seine nähere Umgebung für die alamannischen Siedler von einigem Interesse war und daß man hier die Geschichte des Siedlungsablaufs, vor allem in seinen jüngeren Phasen (Landausbau) an einem exemplarischen Ausschnitt recht gut wird studieren können.

Für diese vergleichsweise dichte Lage frühgeschichtlicher Wohnplätze sind allerdings nicht nur die guten Böden und das günstige Klima ausschlaggebend. Auch die hier durchziehende römische Fernstraße, die wichtige Nord-Süd-Verbindung auf dem rechten Oberrheinufer, hat sicher zur Ausbildung dieser Situation beigetragen – auch wenn Handel und Verkehr in nachrömischer Zeit zunächst einmal stark zurückgegangen sind.

Trotzdem spielten die Haupttrassen des römischen Verkehrsnetzes weiter eine wichtige Rolle, vor allem nach der Einbeziehung der alamannischen Lande in das Frankenreich (nach 496 bzw. im Südteil 536 n. Chr.). Krozingen gehörte zwar kaum zu den Stützpunkten fränkischer Herrschaft, da wir an diesem Ort weder das recht kennzeichnende Martinspatrozinium (Pfarrkirche St. Alban) noch jüngeres (karolingisches) Königsgut finden. Es kann aber kein Zufall sein, daß eine kleine, 1982 im Gewann »Großer Hofacker« entdeckte Gruppe von zehn Steinkistengräbern (Abb. 158) so nahe an der alten Römerstraße liegt, daß wir annehmen müssen, an eben dieser Straße sei in der jüngeren Merowingerzeit (2. Hälfte des 7. Jh. n. Chr.) ein einzelner Hof errichtet worden (vgl. Abb. 87). Diese Gründung kann nicht nur zum Zweck landwirtschaftlicher Nutzung erfolgt sein, destoweniger, als sich in den Resten der Grabausstattungen trotz aller Störungen und Verluste doch Hinweise auf eine sozial gehobene Stellung der Hofbewohner erhalten haben. Darunter befinden sich beispielsweise ein silberner Ohrring seltener Form (Abb. 159) oder ein Paar ebenfalls recht ungewöhnlicher Anhänger aus Bronzeblech mit eingepreßter Kreuzdarstellung (Abb. 160). Das sorgfältig gemauerte Steinkistengrab 1 zählt zu den in Süddeutsch-

Abb. 158 Bad Krozingen »Großer Hofacker«. Steinkistengrab 1 mit mörtelverputztem Innenraum

181

Abb. 159 Bad Krozingen »Großer Hofacker«, Grab 1. Bommelohrring aus Silber,
doppelte natürliche Größe

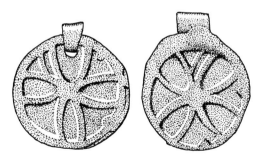

Abb. 160 Bad Krozingen »Großer Hofacker«, Grab 8. Anhänger aus Bronzeblech
mit einbeschriebenen Kreuzen. Doppelte
natürliche Größe

land selten angetroffenen Grabanlagen mit
mörtelverputztem Innenraum (vgl. Abb. 158).
Auch die Einrichtung eines separaten »Fami-
lienfriedhofs« weist auf die besondere gesell-
schaftliche und wohl auch rechtliche Situation
des Hofgründers und seiner Angehörigen. Von
besser erforschten Plätzen kennt man solche
»Herrenhöfe«, zu denen manchmal auch kleine, aus Holz oder Stein errichtete Kirchen
(»Eigenkirchen«) gehören. Dies erscheint
auch in Krozingen denkbar, ja wahrscheinlich,
doch ist der eigentliche Hofplatz bislang noch
nicht entdeckt worden.

Jedenfalls bieten die Gräber im »Großen Hofacker« einen weiteren Beleg für die offenbar in
der ausgehenden Merowingerzeit häufigere
Einzelhofgründung durch eine alamannisch-
fränkische Oberschicht, deren Angehörige
vielleicht nicht generell als Adlige oder auch
nur als »Ortsadlige« bezeichnet werden dürfen, die aber in jedem Fall zumindest lokale
Aufgaben der Verwaltung, des militärischen
Schutzes oder der Rechtssprechung wahrge-
nommen haben. Zusammen mit anderen entsprechend plazierten Höfen, darunter auch urkundlich bezeugten »Königshöfen« macht es
der Krozinger Befund möglich, auch in der Sicherung von Handel, Verkehr und Nachrich-
tenwesen auf den alten Römerstraßen eine
wichtige »öffentliche« Aufgabe der Merowingerzeit zu erkennen.   *Gerhard Fingerlin*

Literaturhinweis
F. Garscha, Die Alamannen in Südbaden. Katalog
der Grabfunde (1970) 182.

Ein frühmittelalterlicher Bestattungsplatz in Inneringen, Gde. Hettingen, Kreis Sigmaringen

Das Dorf Inneringen liegt in etwa 800 m Höhe auf der welligen Hochfläche der mittleren Flächenalb, der »Zwiefalter Alb«, 8 km südöstlich von Gammertingen.

An vorgeschichtlichen Funden von der Markungsfläche sind Beigaben aus derzeit nicht lokalisierbaren Grabhügeln der Hallstattkultur zu erwähnen, darunter eine Schlangenfibel und ein Gürtelblech aus Bronze, ein Dolch mit Eisenklinge und Scheide aus Bronzeblech mit gegossenem Ortband, vier Lanzenspitzen aus Eisen, ein Goldohrring und mehrere Gefäßbruchstücke, die mit eingestempelten Dreiecken und konzentrischen Kreisen verziert sind. Aus einer Nachbestattung stammt eine gegossene frühlatènezeitliche Vogelkopffibel. Römische Scherben und Ziegel kamen 1861 zum Vorschein. Die genaue Fundstelle ist nicht bekannt, doch können die Flurnamen »Mauerhau« und »Kalkofen«, nördlich beziehungsweise nordöstlich des Ortes auf römische Siedlungsreste hinweisen. Nach K. Th. Zingeler soll eine von Süden aus dem Raum Mengen herführende römische Straße, durch Inneringen in Richtung Großengstingen gezogen sein. Archäologische Nachweise für die Existenz dieser Straße fehlen bislang.

Zwei Friedhöfe der Merowingerzeit befinden sich nach Zingeler auf der Markungsfläche von Inneringen. 1848 sollen in einem Garten Funde gemacht worden sein, »die auf Reihengräber schließen lassen«, doch kennen wir weder die genaue Fundstelle noch sind Funde aus diesem Bestattungsplatz überliefert. Ein weiterer Friedhof liegt nach Zingeler nördlich von Inneringen, an der Straße nach Feldhausen (wo bei der Anlage eines Bierkellers »Waffen, Skelette und Scherben von Thongefässen« ge-

funden worden seien, »die aus Reihengräbern herrühren«. Auch über diesen Fundplatz gibt es keine näheren Angaben, die Funde sind verschollen.

Im Jahr 1982 wurde in der Ortsmitte, wenig südöstlich der Pfarrkirche St. Martin, das alte Rathaus abgebrochen, um dem Neubau einer Bank Platz zu machen. Bei Kanalisationsarbeiten wurde ein beigabenführendes Grab angeschnitten, bei den Ausschachtungsarbeiten selbst waren bis auf eine Bestattung, die sich als dunkle Verfärbung in der westlichen Baugrubenwand zu erkennen gab, keine weiteren Gräber beobachtet worden. Die Funde wur-

Abb. 161 Hettingen-Inneringen. Blick von Südosten auf die Grabungsstelle. Im Hintergrund die Pfarrkirche St. Martin

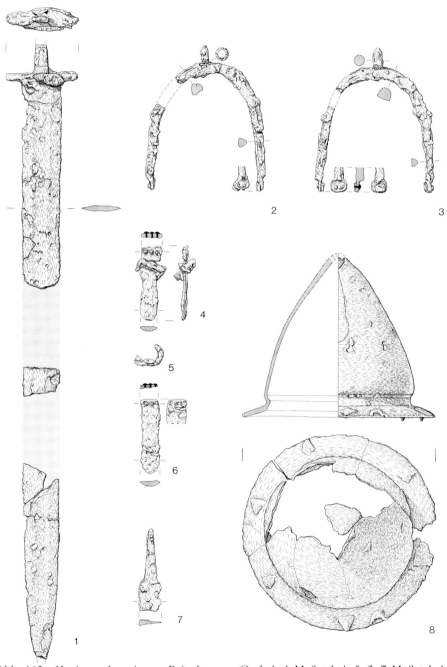

Abb. 162   Hettingen-Inneringen. Beigaben aus Grab 1. 1 Maßstab 1:5, 2–7 Maßstab 1:3

den dem Landesdenkmalamt zur Kenntnis gebracht, und so konnte Ende August, Anfang September im Bereich südlich der Baugrube eine archäologische Untersuchung stattfinden, die zur Aufdeckung weiterer Gräber eines frühmittelalterlichen Friedhofes führte (Abb. 161). Insgesamt handelt es sich um zehn Ost-West orientierte Gräber, die, bis auf das bei der Kanalisation angeschnittene Grab, beigabenlos waren. Die Toten waren mit am Körper angelegten Armen und Blick nach Osten bestattet worden. Spuren von Holzsärgen wurden nicht angetroffen. Zur Ausstattung des männlichen Toten aus Grab 1 gehörte ein Langschwert (Spatha), Schild, zwei Nietsporen mit zugehöriger Schnallengarnitur sowie ein kleines Messer. Sämtliche Beigaben sind aus Eisen, unklar bleibt ob das Ensemble vollständig ist (Abb. 162). Die Spatha ist in mehrere Teile zerbrochen, die Knaufplatte fehlt, so daß eine Zuweisung zu einem bestimmten Schwerttyp nicht erfolgen kann. Der zuckerhutförmige Schildbuckel ist dem Typ Göggingen nach F. Stein zuzurechnen. Vergleichbare Formen sind von Dettingen a. E., Haldenegg (Münsingen-Hundersingen), Laichingen, Pfullingen und Truchtelfingen (Albstadt-Tailfingen) bekannt geworden. Die Nietsporen besitzen einen Dorn mit einer Manschette aus geperltem Bronzedraht. Die beiden Riemenzungen mit drei kleinen Perlrandnieten aus Bronze und die stark fragmentierten Schnallen gehören zur Sporengarnitur (Abb. 162). Die Fundgegenstände ermöglichen eine Zuweisung des Grabes in die Zeit um 700 n. Chr. Wenig südlich von diesem Grab und ebenfalls durch den Kanalisationsgraben gestört und deshalb nicht vollständig erhalten, fand sich

eine Pferdebestattung, die zweifellos dem beigabenführenden Grab zugeordnet werden muß. Die Interpretation des Gesamtbefundes wird dadurch erschwert, daß wir derzeit nicht wissen ob die zehn Gräber zu einem kleinen Bestattungsplatz bei einer einzelner Hofstelle gehören – derartige Befunde sind im ausgehenden 7. Jahrhundert durchaus geläufig – oder ob sie Teil eines größeren Friedhofes sind. Durch die Waffenbeigaben und die Bestattung eines Pferdes in unmittelbarer Nähe, wird ein Grab sichtbar aus der Gruppe der restlichen Bestattungen herausgehoben. Ob es ein wohlhabender, einflußreicher Bauer war, der mit Familie und Gesinde in einem kleinen Friedhof bei seinem Hof bestattet wurde oder um eine in der sozialen Hierarchie der ausklingenden Merowingerzeit höherstehende Persönlichkeit, muß beim derzeitigen Kenntnisstand offenbleiben. Festzuhalten ist jedoch, daß durch die archäologische Untersuchung, die zur Aufdeckung eines kleinen spätmerowingerzeitlichen Friedhofes führte, der Nachweis erbracht werden konnte, daß die Geschichte der Ortschaft Inneringen bis in die Zeit um 700 n. Chr. zurückreicht.

Hartmann Reim

Literaturhinweise
Die Kunstdenkmäler in Hohenzollern. 2. Band, Kreis Sigmaringen (1948) 172 ff. – L. Lindenschmit, Die vaterländischen Alterthümer der Fürstlich Hohenzoller'schen Sammlungen zu Sigmaringen (1860) 212 ff. Tafeln 18; 23; 31. – K. Th. Zingeler, Die vor- und frühgeschichtliche Forschung in Hohenzollern. In: Mitteilungen d. Ver. f. Gesch. u. Altertumskunde in Hohenzollern 27, 1893/94, 1 ff. – R. Christlein, Die Alamannen (1978) 50 ff., 63 ff. – F. Stein, Adelsgräber des achten Jahrhunderts in Deutschland. Germanische Denkmäler der Völkerwanderungszeit, Serie A, Band 9 (1967) 9 ff., 128 ff.

Archäologische Ausgrabung in Breisach a. Rh., Kreis Breisgau-Hochschwarzwald

Der über dem Rhein gelegene Breisacher Münsterberg ist nach den bisherigen Funden seit dem späten Neolithikum besiedelt. Zu Beginn der Späthallstatt-/Frühlatènezeit wurde der ursprünglich aus zwei Kuppen bestehende Berg zu einem durchgehenden Plateau eingeebnet. Für die keltische Zeit ist hier ein Oppidum als gesichert anzunehmen. 369 n. Chr. wird der Ort als Ausstellungsort einer Urkunde Kaiser Valentinians namentlich faßbar. Ein spätrömisches Kastell ist auf dem südlichen Teil des Plateaus in weiten Bereichen archäologisch erschlossen.

Außer einer Erwähnung von »Brezecha« des Geographen von Ravenna besitzen wir keine Zeugnisse, weder schriftlicher noch materieller Art, bis in das 10. Jahrhundert. Allein das Stephanspatrozinium des im Kastellbereich stehenden Münsters scheint in merowingisch-frühkarolingische Zeit zu weisen. Die schriftlichen Quellen setzen dann wieder 939 ein, als der Ort von König Otto I. belagert wurde. Wenige Jahre später prägte der schwäbische Herzog hier Münzen, was für die Bedeutung des Ortes spricht. Zwischen 1000 und 1140 gelangten die Basler Bischöfe in den Besitz des Ortes. Von ihnen erhielt Heinrich VI. 1185 die Hälfte des Berges. Für dieses Jahr ist auch die Stadtgründung überliefert. Durch Verpfändung kam die Stadt später an die Zähringer. Vom Ende des 13. Jahrhunderts bis an den Anfang des 14. Jahrhunderts war Breisach freie Reichsstadt, wurde dann aber an Österreich und später an Burgund verpfändet, bis sie schließlich an Vorderösterreich gelangte. Während des Dreißigjährigen Krieges nahmen sie sächsisch-weimarische Truppen ein, und sie wurde später französische Festungsstadt. Im Frieden von Ryswick sprach man sie wieder Österreich zu, wo sie mit kurzen Unterbrechungen bis zur Gründung des Großherzogtums Baden verblieb. 1793 zerstörten französische Revolutionstruppen die Breisacher Oberstadt fast vollständig. Bis in die vierziger Jahre des letzten Jahrhunderts standen die Ruinen. Dann wurden in den Ruinenarealen Gärten angelegt, und in Teilbereichen begann ein langsamer Wiederaufbau, der jedoch 1944/45 einen Rückschlag erlitt. 1959 wurde der gesamte Münsterberg nach dem damaligen Badischen Denkmalschutzgesetz unter Denkmalschutz gestellt. Nach den Grabungen in den späten dreißiger Jahren durch R. Nierhaus, die sich auf die Erforschung des römischen Kastells konzentrierten, ermöglichten die Ausgrabungen, die in den letzten Jahrzehnten meist im Zusammenhang mit Neubauvorhaben durchgeführt wurden, weitere wichtige Erkenntnisse über das spätrömische Kastell und die vorgeschichtlichen Situationen. In geringem Maße wurde hierbei auch die Zeit des Mittelalters beobachtet. Dies ist hauptsächlich geschehen bei der Grabung im Areal des heutigen Hotels am Münster, an der Südwestkante des Berges. Diese Grabung wurde von 1973 bis 1976 im Auftrag des Landesdenkmalamtes Baden-Württemberg, Abteilung Bodendenkmalpflege, durch die Bayrische Akademie der Wissenschaften von H. Bender durchgeführt.

Seit dem Spätsommer 1980 untersucht das Landesdenkmalamt Baden-Württemberg, Referat Archäologie des Mittelalters, im Rahmen des Schwerpunktprogramms für Denkmalpflege einen weiteren Teilbereich des Breisacher Münsterberges (Abb. 163).

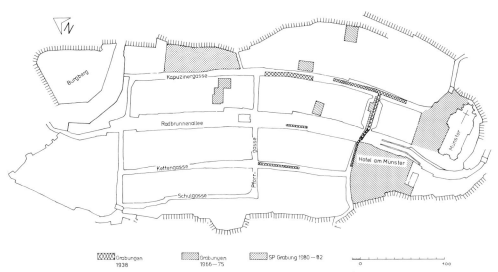

Abb. 163   Breisach. Schematischer Stadtplan des Münsterberges mit Einzeichnung der Grabungsbereiche von 1938 bis 1982

Ein ca. 240 Ar umfassendes Gelände in der Kapuzinergasse, am Ostrand des Berges, das seit dem letzten Jahrhundert als Rebgarten genutzt wurde, steht zur Bebauung an. Die Grabung außerhalb des spätrömischen Kastellbereiches soll in erster Linie der Erforschung der mittelalterlichen Situationen dienen. Die Beobachtung der vorgeschichtlichen und römischen Befunde ist jedoch miteingeschlossen. Die bisherigen Grabungsbefunde der Kampagnen 1980 bis 1982 lassen sich in sechs Abschnitte gliedern:

1. Im gesamten Grabungsareal konnte eine Anzahl latènezeitlicher Gruben beobachtet werden. Es konnten jedoch keine Kulturhorizonte beobachtet werden, da das Gelände in späteren Zeiten mehrmals planiert wurde.

2. Am Ostrand des Plateaus wurde auf eine Länge von bisher 54 m ein frührömischer Kastellgraben erfaßt. Der in Nord-Süd-Richtung verlaufende Graben besitzt eine Breite von ca.

1,70 m bei einer maximalen Tiefe von 0,70 m. Da aber bisher die dem Graben zugehörige Geländeoberfläche noch nicht festgestellt werden konnte, sind diese Angaben lediglich als Mindestwerte zu sehen. Über einer schwachen, humosen Verschmutzungsschicht ist der Graben mit römischem Abbruchschutt verfüllt. Dies spricht dafür, daß nach dem Auflassen des römischen Kastells hier eine Zivilsiedlung entstand, die jedoch beim Bau des spätrömischen Kastells auf der Südhälfte des Berges zerstört worden ist. Mit dem Abbruchschutt wurde dann der alte Graben aufgefüllt, um somit eine freie Fläche vor den Kastellmauern zu erhalten. Zu dieser Zivilsiedlung gehörte ein, bisher erst in einem Teilbereich ergrabener Erdkeller eines Hauses westlich, also innerhalb des Grabens. Dieser Keller ist ebenso wie der Graben innerhalb kurzer Zeit verfüllt worden.

3. In der südlichen Hälfte des Grabungsgebie-

Abb. 164   Breisach. Teil des spätmittelalterlichen Rathauses im Süden des Grabungsgeländes

Abb. 165   Breisach. Depot mit 450 steinernen Kanonenkugeln aus vermutlich spätgotischer Zeit

tes konnten die Gruben von drei frühmittelalterlichen Grubenhäusern freigelegt werden. Damit sind erstmals eindeutige Siedlungsbefunde aus der Zeit zwischen Spätantike und Stadtgründungszeit sicher belegt.

4. Ein Bauhorizont mit zwei nahezu runden Mörtelmischplätzen kann anhand der Keramik in das beginnende 13. Jahrhundert datiert werden. Unmittelbar auf diesem Horizont stehen mehrere Mauerzüge. Bisher läßt sich jedoch erst ein kompletter Hausgrundriß erkennen. Wichtig für die Stadtgeschichte Breisachs ist hierbei, daß sich diese Fundamente schon auf den heutigen Verlauf der Straße beziehen.

5. An der südlichen Begrenzung des Grabungsareales wurde ein Teil der Fundamente eines spätmittelalterlichen Gebäudes gefunden. Eine historische Zeichnung, die leider nicht datiert ist, zeigt den Grundriß des Gebäudes als Rechteck mit zwei an der Westseite vorgelagerten Treppentürmen. Auf dieser Zeichnung, wie auf der Stadtansicht von Matthäus Merian aus dem Jahre 1644, die das Gebäude zeigt, ist es als Rathaus bezeichnet. Dieses Rathaus (Abb. 164) ist bisher von der Breisach-Forschung nicht beachtet worden. Ein Stadtplan aus dem Jahre 1729 weist das Areal des Rathauses als Garten aus, d. h. zu diesem Zeitpunkt war das Gebäude bereits zerstört. Nördlich des Rathauses stieß man auf ein Depot von 450 steinernen Kanonenkugeln verschiedener Kaliber (Abb. 165). Da bereits im Verlauf des 15./16. Jahrhunderts allgemein die steinernen Kugeln durch Metallkugeln er-

setzt wurden und Breisach zu dieser Zeit eine erstrangige Festungsstadt war, die sicherlich verteidigungstechnisch auf dem neuesten Stand war, stammen diese Geschosse vielleicht noch aus dem späten Mittelalter.

6. Aus der letzten Bauphase vor der Zerstörung der Stadt 1793 stammen drei zum Teil überwölbte Keller in der nördlichen Hälfte des zu untersuchenden Geländes. Einer dieser Keller besaß sogar zwei Geschosse. In dem Zerstörungsschutt der Häuser gefundene Scherben Meißner Porzellans zeigen den Lebensstandard der ehemaligen Bewohner.

Zusammenfassend ist festzustellen, daß die Grabung bisher wichtige Erkenntnisse für das frührömische, früh- und hochmittelalterliche Breisach erbrachte. Weiterhin konnte hier exemplarisch die Genauigkeit historischer Ansichten und Pläne überprüft werden, was von großem Nutzen für die weitere Planung von archäologischen Untersuchungen in anderen Neubaubereichen sein wird.

Michael Schmaedecke

Literaturhinweise
R. Nierhaus, Grabungen in dem spätrömischen Kastell auf dem Münsterberg von Breisach (Kr. Freiburg i. Br.) 1938, Germania 24 (1940) 37 ff. – G. Haselier,; Geschichte der Stadt Breisach am Rhein, 2 Bde., Breisach (1969 u. 1971). – G. Fingerlin, Ausgrabungen im spätrömischen Kastell Breisach, in: Nachrichtenblatt der Denkmalpflege in Baden-Württemberg (1972) H. 1, 7 ff. – H. Bender, Neue Untersuchungen auf dem Münsterberg in Breisach, Archäologisches Korrespondenzblatt 6 (1976) 213 ff. und 309 ff. – B. Schwineköper, Eine neue Geschichte Breisachs, in: Schauinsland 94/95 (1976/77) 363 ff.

St. Michael auf dem Heiligenberg, Stadt Heidelberg

Seit 1980 führt das Institut für Ur- und Frühgeschichte der Heidelberger Universität im Auftrag des Landesdenkmalamtes Baden-Württemberg in enger Verbindung mit der Stadt Heidelberg archäologische Untersuchungen auf dem Gipfel des Heiligenberges durch. Anlaß dessen war die hier von der Stadt Heidelberg mit Landeshilfe betriebene Wiederherstellung der sog. Michaelsbasilika, d. h. der Ruine des größeren und bedeutenderen der beiden Benediktinerklöster dieses Berges; beide Unternehmungen laufen in der Weise Hand in Hand, daß auch außerhalb der eigentlichen Grabungskampagnen fast jede Woche Neues bringt.

Der Heiligenberg (ursprünglich: Aberinsberg), steil über der vordersten Enge des Nekkartales gegenüber Heidelberg aufsteigend, ist mit seinen ausgedehnten Ringwällen und vielen anderen Altertümern seit mehreren hundert Jahren ein Ziel forschenden Interesses, und trotzdem ist er bis heute geheimnisvoll geblieben. Die Untersuchungsergebnisse von 1980/81 seien in einigen Stichworten referiert.

1. Der Hauptgipfel verdankt seine heutige Form umfangreichen und wiederholten Planierungen bzw. Aufschüttungen, hatte von Natur aus eine schroffere, weniger regelmäßige Gestalt. Auffallend war das Vorkommen losgeschlagener Krusten von Eisenerz schon in den untersten Siedlungsschichten.

2. Schichten- und Grubenreste auf dem Westhang, nicht weniger aber das massenhaft in den späteren Aufschüttschichten angesammelte Material wiesen auf eine intensive Besiedlung auch des Gipfels (nicht nur des vorgelagerten Plateaus) in mehreren Perioden der spätesten Bronze- und der (keltischen) Eisenzeit, zwischen ca. 1000 und ca. 275 v. Chr. hin. Danach folgt offenbar eine längere Besiedelungspause.

3. Nicht nur Kleinfunde, sondern auch Bautrümmer verschiedener Art ließen kaum noch daran zweifeln, daß anstelle von St. Michael, wo man schon früher zahlreiche (im Bauverband wiederverwendete) Inschriften und Bildwerke gefunden hatte, beachtliche römerzeitliche Bauten bestanden hatten – eine Meinung, die vor uns bereits B. Heukemes verfochten hatte.

4. Ein Gräberfeld, das mit abweichender Orientierung sich unter den westlichen Partien der Klosteranlage erstreckt, ist teilweise sogar älter als deren Vorgängerbau. Es handelt sich um Bestattungen einer zivilen (nicht einer geistlichen oder militärischen) Bevölkerungsgruppe, deren eigentlicher Wohnort – etwa ebenfalls auf dem Berg? – unbekannt ist. Einige Fundstücke führen in diesem Zusammenhang in das 6./7. Jahrhundert n. Chr. zurück.

5. Die stehende Kirche des 11. Jahrhunderts hat einen Vorgänger, den man wohl mit der für ca. 870 überlieferten Kirche des Lorscher Abts Thiotroch gleichsetzen kann, wenngleich von ihm weniger erhalten ist als bislang angenommen.

6. Die vorhandene großartige Klosteranlage, die im wesentlichen auf den Lorscher Abt Reginbald (1018–1033) zurückgeht, hat eine sehr komplizierte, von planmäßigen und unplanmäßigen Veränderungen gekennzeichnete Baugeschichte.

Anders als in Senken oder auch noch an Hängen (wie 1980/81 hier am Westhang), wo mit

Abb. 166 Heidelberg. St. Michael auf dem Heiligenberg. Übersichtsplan des Grabungsgeländes

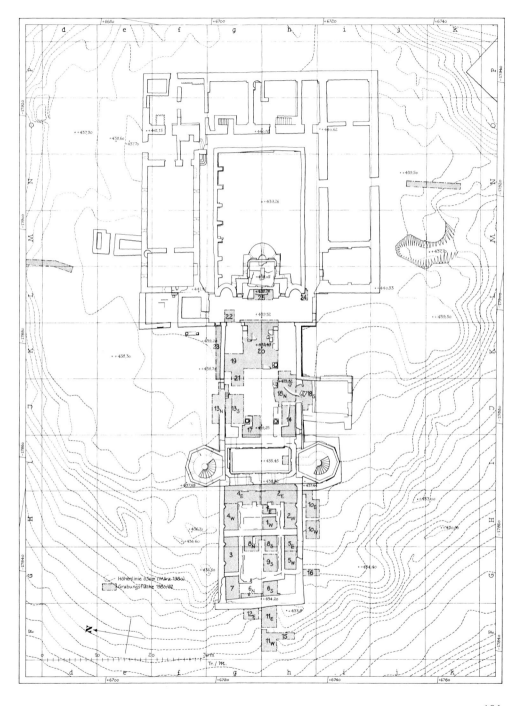

der Tendenz zu beständiger Aufschüttung und folglich mit einer Konservierung der meisten Schichten und Böden, ja auch Mauern zu rechnen ist, herrscht in Gipfellage eine gegenläufige Tendenz zur Abtragung, welche der Erhaltung der Bestände nicht förderlich ist. Dies bestätigte sich hier im Bereich der Kirche. Dazu kommen die Lücken, die von unseren bekannten, und mehr noch solche, welche von unbekannten Vor-Ausgräbern im Untergrund gerissen wurden. Der Befund ist also nur fragmentarisch und bedarf geduldiger, wiederholter Kombinationsarbeit. Wir verzichten in unserem Zwischenbericht, um nicht voreilig scheinbar feste Vorstellungen zu vermitteln, auf die Vorlage von Bauphasenplänen, so verlockend dies wäre. Denn trotz der ungünstigen Situation ergab sich gerade 1982 manches Überraschende (Abb. 166).

So ließen sich die Reste eines unmittelbaren Vorgängers der Kirche des frühen 11. Jahrhunderts weiter verfolgen, der anscheinend mit ähnlichem Grundriß – also auch schon mit einem mächtigen breiten Westbau –, womöglich aber noch etwas größer geplant war, vor Fertigstellung aber wieder abgebrochen wurde. Der uns erhaltene Kirchenbau entstand, von älteren Ostteilen ausgehend und mit wiederholten Änderungen, in mehreren Etappen von Osten wie von Westen her. Große Teile, vor allem der Vierungsbereich (mitsamt dem einstigen Vierungsturm) entstammen jedoch erst einem wenig sorgfältigen Neuaufbau vermutlich des frühen 13. Jahrhunderts. Weitere Veränderungen (die möglicherweise eine Neuaufstellung der Langhaus-Säulenreihen miteinschlossen) geschahen ungefähr im 14. Jahrhundert. Hierbei wurde in den östlichen Mittelschiffsjochen ein großflächiger Altarplatz geschaffen und damit das Langhaus vielleicht als Laienkirche eingerichtet; das Grab des heiligen Friedrich von Hirsau zog ja im Mittelalter viele Wallfahrer an.

Die Außenmauern des genannten wiederabgebrochenen Neubaus umschließen eine achsengleiche, kräftig gebaute ältere Kirche. Sie ist, obwohl also etwas schmäler, d. h. ungefähr 12,50 m breit, vermutlich ebenfalls dreischiffig gewesen, was allerdings nicht leicht nachzuweisen ist, da die romanischen Mittelschiffsfundamente mit ihren gut 1,70 m Stärke zu viel verdrängten. Das Langhaus dieser Kirche hat seine Ostflucht unter der romanischen Vierung und ist rd. 19 m lang, das mutmaßliche Mittelschiff wird genau in der Hälfte von einer Schrankenmauer quergeteilt. Östlich derselben erstreckt sich ein qualitätvoller, terrazzoartiger Estrich mit eingelegtem Ziegelbruch (welcher im romanischen Neubau beibehalten und noch erweitert zu sein scheint) (Abb. 167), in der westlichen Hälfte aber ist in Kirchenachse ein gemauertes quadratisches Reliquiengrab angelegt. Stufen führten vom Langhaus in die Ostteile, welche bis auf einen geringen Estrichrest der Ostkrypta des 11. Jahrhunderts zum Opfer gefallen sind. Westwärts müssen der Kirche ein Platz und in der Mitte eine Treppe vorgelagert gewesen sein, wobei die Treppe möglicherweise von seitlichen quadratischen Räumen flankiert war. Was wir nun nicht erwartet hatten, war, unter diesem Kirchenbau Bestandteile eines noch älteren, und zwar wahrscheinlich wieder etwas größeren Baues anzutreffen. Dessen Achse ist gegen die des folgenden etwas versetzt, die Breite beträgt ungefähr 14 m, die Länge mindestens 24 m, wobei die Ostwand mit der Ostwand von Bau II ihrerseits gleichfluchtet und das westliche, etwas abgesenkte Langhausdrittel durch eine schwächere Querwand abgeteilt ist. Dreischiffigkeit ist anzunehmen, nördlich deutet sich ein (zeitgleicher) Annex an. Im größeren Abschnitt des mutmaßlichen Mittelschiffs ist ein rohes Steinplattenpflaster verlegt. Eine Besonderheit ist eine kleine gewölbte Gruft im Fundament der Westwand, in der die Gebeine

Abb. 167   Heidelberg. St. Michael auf dem Heiligenberg. Grabung im Kirchenlanghaus, von Osten

Abb. 168   Heidelberg. St. Michael auf dem Heiligenberg. Römischer Rundbau unter dem nördlichen Seitenschiff, geschnitten von Kirchenbau II (links) bzw. Kirchenbau III B (rechts)

Abb. 169   Heidelberg. St. Michael auf dem Heiligenberg. Münze Marc Aurels, gefunden im Bereich des Rundbaus

aus gut acht bis neun (wohl bei Bauarbeit zerstörten) Bestattungen deponiert sind. In dem gepflasterten Bereich ist ein älteres Kindergrab geöffnet, geleert und mit Sorgfalt wieder verschlossen worden. Nach einem Brand wird die innere Westwand unterdrückt und ein allgemeiner Lehmestrich verlegt. Die äußere Westwand scheint sodann für den mutmaßlichen Westvorbau von Kirche II genutzt worden zu sein.

Können wir in dem soliden Kirchenbau II den Bau Thiotrochs sehen, so daß der in manchem rätselhafte (aber wohl auch kirchliche?) Bau I entsprechend früher anzusetzen wäre? Vor Durcharbeitung des jeweiligen Fundmaterials wagen wir uns hierin noch nicht festzulegen. Daß das frühmittelalterliche Gräberfeld noch vor Bau I zurückgeht, dürfte jedenfalls deutlich sein. Wir stießen auf zahlreiche weitere Bestattungen, häufig in Steinplattengräbern, oft in mehreren Horizonten übereinander.

Kaum eine ist ungestört, das am Ort erhobene Fundgut schon deshalb spärlich.

Fast auf gleichem Niveau mit solchen Gräbern entdeckten wir unterm Nordschiff der romanischen Kirche die Reste eines kleinen Rundbaues von unverkennbar antiker Bauweise (Abb. 168). Seine Abmessungen sind mit rd. 3,90 m Außendurchmesser und 0,60 m Wandstärke zwar bescheiden, nicht jedoch seine Ausstattung mit farbig bemaltem Wandputz innen, einem mit roten Scheinfugen gegliederten ziegelstoßhaltigen Außenputz, einer Ziegel-Dachdeckung guter römischer Machart. In einer störenden Grube (welche ihrerseits älter als die benachbarten Gräber unter Bau I ist) fand sich eine frische Münze Marc Aurels von 175 n. Chr. (Abb. 169). Ein weiterer, freilich nur geringer Gebäuderest dürfte ebenfalls antik sein, zumal er unter der Westwand des Baues I liegt. Aus seinem Bereich bargen wir eine größere Partie bemalten Wandputzes, die zur Zeit konserviert wird. Viel loses Baumaterial, z. T. beim frühmittelalterlichen Gräberbau wiederverwendet, gab erneut Auskunft über eine gewisse Anzahl antiker Gebäude, von denen zumindest eines beheizbar, also wohl profaner Funktion gewesen war. Das kaiserzeitliche Bergheiligtum mit »provinziellen« Kulten, auf das die bekannten Inschriften indirekt hinwiesen, glauben wir somit nachweisen zu können; man darf sich vielleicht eine Ansammlung von kleineren Sakralbauten verschiedener Formen sowie Priester- und Gästehäusern vorstellen, wie sie z. B. – mit größerem Umfang – im Altbachtal bei Trier oder zu Kempten bestanden. Das Kleinfundgut ist, abgesehen von einer stark abgegriffenen Nero-Münze unbestimmten Schicksals, zu datieren ab 1./2. Jahrhundert bis ca. 250 n. Chr.

Die vorhergehende mehrhundertjährige Besiedlungslücke wurde durch einen Befund sinnfällig. Obwohl wir in den Hangaufschüttungen überreichlich Material der frühen Latènezeit gefunden hatten, trafen wir oben, nämlich unter der Kirche, keine entsprechenden Originalschichten an: Der antike Rundbau ist unmittelbar in einer Schicht der Urnenfelderzeit bzw. einer Grube der nachfolgenden Hallstattzeit gegründet, man hatte also im Darüberliegenden eingreifend planiert, um Neues anlegen zu können – nicht in einer intakten Siedlung, welche Rücksicht erfordert hatte, sondern in einer Wüstung (Abb. 170). Was veranlaßte dazu, den Berg aufs Neue zur Geltung zu bringen? Daß er seit Urzeiten begangen ist, erwies als diesmal ältester, zugleich weitgereister Fund eine kleine Klinge der älte-

Abb. 170 Heidelberg. St. Michael auf dem Heiligenberg. Applik aus dünnem Kupferblech (frühgeschichtlich?)

ren Jungsteinzeit aus einem spezifischen Material des unteren Altmühltales. Das häufig zu findende abgesplitterte Eisenerz wurde oben erwähnt. Wir sahen nun, daß dies (technisch verwertbare) Material auf dem Gipfel selbst in Felsklüften ansteht. Eine der Fragen, denen hier archäologisch weiter nachzugehen lohnte, wäre, ob die keltischen Bewohner des Berges hiervon Nutzen hatten. *Peter Marzolff*

Literaturhinweise
W. Schleuning, Die Michaelsbasilika auf dem Heiligenberg bei Heidelberg (1887). – P. H. Stemmermann, Bad. Fundberichte 16, 1940, 42 ff.: – C. Koch, ebenda 84 ff. – W. v. Moers-Messmer, Der Heiligenberg bei Heidelberg (1964). – Vl. Milojčić, Führer zu vor- und frühgeschichtlichen Denkmälern 3 (1965), 175 ff. P. Marzolff, Archäolog. Korrespondenzbl. 12, 1982, 409 ff. – Ders., Denkmalpflege in Baden-Württemberg 11, 1982, 129 ff.

Archäologische Untersuchung in der Michaelskapelle in Gammertingen, Kreis Sigmaringen

Die Michaelskapelle steht auf einer leichten Anhöhe unmittelbar an der Lauchert im Nordosten der im späten 13. Jahrhundert neben einem älteren Dorf angelegten Altstadt von Gammertingen. Der heutige Bau, eine schlichte Saalkirche mit eingestelltem Chorbogen, wurde einer kürzlich freigelegten Inschrift zufolge 1598 neu erbaut. Erste, keineswegs gesicherte Hinweise auf die Existenz einer Michaelskapelle gibt eine Schlichtungsurkunde aus dem Jahr 1299.

Die Ausgrabungen, die vom April bis Anfang November 1981 und ergänzend im September 1982 durchgeführt wurden, waren wegen eines im Gesamtrenovierungskonzept vorgesehenen Heizungseinbaues erforderlich geworden.

Durch die Untersuchung konnte eine überraschend intensive Siedlungstätigkeit nachgewiesen werden. Die ältesten Siedlungsspuren reichen in prähistorische Zeit zurück. Einige Pfostengruben und mehrere, durch Überschwemmungshorizonte getrennte Siedlungsschichten belegen eine Bebauung der flachen Erhebung in der Urnenfelderzeit. In den folgenden Jahrhunderten erfolgte offenbar keine Besiedlung im Bereich der Michaelskapelle,

auch wenn der Fund eines frühlatènezeitlichen Gürtelhakens auf die Präsenz einer Bevölkerung zu dieser Epoche hinweist.

Erst im frühen Hochmittelalter erfolgte eine intensivere Bebauung, nun ausschließlich in Bruchstein (Abb. 171). Der ältesten Steinbauphase ist ein massives, 1,2 m breites Fundament etwa im Verlauf der Mittelachse zuzuordnen. Daran stoßen rechtwinklig schmälere Mauerzüge im Schiff und im Chor. Die nur in geringem Umfang erhaltenen Fundamentreste erlauben weder eine exakte Interpretation, noch eine Grundrißansprache. Zwei dieser Bauphase zuzurechnende Bestattungen deuten auf einen Sakralbau, der möglicherweise an eine starke Umfassungsmauer angebaut worden war.

In der ersten Hälfte des 11. Jahrhunderts werden diese Bauten aufgegeben und durch einen verhältnismäßig umfangreichen Kapellenbau mit äußerst ungewöhnlichem Grundriß ersetzt. Ein dem heutigen Bau gegenüber um Wandstärke schmäleres Schiff mit gering eingezogenem Rechteckchor öffnet sich mit drei unterschiedlich breiten Arkaden in ein südliches Seitenschiff (Abb. 172), das im Osten ohne

196

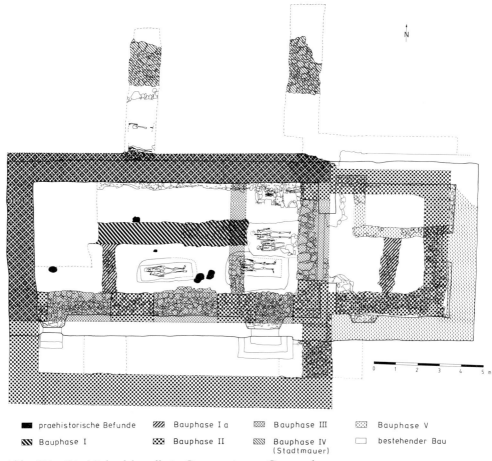

Abb. 171 Die Michaelskapelle in Gammertingen. Gesamtplan

Chor flach schloß. Im Norden fehlte ein Seitenschiff, so daß die Kapelle einen einhüftigen Grundriß aufweist. Ergänzende Fundamentuntersuchungen ergaben, daß dieser Grundriß der ursprünglichen Baukonzeption entsprach und nicht durch einen nachträglichen Anbau des Seitenschiffes entstanden ist. So ungewöhnlich dieser Grundriß auch ist, es lassen sich Parallelen in Goslar und in Gelnhausen finden.

Der Grundriß der Kapelle und ihre Lage weit außerhalb der hochmittelalterlichen Siedlung von Gammertingen weisen darauf hin, daß die Kapelle als Eigenkirche eines Hochadelsgeschlechtes entstand. Den Pfalzkapellen vergleichbar wurde eine räumliche Trennung der sozial unterschiedlichen Gruppen angestrebt. Da eine Eigenkirche nur auf herrschaftlichem Grundbesitz entstehen konnte, ergibt sich für die Mauerbefunde der ersten Steinbauphase eine Interpretation als Teilbereich eines Herrenhofes.

Abb. 172 Gammertingen. Michaelskapelle. Das Fundament der Südwand der Bauphase II mit Ansatz der östlichen Arkade

Die zweischiffige Kapelle bestand indessen nicht lange. Schon im ausgehenden 11. oder frühen 12. Jahrhundert wird sie durch Brand zerstört. Zwar erfolgte unmittelbar danach ein Neubau, der aber wesentlich bescheidener ausfiel. Die Arkaden wurden geschlossen, das Seitenschiff und der Rechteckchor abgebrochen. In diesem Umfang bestand die Michaelskapelle bis ins ausgehende 16. Jahrhundert und wurde in die mittelalterliche Stadtanlage einbezogen. *Erhard Schmidt*

Literaturhinweise
Die Kunstdenkmäler des Kreises Sigmaringen (1948), 115 ff. – M. Hermann, Zur Kunst- u. Baugeschichte der St.-Michaels-Kapelle und der Pfarrkirche in Gammertingen. In: Zeitschrift für Hohenzollersche Geschichte 9, 1973, 143 ff. – L. Klappauf, Zu den Notgrabungen 1981 im Bereich des ehemaligen Brüdernklosters zu Goslar. In: Harz-Zeitschrift 33, 1981, 129 ff.

Die sogenannte Große Basilika in Langenburg-Unterregenbach, Kreis Schwäbisch Hall

Nach einer Probegrabung im Jahre 1979 wurden zwischen 1980 und 1982 im Rahmen des Schwerpunktprogramms der Denkmalpflege systematische Ausgrabungen im Bereich der sog. Großen Basilika in Unterregenbach durchgeführt. Der westlich des Pfarrhauses gelegene Pfarrgarten konnte in den vergangenen Jahren untersucht werden. Über die dabei gewonnenen Ergebnisse zur Grundrißgestaltung und Baugeschichte der Basilika, deren Krypta unter dem 1880/81 neu errichteten Pfarrhaus bis heute erhalten geblieben ist, soll im folgenden ein Überblick gegeben werden. Für die kommenden Jahre sind ergänzende Untersuchungen und Grabungen vorgesehen, die sich insbesondere auf den Bereich zwischen dem Ostteil der Basilika und der heutigen Pfarrkirche St. Veit konzentrieren sollen, die an der Stelle einer mittelalterlichen Saalkirche und einer Basilika des 11. Jahrhunderts errichtet wurde.

Die frühesten archäologischen Aufschlüsse zur Basilika gehen in das Jahr 1908 zurück. Der damalige Ortspfarrer Heinrich Mürdel nahm eine Neugestaltung des Pfarrgartens und die Anlage eines Brunnens zum Anlaß für gezielte Nachgrabungen, bei denen Mauerteile der Basilika freigelegt wurden. Diese Befunde sind durch Beschreibung, Fotografien und einen Gesamtplan gut dokumentiert und führten zur Rekonstruktion eines Grundrisses durch das damalige Hochbauamt Ellwangen. Sowohl der

198

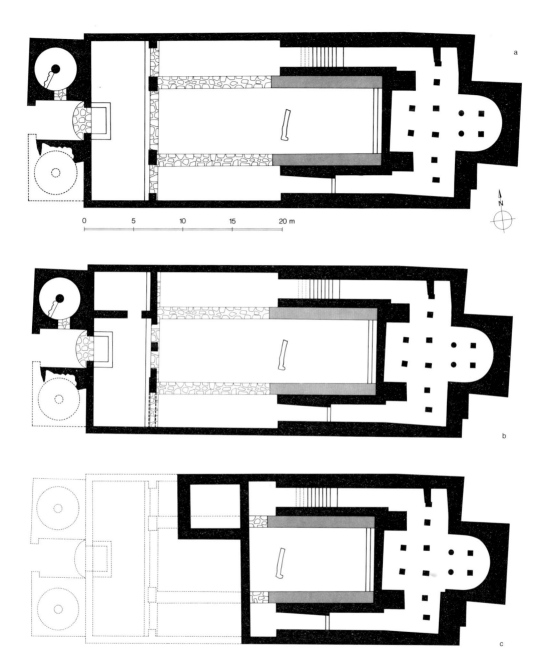

*Abb. 173 Unterregenbach. Bauliche Entwicklung der Großen Basilika. a) Zustand I und II,
b) Zustand III, c) Zustand IV*

199

hypothetische Grundrißplan als auch die von E. Gradmann vorgenommene Datierung in karolingische Zeit blieben umstritten, so daß eine Klärung dieser Fragen nur durch neue systematische Ausgrabungen möglich erschien.

Bei den archäologischen Untersuchungen 1979 bis 1982 konnten für den Zeitraum vom 10. bis zum 13. Jahrhundert vier Bauzustände ermittelt werden.

Zustand I: Der Primärbau ist eine dreischiffige Basilika mit einer östlichen, die gesamte Kirchenbreite einnehmenden Krypta und einem westlichen Querschiff (Abb. 173 a). Der Fußboden konnte besonders im Mittelschiff flächig erfaßt werden. Seine Höhendifferenz zur Oberseite der Kryptengewölbe beträgt ca.

Abb. 174 Unterregenbach. Große Basilika. Stufen des nördlichen Abgangs zur Krypta

0,70 bis 0,75 m, so daß der Chorbereich um drei Stufen höher gelegen haben muß als das Kirchenschiff. Im Bereich des Mittelschiffs, etwa acht Meter westlich des Chors, ließ sich im Fußboden der Abdruck einer vermutlich hölzernen Chorschranke nachweisen. Unmittelbar westlich dieser Schranke zeigte sich im erhaltenen Mauerwerk der Arkadensubstruktionen Steinlagen über Fußbodenniveau, die darauf hindeuten, daß im östlichen Bereich die Arkaden auf einer brüstungsartigen Mauer gestanden haben dürften. Diese Differenzierung zwischen dem östlichen und dem westlichen Teil des basilikalen Langhauses nimmt offenbar Bezug auf die in diesem Bereich in den Seitenschiffen ansetzenden Abgänge zur östlichen Krypta. Hier führen Rampen bis zu einer – nur im nördlichen Seitenschiff nachweisbaren – Treppe mit neun Stufen (Abb. 174). Daran schließt sich nach Osten hin eine zweite Rampe an, die auf den Fußboden der Krypta führt. Die Abgänge werden beidseitig durch Wangenmauern begrenzt, deren Oberseiten westlich in den Fußboden der Seitenschiffe einbinden.

Beim südlichen Kryptenabgang wurde bereits 1908 und 1972 ein Vorsprung in der Fluchtung der nordseitigen Wangenmauer festgestellt, der zusammen mit einer Schwelle darauf hindeutet, daß der Zugang zur Krypta mit einer Türe verschlossen werden konnte (Abb. 173 a). Östlich davon war noch der Ansatz eines Gewölbes sichtbar, so daß man sich die Zugänge von hier an überwölbt vorstellen muß.

Die Grenze zwischen dem dreischiffigen Langhaus und dem um eine Stufe erhöhten Querschiff ist durch ein nordsüd-verlaufendes Fundament markiert, auf dem sich die Reste von zwei attischen Pfeilerbasen erhalten haben (Abb. 175). Aus den Fragmenten ließ sich die ursprüngliche Situation rekonstruieren. Danach gingen von diesem Pfeiler sowohl die Ar-

Abb. 175 Unterregenbach. Große Basilika. Befundsituation im Bereich des westlichen
Pfeilers der Südarkade, Bau-Zustand III

kaden des Mittelschiffs aus, als auch Bögen,
die das Hauptschiff und die beiden Seitenschiffe überspannten und so die Grenze zwischen Langhaus und Querschiff markierten.

Im westlichen Querschiff, dessen Fußboden in
gutem Erhaltungszustand angetroffen wurde,
fanden sich keine Befunde, die Hinweis auf
Einbauten, etwa einer Empore, zulassen. In
der Mitte der Westwand lag ein etwa 2,50 m
breites Portal, dem auf der Innenseite ein Stu-
fenpodest vorgelegt war. Außen vor dem Portal wurde eine bogenförmig verlaufende Stein-
befestigung festgestellt, die in das Fundament
der Westwand einband.

Zustand II: Aus der Stratigraphie geht hervor,
daß der Basilika nachträglich ein Westbau an-

gefügt wurde (Abb. 173 a). Er besteht aus zwei
Türmen, die gegenüber den Längsfluchten des
Gesamtbaus um eine Mauerstärke einsprin-
gen. Die Türme stehen auf etwa quadrati-
schem Grundriß und begrenzen eine auf der
Mittelachse liegende Eingangshalle. Sie ist mit
einer Breite von rund 4 m erheblich schmaler
als das Hauptschiff der Kirche.

Im nördlichen Turm haben sich der Teil einer
Treppenspindel und der Antritt einer rechts-
läufigen Treppe erhalten. Rekonstruiert man
die ursprüngliche Treppe mit einer mittleren
Stufentiefe von 0,20 m und gleicher Höhe, so
ergeben sich in einer Dreiviertelwendel 25
Stufen zu einem möglichen Zugang in einen
Raum, der etwa 5 m über der Eingangshalle

gelegen hat. Ob dieser, mit einer Stufenlänge von 1,50 m repräsentative Aufgang in eine Kapelle oder in einen dem Stifter vorbehaltenen Raum führte, muß gegenwärtig offenbleiben.

Die bisher im Bereich des Südturms freigelegten Befunde deuten darauf hin, daß auch dieser Teil des Westbaus als Treppenturm ausgebildet war.

Zustand III: Der Westteil der Kirche wurde durch einen verheerenden Brand zerstört, wobei – wohl mitbedingt durch Bauschäden – die Nordwand des Querschiffs, Teile der ursprünglichen Westwand und der westliche Teil des basilikalen Schiffs eingestürzt sein müssen, wie sich anhand von Reparaturstellen im ursprünglichen Mauerwerk nachweisen läßt.

In Zuge des Wiederaufbaus wurden Veränderungen der baulichen Konzeption vorgenommen. Der Übergangsbereich vom Langhaus zum Querschiff erfuhr dabei eine Neugestaltung. Nach den festgestellten Befunden wurde das westliche Pfeilerpaar ersetzt. Unter Wiederverwendung von Bruchstücken der attischen Basen, die man grob überarbeitet hatte, wurden hier neue Pfeiler errichtet, die einen größeren Querschnitt besaßen als die ursprünglichen. Eine auf der Mittelachse des Hauptschiffs eingebrachte Basis (Abb. 176) belegt, daß jetzt eine Doppelarkade in den Bogen zwischen Hauptschiff und Querhaus eingefügt wurde (Abb. 173 b). Der Durchgang zwischen dem nördlichen Seitenschiff und dem Querschiff wurde mit einer Mauer geschlossen und zugleich der nördliche Teil des Querschiffes durch eine Wand abgetrennt, so daß hier ein abgeschlossener, von Süden her zugänglicher Raum entstand. Ob auch das südliche Seitenschiff durch eine Mauer nach Westen begrenzt wurde, läßt sich anhand der Befunde nicht entscheiden.

Auffällig bei all diesen Maßnahmen ist ein im Vergleich zum Ursprungsbau deutlicher Ver-

Abb. 176 *Unterregenbach. Große Basilika. Basis auf der Mittelachse des Hauptschiffs beim Übergang zum westlichen Querschiff, Zustand III*

lust handwerklichen Könnens, der sich nicht zuletzt in der groben, verunstaltenden Überarbeitung der profilierten attischen Pfeilerbasen dokumentiert hat.

Zustand IV: Die Schichtenbefunde zeigen, daß sich die Basilika (Zustand III) über längere Zeit in einem ruinösen Zustand befunden hat, bevor man sie im späten 12. oder beginnenden 13. Jahrhundert um fast die Hälfte ihrer Gesamtlänge verkürzte. Der Westbau, das Querschiff und der westliche Teil des Langhauses wurden aufgegeben und der Restbau mit einer neuen Westwand geschlossen. Ihre Position wurde so gewählt, daß ein Zugang zu den Kryptenstollen möglich blieb, was drauf hindeutet, daß der Restbau weiterhin sakrale Funktion besaß (Abb. 173 c). Dies dokumentiert sich auch darin, daß westlich ein etwa quadratischer Bau, vermutlich ein Turm, angefügt wurde. Ferner lassen sich zahlreiche Bestattungen nachweisen, die auf diesen Bau Bezug nehmen.

202

Spätestens im 15. Jahrhundert dürfte der Restbau aufgegeben worden sein. Wie sich 1972 nachweisen ließ, erhielt die Krypta einen neuen Zugang von Westen und einen weiteren, der in die Apsis hineinführte. Dies ist ein sicherer Anhaltspunkt dafür, daß die Krypta nunmehr als Lagerraum Verwendung fand. Seit dem 16. Jahrhundert läßt sich über der Krypta ein Pfarrhaus nachweisen.

Hartmut Schäfer, Günter Stachel

Literaturhinweise
Günter P. Fehring, Unterregenbach. Kirchen, Herrensitz, Siedlungsbereiche, Forschungen und Bericht der Archäologie des Mittelalters in Baden-Württemberg, Bd. 1, (1972). – Günter P. Fehring und Günter Stachel, Unterregenbach. Neue Grabungsbefunde und erreichter Forschungsstand, Forschungen und Berichte der Archäologie des Mittelalters in Baden-Württemberg, Bd. 4, (1977) S. 209 ff. – Stefan Kummer, Die Krypta in Unterregenbach und ihre Kapitelle, Forschungen und Berichte der Archäologie des Mittelalters in Baden-Württemberg,) (1981) S. 149 ff.

Die ehemalige ellwangische Propstei Wiesenbach, Rhein-Neckar-Kreis

Die Absicht der katholischen Kirchengemeinde Wiesenbach, die bestehende, spätbarocke Kirche zu renovieren und um einen Anbau zu erweitern, war der Ausgangspunkt länger andauernder Untersuchungen, die voraussichtlich 1983 mit der Einrichtung eines Dokumentationsraumes zum Abschluß kommen werden.

Die ellwangische Propstei geht zurück auf eine Stiftung der Grafen von Lauffen, die vermutlich vor 1136 ihre Güter in Wiesenbach dem Kloster übergaben und ihre Burg auf dem Kühberg zugunsten der neu errichteten auf dem nahegelegenen Dilsberg verließen. Ellwangen baute die neu erworbene Stiftung bald zum Zentrum seines Besitzes im unteren Nekkargebiet aus und verlegte um 1200 die Propstei Schriesheim hierher.

Die neue Propstei scheint nach anfänglicher Blüte bald in wirtschaftliche Schwierigkeiten geraten zu sein und wurde 1482 endgültig an Kloster Schönau verkauft, das 1560 reformiert wurde, was auch die Auflassung und den allmählichen Verfall der Baulichkeiten in Wiesenbach zur Folge hatte.

Dies führte dazu, daß 1977 bei Beginn der Untersuchungen angenommen werden mußte, von der Propstei hätten sich keinerlei Reste erhalten. Es zeigte sich jedoch sehr bald, daß sowohl im Boden als auch im aufgehenden Mauerwerk der Kirche noch wesentliche Teile der ehemaligen Propsteikirche und der anschließenden Klausurgebäude vorhanden waren (Abb. 177). Bei der Kirche handelt es sich um eine dreischiffige Pfeilerbasilika zu acht Jochen, an die sich ein etwa quadratischer Chor ohne Vierung anschloß. Den Westabschluß bildete eine Doppelturmfassade mit einer kleinen Eingangshalle (Abb. 178). Der Bau war großenteils aus hammerrecht zugeschlagenen Handquadern aus Buntsandstein in Zweischalentechnik errichtet, insgesamt verputzt und möglicherweise auch farbig gefaßt. Das aufgehende Mauerwerk war im Schnitt 0,60 bis 0,70 m stark, die Fundamente sprangen beidseitig bis 0,30 m vor. Die Mittelschiffspfeiler standen auf einem Streifenfundament; sie waren aus sorgfältig behauenen Buntsandsteinquadern mit Randschlag errichtet, deren Grundfläche im Schnitt

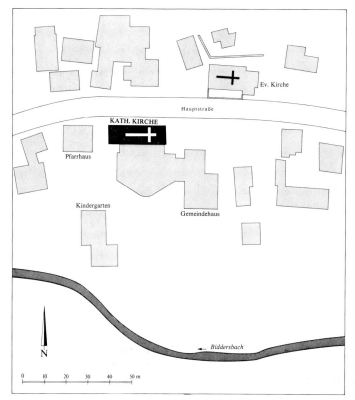

Ev. Kirche

Hauptstraße

KATH. KIRCHE

Pfarrhaus

Kindergarten

Gemeindehaus

Biddersbach

N

0   10   20   30   40   50 m

Abb. 177 Wiesenbach. Lageplan der ehemaligen ellwangischen Propstei

0,60 x 0,80 m betrug. Vom Fußboden fanden sich Teile eines Mörtelestrichs, der über einer Steinpackung ausgegossen wurde.

Zur weiteren Ausstattung des Mittelschiffes gehörten Chorschranken aus genuteten Sandsteinpfeilern, in die sorgfältig zugerichtete Platten ebenfalls aus Sandsteinen eingeschoben waren (Abb. 179). Dadurch wurde das Mittelschiff in Höhe des dritten Pfeilers von Osten abgeschlossen und ein ausschließlich den Mönchen vorbehaltener Gottesdienstraum ausgesondert. Zum Gesamtbild des Mittelschiffes gehörten zudem die Chorstufen, die etwa bei der ersten Pfeilerreihe ansetzten und den beträchtlichen Höhenunterschied zum Hochchor überwanden.

Zu den bemerkenswertesten Entdeckungen gehörte die Freilegung einer weitgehend erhaltenen Vierstützenkrypta unter dem bestehenden Chor (Abb. 178 und 180). Sie war mit Ausnahme der fehlenden Gewölbe und des herausgenommenen Bodens unversehrt. Der 6,50 x 6,75 m messende Raum war gegenüber dem Langhaus nur um ca. 0,70 m eingetieft. Daraus entwickelte sich ein dreijochig-dreischiffiger Raum, gebildet aus vier Säulen in der Mitte und entsprechenden Diensten an den Wänden. Erhaltene Gewölbeansätze erlauben die Rekonstruktion eines Kreuzgratgewölbes, vermutlich mit Sichelbogen als Gurten zwischen den einzelnen Jochen. Der Boden war vermutlich mit Sandsteinplatten belegt, die bei

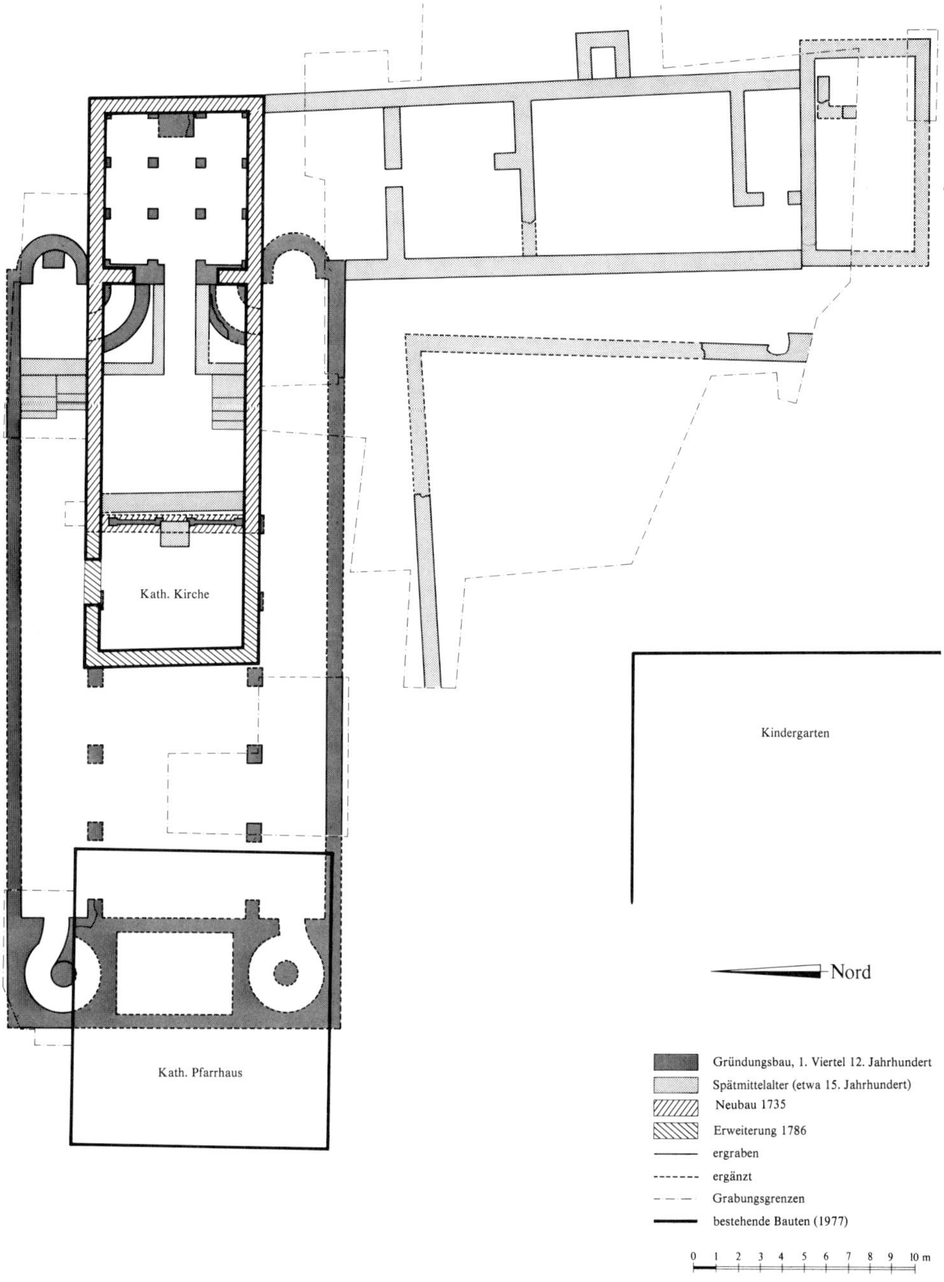
Kath. Kirche
Kindergarten
Nord
Kath. Pfarrhaus
Gründungsbau, 1. Viertel 12. Jahrhundert
Spätmittelalter (etwa 15. Jahrhundert)
Neubau 1735
Erweiterung 1786
ergraben
ergänzt
Grabungsgrenzen
bestehende Bauten (1977)
0 1 2 3 4 5 6 7 8 9 10 m

Abb. 178 Wiesenbach. Befundplan der ehemaligen ellwangischen Propstei

Abb. 179   Wiesenbach. Teilstück der Chorschranke im Mittelschiff der ehemaligen Basilika von Westen

einem Umbau herausgenommen und ca. 90 cm höher neu verlegt wurden. In der Mitte der Ostwand stand ein Altar unter einem schmalen, oben runden Fenster. Je zwei weitere Fenster befanden sich in der Nord- und Südwand. Der Zugang erfolgte über zwei viertelkreisförmige, gewölbte Stollen von den Seitenschiffen her (Abb. 178), die in das Mittelschiff hineinragten.

Die baulichen Vorbilder dieser Kirche wird man in Speyer und im Elsaß suchen müssen, ohne daß dies hier ausführlich dargestellt werden kann. Die zeitliche Einordnung des Befundes bereitet bislang Schwierigkeiten, da die vorgefundenen Bauteile allenfalls einfache Schmuckformen aufweisen. Mit einiger Vorsicht kann man annehmen, daß der Bau in der ersten Hälfte des 12. Jahrhunderts errichtet

Abb. 180   Wiesenbach. Blick in die Krypta mit teilweise herausgenommenem jüngerem Fußboden von Westen

wurde, wobei eine Bauzeit um 1125 die größte Wahrscheinlichkeit für sich hat.

In dieser Form dürfte die Kirche etwa 200 Jahre bestanden haben. Ab dem zweiten Drittel des 14. Jahrhunderts zwang ein stark angestiegener Grundwasserspiegel zu Umbaumaßnahmen, die in erster Linie die Krypta betrafen. Hier wurde der Fußboden um ca. 0,90 m angehoben, die Zugangsstollen geschlossen und von der Mitte des Hauptschiffes her ein neuer Zugang angelegt (Abb. 178). Der Chorraum wurde über ein Podest in das Langhaus hinein erweitert, das nördliche Seitenschiff teilweise abgemauert, die Chorschranken abgebaut und möglicherweise durch einen Lettner ersetzt. Diese Notmaßnahmen scheinen nur kurzfristig geholfen zu haben, denn spätestens im 15. Jahrhundert mußte die Krypta ganz aufgegeben werden.

Auch die an die Kirche anschließenden Klausurgebäude scheinen dem Grundwasseranstieg zum Opfer gefallen zu sein, denn bei den Grabungen, die durch den hohen Grundwasserstand bedingt, nicht bis zum gewachsenen Untergrund vorgetrieben werden konnten, wurden nur Bauten der Spätphase (14.–16. Jh.) erfaßt (Abb. 178). Im Schluß an den Chor folgte nach Süden ein Gebäudetrakt, der als Ostflügel der Klausur anzusprechen ist. Zwei im Winkel von Kirche und Klausur angetroffene Fundamentteile sind wohl als Reste eines Kreuzganges anzusehen. Leider war es nicht möglich, diesen Befund weiter zu untersuchen. Das aus den Auffüllschichten zahlreich geborgene Fundmaterial stammt im wesentlichen aus dem Spätmittelalter.   *Dietrich Lutz*

Literaturhinweise
G. Wüst, Zur Geschichte von Wiesenbach und Langenzell, ein Heimatbuch, Wiesenbach 1970. – Germania Benedictina, Bd. 5, Die Benediktinerklöster in Baden-Württemberg, bearb. von F. Quarthal, 1975, 667–670. – D. Lutz, Erste Ergebnisse der archäologischen Untersuchungen in der ehemals ellwangischen Propstei Wiesenbach, Rhein-Neckar-Kreis, Kraichgau 7, 1981, 41–60.

Eine mittelalterliche Töpferei bei Musberg, Stadt Leinfelden-Echterdingen, Kreis Esslingen

Im April 1982 machten Schüler im Rahmen der alljährlichen Säuberungsarbeiten im Bereich der Eichberg-Grundschule in Musberg zahlreiche Scherbenfunde. Diese kamen aus frisch abgeschobenem Erdreich zutage, das von Erweiterungsarbeiten und Zufahrtswegebau südlich der Anlage stammte. Eine gezielte Bergung der sekundär verlagerten Scherben sowie von Funden am Nordostrand des Sportplatzes konnte durch die spontane Bereitschaft der Klasse 4 a der Eichberg-Schule unter Aufsicht ihrer Lehrerin Frau Reiff erfolgen. Die Benachrichtigung des Landesdenkmalamtes führte zu einer kurzen Untersuchung der fundreichen Stellen durch das Referat Archäologie des Mittelalters. Ziel dieser mit Unterstützung von Herrn Prof. W. Reiff und Sohn unternommenen Grabung war es, möglicherweise vorhandene Reste von Töpfereieinrichtungen (Öfen, Materialgruben) vor ihrer endgültigen Zerstörung zu dokumentieren. Wie schon bei der ersten Entdeckung mittelalterlicher Töpfertätigkeit in Musberg in den fünfziger Jahren, konnten jedoch auch diesmal wieder nur

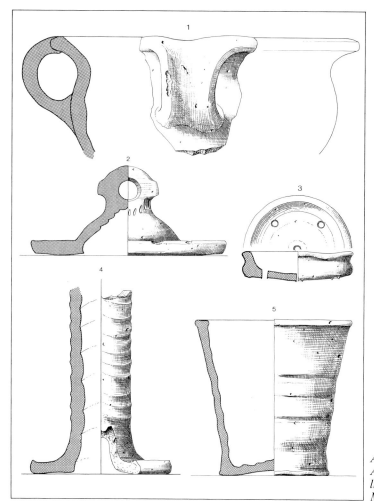

Abb. 181 Musberg. Auswahl mittelalterlicher Keramik. Maßstab 1:4

Scherben und angeziegelte Lehmbrocken festgestellt werden. Da sich unter dem Fundmaterial verzogene, gerissene und verfärbte Stücke befinden, steht ihre Zugehörigkeit zu einer Abfallhalde in der Nähe eines Ofens jedoch außer Frage.

Der Typenschatz der Neufunde von 1982 entspricht bis auf wenige Ausnahmen dem der Altfunde, die U. Lobbedey in seinen »Untersuchungen mittelalterlicher Keramik« 1968

publizierte. Die große Masse der Scherben stammt von Koch- und Vorratsgefäßen aus hellem, weißlichgrauem bis braunrötlichem, sandigem Ton mit feiner Glimmerung. Es fanden sich fast nur Gefäße mit leistenartigem Rand, während der sonst im mittleren Neckarraum während des Spätmittelalters vorherrschende gekehlte Rand (Karniesrand) nur spärlich vertreten ist. Unter den recht zahlreichen Deckeln lassen sich solche mit gewölbter

Mittelpartie und gelochtem Griff (Abb. 181, 2) bzw. mit Knopfgriff und seitlichem Henkel von Flachdeckeln mit zylindrischem Griff unterscheiden. Selten kommen Schüsseln mit Bandhenkeln (Abb. 181, 1) vor. Nur jeweils in einem einzigen Exemplar kamen Leuchter (Abb. 181, 4) und Siebeinsätze (Abb. 181, 3) zutage. Neben der Geschirrkeramik sind noch Funde von Ofenkacheln zu nennen, bei denen die Becherkacheln des 13./14. Jahrhunderts (Abb. 181, 5) weitaus überwiegen. Die späteren Viereckkacheln und zusammengesetzte Kacheln blieben rar. Da keine glasierte Keramik angetroffen wurde, hat die Produktionszeit des Ofens das 13. bis frühe 15. Jahrhundert umfaßt.

Die Musberger Töpferei stellt eine der wenigen genauer lokalisierbaren Produktionsstätten mittelalterlicher Keramik in Südwestdeutschland dar und wird durch das nun vermehrt vorliegende Fundmaterial wichtige Auskünfte über Öfen geben können, die für einen Abnehmerkreis in der unmittelbaren Umgebung produzierten und damit typisch sind für die Verhältnisse im späten Mittelalter. Die Lage der Fundstellen am Fuße des Eichberges, auf dem eine kleine Burg existierte, weist auch in Musberg auf enge Zusammenhänge mit herrschaftlichen Einrichtungen, wie sie schon andernorts bekanntgeworden sind.

Uwe Groß

Literaturhinweis
U. Lobbedey, Untersuchungen mittelalterlicher Keramik, vornehmlich aus Südwestdeutschland, Berlin 1968, 165 f.

Eine Heizanlage des Klosters Mariental in Steinheim/Murr, Kreis Ludwigsburg

Der gültige Bebauungsplan für das Sanierungsgebiet Klosterhof in Steinheim weist nördlich der noch erhaltenen westlichen Umfassungsmauern der ehemaligen Kirche des Dominikanerinnenklosters Mariental eine Tiefgarage und einige Stadthäuser aus. Im Hinblick auf die geplanten Neubaumaßnahmen wurde in Absprache mit der Stadt Steinheim die archäologische Untersuchung dieses Bereichs begonnen, wo sich der Überlieferung nach die Klausur des Klosters befunden hat. Die Untersuchungen konzentrierten sich bisher auf den Westflügel des Kreuzgangs und sollen 1983 fortgeführt werden.

Der Gesamtplan (Abb. 182) zeigt die bisher freigelegten Mauerbefunde und zudem den Chor der Klosterkirche, dessen Fundamente bei der Realisierung eines Bauvorhabens an der Kleinbottwarer Straße im Winter 1981 freigelegt wurden. Ohne auf die Baugeschichte des um 1250 von Elisabeth von Steinheim und Berthold von Blankenstein gegründeten und 1553 aufgehobenen Klosters näher einzugehen soll im folgenden nur ein wichtiger Einzelbefund vorgestellt werden.

Im nördlichen Teil des westlichen Klausurflügels wurden die unter dem Fußbodenniveau liegenden Reste einer Heizanlage freigelegt, für die sich bisher in Baden-Württemberg keine Parallele namhaft machen läßt. Es wurde ein rechteckiger Schacht aufgedeckt, der nachträglich an die Westmauer des Klosterflügels angefügt worden war. Das in der Ausschachtungsgrube gegen Grund gesetzte Mauerwerk

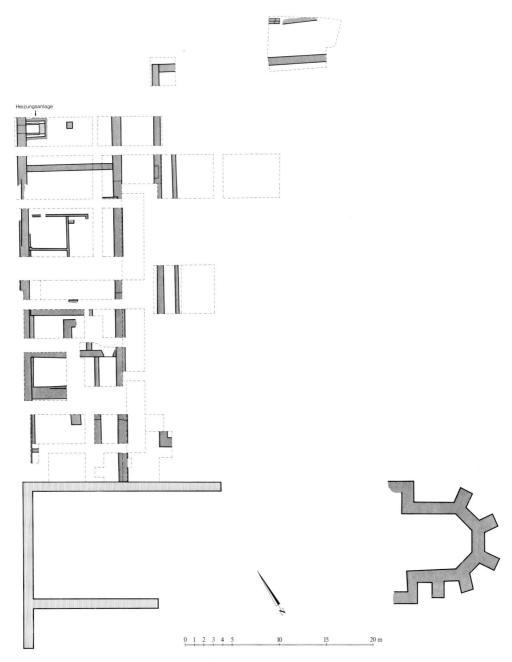

Abb. 182   Steinheim. Kloster Mariental. Gesamtplan des Mauerbefunds

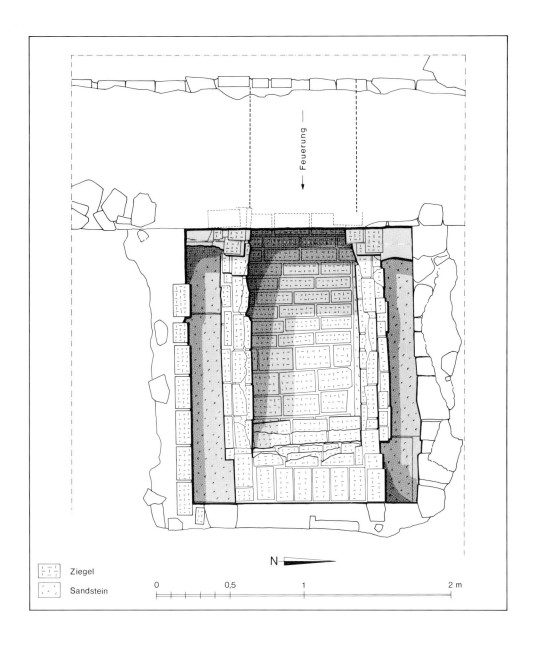

Feuerung →

N

Ziegel

Sandstein

0   0,5   1   2 m

Abb. 183   Steinheim. Kloster Mariental. Plan der Heizanlage

war auf der Innenseite des Schachts mit einem glatten Putz versehen worden. Auf der Sohle des Schachts fanden sich die Reste einer aus Ziegeln gesetzten Konstruktion, die an eine Öffnung anschloß, die nachträglich aus dem Fundament der Westwand des Klosterbaus herausgebrochen worden war (Abb. 183, 184). Während die Längswände dieser kammerartigen Konstruktion frei vor den Schachtwänden liegen, ist die Wand der östlichen Schmalseite, die erheblich dicker als die Längswände ausgebildet ist, gegen die Schachtwandung gesetzt. Der Boden der Ziegelkammer wird aus plattenartig verlegten und auf den Längsseiten stehenden Ziegeln gebildet. Die verbleibende Sohle des Schachtes, d. h. die Bereiche zwischen den Längsseiten der Ziegelkammer und den Schachtwänden

Abb. 184 Steinheim. Kloster Mariental. Blick in den Heizschacht von Osten

sind mit Sandsteinplatten ausgelegt, auf denen auch die Längswände der Ziegelkammer stehen; auf der Nordseite reichen die Steinplatten bis in das Innere der Kammer. Der Durchbruch der Westmauer des Klosterflügels, an den die Ziegelkammer anschließt, war mit Ziegeln ausgekleidet, wobei in die obere Zone eine Art Gewölbe aus Ziegeln mit sehr viel Mörtel als Bindemittel eingepaßt worden war. Die Zweckbestimmung dieses Befundes ergibt sich aus der Verfüllung des Schachts. Unter Bauschutt, der von Umbaumaßnahmen im Kloster stammen dürfte, fand sich innerhalb der Ziegelkonstruktion durchglühter Ofenlehm, durchmischt mit zahlreichen Fragmenten von Ofenkacheln. Diese Einfüllschicht und die Tatsache, daß sich an den Wänden des Schachtes sowie an den Ziegeln der Kammer Ablagerungen von Holzteer fanden, belegen hinreichend, daß es sich bei dem Befund um die Reste einer Heizanlage handelt.

Die Fragen nach ihrer Funktionsweise lassen sich bisher nicht vollständig beantworten. Sicher wurde die Anlage durch die Öffnung im Fundament der Gebäudewestwand von außen her befeuert. Hier wird man einen – ebenfalls eingetieften – Arbeitsraum annehmen können, Grabungen waren in diesem, außerhalb des Untersuchungsbereiches liegenden Areal noch nicht möglich. Da sich Ofenlehm und Ofenkacheln nur innerhalb der Heizkammer feststellen ließen, nicht aber zwischen den Längswänden der Kammer und der Schachtwandung, muß ein Kachelofen direkt auf den Ziegelwänden aufgesessen haben. Würden Ofenlehm und Ofenkeramik von einem Ofen stammen, der im Klosterraum selbst gestanden hat, hätte sich das Abbruchmaterial im ganzen Schacht verteilt finden müssen.

Aus diesen Befunden muß geschlossen werden, daß ein in dem gemauerten Schacht stehender Kachelofen, dessen »Feuerkasten« aus Ziegeln bestand, die Luft im Schacht erwärmte, die dann in den auf höherem Niveau liegenden Klosterraum aufstieg. Es handelt sich bei der Steinheimer Anlage demnach um eine Warmluftheizung. Bisher ungeklärt ist die Frage, wie der gemauerte Schacht oben abgedeckt war und ob sich in der Abdeckung verschließbare Austrittsöffnungen für die Warmluft befanden, wie es von anderen, nach ähnlichem Prinzip arbeitenden Heizungen her bekannt ist. Unklar ist ferner, wie man sich den Rauchabzug zu denken hat. Möglich ist, daß ein Kamin auf der stärker ausgebildeten östlichen Wand der Ziegelkonstruktion gestanden hat, was die Möglichkeit eröffnen würde, daß über diesen Kamin auch das archäologisch erschließbare Obergeschoß des Klosterflügels beheizt werden konnte.

Die Datierung der Warmluftheizung läßt sich durch stratigraphische Anhaltspunkte und durch die aufgefundene unglasierte Ofenkeramik etwa bestimmen. Anscheinend – dieser Befund bedarf noch der Überprüfung während der Grabungskampagne 1983 – bezieht sich der älteste in diesem Bereich nachweisbare Fußboden, ein Mörtelestrich, auf die Heizanlage, was auf ein Entstehen in der Gründungsphase des Klosters hindeutet; der nachträgliche Durchbruch des Schürlochs durch die bereits bestehende Außenwand spricht demgegenüber für den nachträglichen Einbau der Heizung. Ofenkeramik ist in verschiedenen Typen vertreten, wobei Pilzkacheln und Blattnapfkacheln den größten Anteil stellen (Abb. 185). Das Vorhandensein unterschiedlicher Ofenkacheln mag darauf hindeuten, daß – bedingt durch den Aufbau des Ofens – verschiedene Formentypen zweckmäßig waren, es ist jedoch auch möglich, daß Ausbesserungen oder nachträgliche Veränderungen mit anderem Material vorgenommen wurden. Für die zweite Deutung spricht, daß Blattnapfkacheln mit Engobe begegnen, die darauf hindeuten, daß sie gefertigt

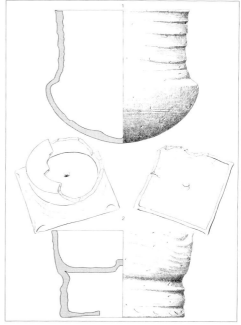

Abb. 185   Steinheim. Kloster Mariental. Ofenkeramik; 1 Pilzkachel, 2 Blattnapfkachel

wurden, als schon glasierte Kacheln üblich waren und demnach in das späte 14. oder 15. Jahrhundert zu datieren sind. Besonders bemerkenswert ist der Fund von Pilzkacheln (Abb. 185, oben), eines Kacheltyps, der zwar von Schweizer Burgen her bekannt ist, in Baden-Württemberg jedoch bisher noch nicht gefunden wurde. Die Schweizer Beispiele werden in das ausgehende 13., besonders aber in das 14. Jahrhundert datiert, was – bezogen auf Steinheim – darauf hindeutet, daß die Heizanlage im Laufe des 14. Jahrhunderts entstanden sein dürfte.   *Hartmut Schäfer*

Literaturhinweise
Bernhardt Theil, Steinheim vom 8. bis 18. Jahrhundert, Heimatbuch der Stadt Steinheim an der Murr (1980), S. 61 ff. – Jürg Tauber, Herd und Ofen im Mittelalter, Olten-Freiburg 1980.

213

Neue Befunde zur Baugeschichte der Kapellenkirche in Rottweil und zur frühen Stadtentwicklung

Vom Frühjahr 1980 bis Frühjahr 1982 wurden in mehreren Abschnitten in der Kapellenkirche in Rottweil archäologische Untersuchungen durchgeführt. Veranlaßt wurden sie durch die Notwendigkeit, im Zuge der Innenrestaurierung anstelle einer technisch veralteten Warmluftheizung eine Fußbodenheizung zu installieren. Diese ist zur künftigen Erhaltung der barocken Ausstattung unumgänglich geworden. Mit Rücksicht auf die statische Sicherheit des Kirchenschiffes und des Kapellenturmes mußten die Grabungsarbeiten in einigen Teilbereichen sich ausschließlich auf die vom Heizungsbau berührten Schichten beschränken, so daß insbesondere die frühesten Befunde keine sichere Klärung finden konnten.

Geschichte: Die ersten Nachrichten zur Kapellenkirche beginnen im frühen 14. Jahrhundert, wo erstmals 1313 »unser Frawen capellen pfleger« genannt werden. Auch die nächsten Nachrichten aus dem Jahr 1331 beziehen sich auf administrative Maßnahmen über die Verwaltung der Almosen. Die Tradition nimmt an, daß analog zu anderen aufstrebenden Städten im 13. Jahrhundert auf Betreiben von Kreisen der Bürgerschaft eine Marienkapelle, unabhängig von der Heiligkreuz-Pfarrkirche (diese war Filiale der Mutterpfarrei St. Pelegias in Rottweil-Altstadt), installiert und zunehmend mit Einkünften ausgestattet wurde. Die Rottweiler Überlieferung will wissen, daß in der ältesten Kapelle, die im Bereich des späteren Turmes gestanden haben soll, ein Brunnen lief, dessen heilkräftiges Wasser besonders bei Augenleiden empfohlen wurde.

Bereits vor 1335 muß ein Marienaltar bestanden haben; ein ebenfalls für die Kapelle belegter Leonhardsaltar bestand mindestens seit 1333. Nachdem diese beiden 1364 in ihren Privilegien erneuert wurden, nehmen zum Ende des Jahrhunderts die Neuinstallationen von weiteren Altären zu: 1382 Katharinenaltar belegt, 1390 Wendelinusaltar, 1403 Altar des hl. Mauritius gestiftet »auf der rechten Seiten, nit weyt von der Thüren«. Es folgen noch bis 1408 die Altäre von Magdalena, Johannes dem Täufer und Antonius.

Eventuell für eine regere Bautätigkeit sprechen im Jahr 1354 Aufrufe zu Stiftungen »an unser lieben Frawen Capellen baw«, und umfangreiche Transaktionen über Darlehen, die die Pflegschaft der Stadt aus dem Vermögen der Kapelle gemacht hatte, und die 1356 zurückgezahlt werden sollten, »so sie bawen werden an der capellen«. Bereits in den 1330er Jahren setzte eine Entwicklung ein, die Kapelle von den Einflüssen der Pfarrei zu lösen und ganz einer städtischen Administration zuzuordnen. Auch hier mögen indirekt Hinweise auf eine bauliche Neuplanung liegen. Wesentlich deutlicher sprechen die Quellen über den Chorneubau. In einer Abschrift von 1588 ist der Vertrag mit dem schwäbischen Baumeister Aberlin Jörg aus dem Jahr 1478 erhalten, der sich verpflichtete binnen fünf Jahren den alten Chor abzubrechen, den neuen zu erbauen, dazu eine Sakristei und ein Sakramentshaus. Bereits 1473 war der Turm bis zur oberen Galerie vollendet. Als 1652 die Jesuiten nach Rottweil kamen, wurde ihnen die seit 1634 praktisch geschlossene, völlig verwahrloste Kapelle überantwortet. Doch 1671 verließen sie die Stadt, um nach längeren Verhandlungen 1692 sich erneut und endgültig hier niederzulassen.

Sicher auf Betreiben der Jesuiten erfolgte 1699 der Abbruch des Lettners und die Verlegung des Musikchores nach Westen. Die Gnadenkapelle im Turmerdgeschoß wurde gegen den Kirchenraum durch ein Gitter abgetrennt. 1721 wurde die Empore erneuert.

Nachdem der Orden die Erstellung des Kollegiums selbst bewerkstelligt hatte und mit den Mitteln der Stadt das Gymnasium erbaut worden war (1713 wird bereits ein »Gängle« zwischen Kolleg und Kirche genannt), konnte er sich der als besonders dringlich erachteten Erneuerung der Kirche widmen.

Vom 20. 11. 1726 datiert der »Akkord und Ueberschlag auf vorhabende Reparierung der Kirchen Societatis Jesu zu Rottwyl« durch Unterbaumeister Matthäus Scharpf (Staatsarchiv München, Jesuitica 2056). Geplant waren die Erneuerung des Chorgewölbes, das Sakristeigewölbe, gegenüber auf der Südseite der Einbau eines »Chörle«, eine Totengruft, die von der Sakristei aus zugänglich wäre.

Mehrfach herabstürzende Mauerwerksbrokken, wie im Ratsprotokoll vom 28. Januar 1727 berichtet, machten die Dringlichkeit der Maßnahme deutlich (Staatsarchiv Stuttgart, K 11, 24 B. 102, F. 31). Im Frühjahr, unmittelbar nach Beginn der Arbeiten, stürzte das Chorgewölbe vollends ein. Im Anschluß daran entstanden wohl die noch erhaltenen Pläne. Doch bei den Umbauten an den Langhauswänden wurden dort und im Dachstuhl so bedenkliche Bauschäden festgestellt, daß man sich zum Neubau eines Langhauses unter Verwendung der alten Materialien entschloß. Planung und Ausführung übernahm Pater Josef Guldimann. Bereits am 13. November 1727 wurde im Neubau der erste Gottesdienst gefeiert. Die Ausmalung durch Joseph Firtmaier dauerte bis Herbst 1728, die Herstellung der Altäre usw. bis 1733. Am 18. Oktober 1733 erfolgte die Einweihung.

Die nachfolgenden 250 Jahre waren, außer einigen Renovierungen des Kircheninnern, die meist den Bestand übergingen, überwiegend der Sicherung und Erhaltung des Turmes gewidmet. So insbesondere in den ersten Jahrzehnten des 20. Jahrhunderts. Einzige Eingriffe in den Boden brachte der Einbau der Heizung im Chor.

Ergebnisse zur Baugeschichte: Die Ausgrabungen erbrachten für die Baugeschichte folgenden mutmaßlichen Ablauf:

1. Der älteste kirchliche Vorgängerbau unter der heutigen Barockkirche war ein rechteckiger Saal, dessen Seitenwände in der Linie der heutigen Freipfeiler verliefen. Im Osten war er glatt geschlossen in der Flucht des heutigen Chorbogens. Der Chorraum war offenbar nicht besonders abgegrenzt. Das Fußbodenniveau der Kapelle lag beträchtlich tiefer und hatte ein starkes Gefälle nach Osten: ca. 50 bis 90 cm. Dicht vor der Ostwand unter dem heutigen Chorbogen fand sich das Fundament des Hochaltars. Die Längswände waren gegliedert durch je vier halbrunde Gewölbevorlagen. In den Winkeln zur Ostwand und zur Turmwand sind teilweise noch Überreste von dreiviertelrunden Vorlagen erhalten. Diese Vorlagen sitzen auf polygonalen Sockeln mit einer schmalen, profilierten Basis.

Demnach war der Kirchenraum mit Gewölben versehen oder sie waren zumindest geplant. In den Quellen ist davon nirgends die Rede, im Gegensatz zum späteren Chor. Rippenfragmente wurden nicht gefunden. Die gefundenen Maßwerkfragmente sind noch nicht so weitgehend analysiert, daß man eine Fensterform erschließen könnte.

Die Höhe der Seitenwände läßt sich am Übergang zum Chor noch erschließen. Hier reicht Quadermauerwerk, das weder zum Chor noch zum Barockbau gehört, bis in die barocke Traufhöhe. Es handelt sich um die östlichen Ecken des Kirchenschiffes.

Die ungefähre Höhe des Dachfirstes kann man

an der Ostseite des Turmes an einer giebelförmigen Steinreihe ablesen. Offenbar war hier entweder ein Wasserschlaggesims, das später verwitterte und ausgewechselt wurde, oder war die glatte Steinfront nachträglich für den Anschluß der Dachdeckung ausgespitzt worden. Die drei Außenseiten umzog ein schlichter Sockel, einfach aus einem abgeschrägten Wasserschlag gebildet, der gelegentlich entsprechend den Geländeverhältnissen abgetreppt war. Die bisher aufgrund der barocken Pläne angenommenen Strebepfeiler fehlen in Wahrheit. Aufgrund der älteren Pläne erschloß man bisher, daß auch das gotische Kirchenschiff vier Joche hatte, wie der heutige Barockbau. Tatsächlich nachgewiesen haben wir fünf von etwas mehr als vier Meter Tiefe. Ausgehend von der Mauerhöhe, dem Dachansatz am Turm und der im Westen noch erhaltenen Höhe der Gewölbedienste muß man für das gotische Kirchengebäude erstaunlich schlanke Proportionen annehmen. Hinter der Orgel scheint sich eine Turmkapelle als Empore über der Eingangshalle befunden zu haben, etwa in Höhe der Fensterrosette über dem Westportal.

2. Der Chorneubau unter Aberlin Jörg seit 1478 ist in allen Bauabschnitten deutlich ablesbar. Der Erweiterungsbau wurde, geringfügig gegen die Seitenwände eingerückt, an der Ostflucht angefügt. Zunächst führte man seine Fundamente zu einer gewissen Höhe frei auf, um sie dann mit »Stadtdreck« aufzufüllen. Die durchschnittlich 1,50 m Auffüllmaterial waren außerordentlich reich an Keramik. Daß die Auffüllung einheitlich war, erwies sich ganz schlagend, indem Bruchstücke von Ofenkacheln aus ganz unterschiedlicher Tiefe zu einem Stück zusammengefügt werden konnten. Entsprechend dem Akkord mit dem Baumeister wurden in großem Umfang die Baumaterialien der niedergelegten Chorostwand zum Neubau verwendet.

Deutlich waren auch die Fundamente für den Lettner und die damit verbundene Veränderung des ehemaligen Hauptaltarfragmentes erkennbar.

Der Kirchenraum wurde auf der ganzen Fläche um bis zu 50 cm aufgefüllt und dabei das Gefälle etwas ausgeglichen. Die polygonalen Basen der Gewölbevorlagen im Kirchenschiff verschwanden weitgehend in der Bodenauffüllung. Die bei der Grabung festgestellten Fundamente der Seitenaltäre nehmen erst auf das neue Bodenniveau Bezug. Es ist möglich, daß die Fundamentkerne einfach ummantelt wurden, wie dies bei dem ehemaligen Hochaltar geschah. Jedenfalls waren sie alle ohne Rücksicht gegen die Vorlagen gemauert. Spätestens zu diesem Zeitpunkt wurde auch eine Seitentür im Süden etwas versetzt gegenüber der Badgasse eingebrochen.

Ebenfalls auf das spätmittelalterliche Bodenniveau nimmt der Einbau einer kleinen Gruft an der Nordseite Bezug. Sie ist in beinahe zyklopischer Mauertechnik hergestellt und erinnert an eine ähnliche Anlage im Chor der Heiligkreuzkirche. Auch diese ist nicht näher datiert, kann aber erst nach Errichtung des spätgotischen Chores dort eingebaut worden sein. Ebenfalls eindeutig auf die spätgotische Kapellenkirche bezogen sind die Reste einer bürgersteigartigen Terrasse, die sich in beiden Seitenschiffen unter dem Boden des Barockbaus, also außerhalb der Seitenwände, befand. Diese Terrasse oder Rampe seitlich der Längswand wird auf der Pürschgerichtskarte von 1564 deutlich dargestellt (Abb. 186). Der hier wiedergegebene Bauzustand hat sich wohl im wesentlichen bis ins beginnende 18. Jahrhundert erhalten. Mehrere Grundrisse, die anläßlich der Niederlassung der Jesuiten entstanden – wohl alle erst nach 1692 – geben mehr oder minder schematisch den Bauzustand wieder.

3. Besonders deutlich ablesbar waren die stu-

Abb. 186   Ausschnitt aus der Rottweiler Pürschgerichtskarte von 1564 mit der Kapellenkirche

fenweisen Bemühungen einer Erneuerung der Kirche durch die Jesuiten. Der erste Schritt ist durch die Pläne von 1727 auch aktenmäßig eindeutig belegt: am eingreifendsten sollten die Veränderungen in die Raumgestaltung wirken. Dies beginnt bereits mit einer größeren Jocheinteilung, die mit Hilfe von Wandpilastern erreicht werden sollte. Strebepfeiler sollten die offenbar bereits erkannte Schwäche der Seitenwände auffangen. Die querschiffartigen Annexe wurden unter dem Fußbodenniveau festgestellt und lassen sich auch an Baunähten im Sockelbereich außen ablesen. Unter dem Nordseitenschiff fand sich die Grabgruft der Jesuiten (Abb. 187). Sie erstreckte sich ur-

sprünglich noch außerhalb der Kirche, wurde jedoch im 19. Jahrhundert abgerissen.

Siedlungsbefunde: Nicht ganz unvermutet, aber in ihrem Umfang überraschend, waren die unter dem Kirchenschiff angetroffenen Siedlungsbefunde. Es zeigte sich im Zuge der Ausgrabungen, daß das gesamte Gelände, auf dem das Kirchenschiff errichtet wurde, vorher bereits bebaut war:

Ein in unterschiedlichen Bauabschnitten errichteter Mauerzug erstreckt sich ungefähr auf der Mittelachse durch des gesamte Mittelschiff (Abb. 188). Nach Osten weicht er allmählich stärker nach Norden aus. An mehreren Punkten setzen Querwände nach Süden von unter-

war offensichtlich wesentlich tiefer gegründet, da hier starke Bodensetzungen auftraten. Der gewachsene Boden wurde nicht erreicht. Angesichts der geringen Abmessungen der Grundstücke halte ich es für möglich, daß die ursprüngliche Südfront außerhalb der Südfront der gotischen Kapellenkirche lag. Vielleicht im Bereich der barocken Baugrenze. Denn hier bezog man ja im späteren Mittelalter Straßenraum durch die gepflasterte Terrasse in den kirchlichen Bereich ein, der später in gleicher Breite von der Seitenschiffwand überbaut wurde.

Die Rückfront der Gebäude war offensichtlich

Abb. 187 Rottweil. Die Kapellenkirche von Osten. (Bildarchiv Photo Marburg)

schiedlicher Stärke an. Stellenweise wies die Südseite weiß getünchten Verputz auf. Mehrere Bodenniveaus aus festgestampftem Lehm, Mörtelestrich und Tonplatten wiesen auf eine langdauernde Benutzung hin. Auch sonst waren Umbauspuren erkennbar. Die Nordostecke des oder der Gebäude kam im heutigen Chorraum direkt außerhalb der östlichen Fassade der älteren Kapelle zum Vorschein; die ehemalige Hauswand verlief ein wenig schräg zu dieser Fassade. Die Art der Nutzung der Gebäude bleibt einstweilen unbekannt. Teilweise handelt es sich jedoch wohl um Wohnräume, wie man den getünchten Wänden und dem Ziegelboden entnehmen kann. Die Südfront konnte nicht festgestellt werden. Der östliche Raum, über dem teilweise der erste Hauptaltar errichtet wurde,

Abb. 188 Rottweil. Die Befunde im Mittelschiff kurz vor Grabungsende. (Aufnahme Referat Photogrammetrie.)

einem Wirtschaftshof zugekehrt. In der West-
hälfte der Kirche fanden sich hier drei in den
gewachsenen Boden eingetiefte Abfallgruben,
die unter anderem reichlich Keramik seit dem
beginnenden 13. Jahrhundert enthielten.
Schließlich war besonders auffallend der Fund
eines gepflasterten Straßenstückes außerhalb
der Ostfront, also unter dem spätgotischen
Vorchor. Diese findet ihre Verlängerung in
Richtung untere Hauptstraße. In welcher Be-
ziehung zu den vorgeschilderten Siedlungs-
befunden die Mauerzüge mit mutmaßlichem
Brunnenschacht auf dem Vorplatz gehören,
die 1927 ergraben wurden, bleibt einstweilen
dahingestellt. Die Planaufnahme allein, die
ohne Grabungsbericht und Fotos auf uns gekommen ist, gibt nur geringe Anhaltspunkte.

Situation im Stadtgrundriß: Ich habe nun versucht, anhand des von Cord Meckseper erar-
beiteten historischen Stadtgrundrisses die
Vorstellungen über den Johannesort zur Ent-
stehungszeit der Kapellenkirche zu verdeutli-
chen. Es ist wahrscheinlich, daß die Johannes-
gasse in einer leichten Krümmung entlang der
alten Ostfront ihre Fortsetzung bis auf die untere Hauptstraße fand. Die Häuserblocks wurden durch Erbauung von Kollegium (Konvikt)
und Gymnasium ganz erheblich egalisiert. Die
Gasse entlang der Kapellen-Südseite mag ursprünglich ebenso durchgegangen sein, wie die
Engelgasse. Auffallend bleibt der schmächtige
Häuserblock, der ursprünglich den Standort
der Kapelle bis an oder gar unter den Turm
einnahm.   *Peter Schmidt-Thomé*

Die ehemalige Schloßkirche St. Jakobus in Winnenden,
Rems-Murr-Kreis

Von 1979 bis 1982 wurden in der ehemaligen
Schloßkirche statische Sicherungsarbeiten und
eine Restaurierung des Innenraums durchgeführt. Diese Maßnahmen boten Gelegenheit
für eine archäologische Untersuchung durch
den Fachbereich Archäologie des Mittelalters.
Die Ausgrabungen beschränkten sich auf den
Bereich des Hauptschiffes und der Neben-
schiffe, der Chorbereich wurde nicht untersucht, da bekannt war, daß hier in den bestehenden Bau eingebrachte Gräber die archäologischen Befunde bereits zerstört hatten.
Bei den Ausgrabungen konnten die Grundrisse mehrerer Vorgängerbauten der heutigen
Kirche festgestellt werden, außerdem fand sich
der Fundamentrest eines weiteren Gebäudes
(Abb. 189).

Periode A: In der Südwestecke der Kirche
konnte in einem Graben, der für die statischen
Sicherungsarbeiten angelegt worden war, die
unterste Steinlage eines Fundamentes freigelegt werden, das eine andere Flucht aufwies als
die Schloßkirche und ihre Vorgängerbauten.
Das Fundament dürfte zu einem Gebäude gehören, das größtenteils außerhalb der heutigen
Kirche lag, denn im Kircheninneren, im östlichen Anschluß an die Mauer, waren keine zugehörigen Fußbodenhorizonte oder Benut-
zungsschichten feststellbar. Unmittelbar vor
der Mauer wurde eine Bestattung beobachtet,
mit der gleichen Ausrichtung wie die Mauer, so
daß wir – mit allem Vorbehalt – vermuten, daß
es sich bei dem Fundament um den Rest einer
sakral genutzten Anlage handelt.

219

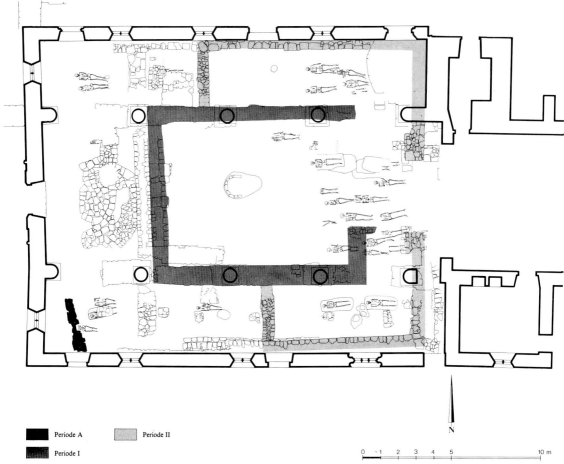

Abb. 189   Winnenden. Schloßkirche. Gesamtplan der Befunde

Kirche I: Das älteste Bauwerk, von dem man mit Sicherheit sagen kann, daß es sich bei ihm um eine Kirche gehandelt haben muß, war ein einschiffiger Saalbau, von dem noch Reste der Nord-, West- und Südwand aufgefunden wurden. Der östliche Teil dieser Saalkirche war durch zahlreiche Gräber zerstört worden, die man in der heute bestehenden Kirche angelegt hatte. Immerhin fand sich zwischen den Grabgruben ein geringer Mauerrest, der mit Vorbehalt als Rest des Choransatzes der Saalkirche

interpretiert werden kann. Ob der Saal eine halbrunde Apsis besaß oder einen rechteckigen Altarraum, konnte nicht mehr geklärt werden.

Im westlichen, relativ ungestört angetroffenen Teil der Kirche I war der zugehörige Fußboden, der aus einer Steinrollierung mit Mörtelestrich bestand, flächig erhalten geblieben. Der Fußboden wies keine nachträglichen Eingriffe auf, so daß sich sagen läßt, daß im Innenraum der ersten Winnender Kirche keine Be-

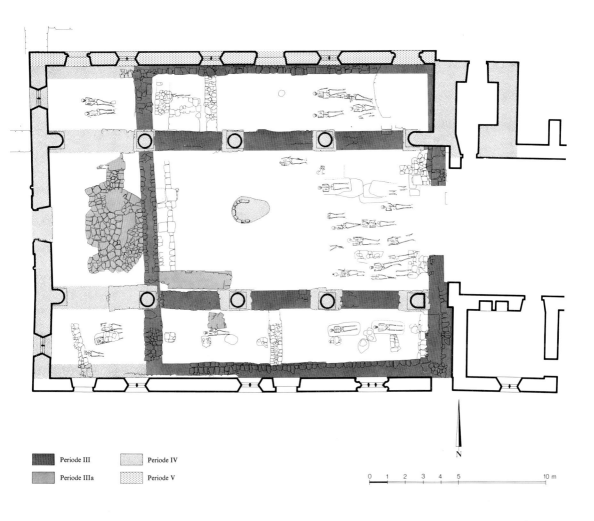

■	Periode III	▨	Periode IV
▨	Periode IIIa	▨	Periode V

0 1 2 3 4 5   10 m

N

stattungen angelegt worden sind, während der Umgebungsbereich der Kirche offenbar als Friedhof gedient hat.

Kirche II: Für den zweiten Kirchenbau wurden die Westwand und die westlichen Teile der Nord- bzw. Südwand wiederverwendet. Ob es sich hierbei nur um die Wiederverwendung der Fundamente handelte oder um die Übernahme auch der aufgehenden Konstruktion, kann aufgrund der archäologischen Befunde nicht entschieden werden. Das Kirchenschiff

des zweiten Baus reichte weiter nach Osten als das des ersten, die Chorwand liegt vor der der heutigen Kirche.

Das Schiff der zweiten Kirche besaß im Norden und Süden Anbauten, die zu einem insgesamt asymmetrischen Grundriß führten, was darauf hindeuten kann, daß sie nicht gleichzeitig entstanden sind, sondern zwei unabhängig voneinander vorgenommene Baumaßnahmen darstellen. Auf welche Art das Kirchenschiff mit den Annexbauten verbunden war, ob mit

Arkaden oder Türöffnungen, konnte nicht ermittelt werden.

Wie bei Kirche I konnte auch der Fußboden der Kirche II flächig erfaßt werden. Es handelte sich auch hier um einen Mörtelestrich auf einer Steinrollierung. Dieser Fußboden wurde auch in den seitlichen Annexbauten festgestellt, wobei der im südlichen Teil um wenigstens eine Stufe höher lag als jener im Schiff. Zwar ist die Lage der östlichen Begrenzung des Kirchenschiffs rekonstruierbar und die Lage des Chorbogens erfaßt, offen bleiben muß jedoch, ob sich ein Rechteckchor oder eine halbrunde Apsis an das Kirchenschiff anschloß.

Kirche III: Die Errichtung der Kirche III, einer dreischiffigen Basilika, setzte den vollständigen Abbruch des aufgehenden Mauerwerks der Kirche II voraus. Während für die Längswände die Fundamente der Kirche II wiederverwendet wurden, liegt die Westwand der Basilika um eine Mauerbreite nach Westen versetzt. Der Chorbogen wurde gegenüber dem der Kirche II um eine Mauerstärke nach Osten versetzt. Die Form des Chors konnte wegen der Begrenzung der Grabung auf das heutige Kirchenschiff nicht ermittelt werden, es ist jedoch wahrscheinlich, daß an den Triumphbogen ein Chorjoch anschloß, an das eine östliche Apsis angefügt war. Die archäologischen Befunde lassen keine Entscheidung darüber zu, ob die Arkaden zwischen dem Hauptschiff und den Nebenschiffen auf Pfeilern ruhten oder auf Säulen. Im jüngeren Bauzusammenhang (Kirche IV) fanden sich jedoch zwei wiederverwendete Säulenbasen (Abb. 191), die möglicherweise Kirche III zuzuweisen sind, wenn sie nicht – wofür sich kein Beleg findet – von einem anderen Bauwerk zur Schloßkirche gebracht worden sind.

Innerhalb der Kirche III wurden keine Schichten angetroffen, die sich entschieden als Fußboden ansprechen ließen, es fanden sich jedoch Hinweise darauf, daß der Fußboden der Kirche II im Mittelschiff der Kirche III wiederverwendet wurde, während anscheinend in den anderen Bereichen der Kirche eine verdichtete Lehmschicht als Fußboden gedient hat.

Nachträglich wurde die Kirche III im Westen mit einem Anbau versehen, dessen abschließende Beurteilung gegenwärtig noch nicht möglich ist. Unmittelbar vor der Westwand der Basilika fand sich eine runde, an eine Fundamentplatte erinnernde Steinsetzung, die jedoch nicht auf der Mittelachse der Kirche lag, sondern leicht nach Süden hin verschoben war. Nach Norden hin schloß an dieses Fundament, von dem bereits vor Grabungsbeginn bei statischen Sicherungsarbeiten große Teile entfernt worden waren, eine Mauer an, die bis zur Flucht der Nordarkade verfolgt werden konnte. Der entsprechende Bereich im Süden war gestört. Die Befundsituation, besonders die massive Ausbildung des Fundaments, legt die Deutung als Rundturm nahe, eine Interpretation, der allerdings noch detaillierter nachgegangen werden muß.

Von der künstlerischen Qualität der Kirche III geben bauplastische Werkstücke einen Eindruck, die in den Fundamenten der nächstjüngeren Kirche wiederverwendet wurden: In den auf Kirche IV zurückgehenden Punktfundamenten der heutigen Arkadenpfeiler fanden sich profilierte Kämpfer und im Fundament der Westwand der Rest eines Portalgewändes.

Kirche IV: Die Maßnahmen, die mit der Errichtung der vierten Kirche in Zusammenhang stehen, haben sich in der archäologischen Stratigraphie kaum niedergeschlagen, denn man war offenbar bemüht, das Fußbodenniveau der Kirche III möglichst unverändert zu lassen. Kirche IV, ebenfalls eine Basilika, setzt den weitgehenden Abbruch der Kirche III voraus. Gegenüber dem Vorgängerbau besaß sie eine größere Länge, die heutige Westwand geht auf diesen Bau zurück. Die Fundamente der Außenmauern von Kirche III wurden so weit wie möglich wiederverwendet, für die Arkadenstützen wurden hingegen neue Fundamente angelegt, die Fundamente der älteren Kirchen wurden dabei gleichsam als Spannfundamente zwischen den Stützen wiederverwendet. Die Basen der Arkadenstützen von Kirche IV sind unverändert in den heutigen Bau übernommen worden, so daß die Stützenform der zweiten Basilika rekonstruiert werden kann. Dicht über dem Boden wird der rechteckige Sockel durch Abschrägung in oktogonale Form überführt, entsprechend hat man sich in der Kämpferzone die Rückführung in rechteckige Form vorzustellen. Kirche IV war demnach eine Pfeilerbasilika.

Der Turm neben dem Chor der heutigen Kirche geht ebenfalls auf diese Bauzeit zurück. Ungeklärt blieb – hier wurden keine Untersuchungen durchgeführt – ob ein entsprechender Turm auch an der Südseite gestanden hat, d. h. ob Kirche IV eine Basilika mit Chorflankentürmen gewesen ist.

Im Zusammenhang mit den Baumaßnahmen für Kirche IV ist ein Befund zu sehen, der in der Mitte des Kirchenschiffs freigelegt wurde. Es handelt sich dabei um die Reste einer Glockengußanlage, von der die Gußgrube erhalten geblieben war. Diese besaß eine ovale Form und war von Osten her über eine gestufte, aus dem anstehenden Erdmaterial herausgearbeitete Rampe zugänglich. Auf der Sohle der Grube war ein Steinring teilweise erhalten geblieben, der den Glockenkern, von dem sich keine Spuren in situ erhalten haben, und den Glockenmantel umgeben haben muß.

Nachdem Gußkern und Mantel für den Guß repariert in der Grube standen, wurde diese, wie das Profil (Abb. 190) zeigt, mit dem Aus-

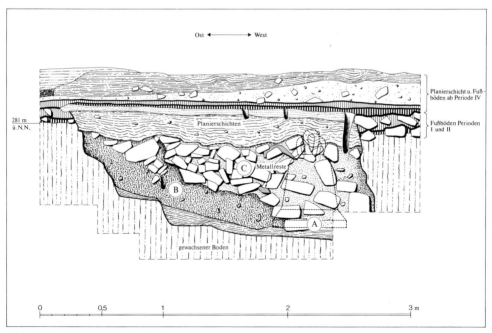

Abb. 190   Winnenden. Schloßkirche. Längsprofil durch die Glockenguß-Grube

hubmaterial, das beim Anlegen der Grube an-
gefallen war, verfüllt, danach die Glocke ge-
gossen. Um die fertige Glocke aus der Grube
herausnehmen zu können, wurde sodann ein
Teil der Erdeinfüllung wieder entfernt. Das
Ende der Arbeiten dokumentiert eine abschließende Planierung. Von Gußkern und
Gußmantel konnten noch zahlreiche Bruchstücke gefunden werden und es war möglich,
den Durchmesser der Glocke mit 60–70 cm
annähernd zu bestimmen.

Die Nordwand der Kirche IV hat sich offenbar
in der Folgezeit nicht als standfest erwiesen,
denn sie wurde ersetzt, indem man unmittelbar
nördlich der ersten eine neue Mauer errichtete. Diese Maßnahme ist auch am heutigen Bau
noch ablesbar, wo sich im nördlichen Eckbe-
reich der Westwand, die auf Kirche IV zurückgeht, eine Anflickung von der Breite einer
Mauerstärke findet.

Abb. 192   Winnenden. Schloßkirche.
Münzgefäß und Silberheller

Abb. 191   Winnenden. Schloßkirche.
Wiederverwendete Säulenbasis vor der West-
wand, an der Nahtstelle das Münzgefäß
in situ

Noch eine weitere Veränderung der Kirche IV
konnte beobachtet werden. Bei der Anlage
eines Grabens für statische Sicherungsarbeiten
unmittelbar vor der Westwand der Basilika
wurden in den Ecken zwischen Westwand und
Wandpfeiler der Nordarkade bzw. zwischen
Westwand und Wandpfeiler der Südarkade
nachträglich eingefügte Fundamente festgestellt (Abb. 191). Auf diesen Fundamenten lagen die schon im Zusammenhang mit Kirche
III erwähnten Säulenbasen. Beide Werkstücke
waren beschädigt und lagen großenteils unterhalb des zugehörigen Fußbodenniveaus, so
daß man den Eindruck gewinnen konnte, es
handele sich hier um Fundamente für eine
möglicherweise hölzerne Konstruktion. Diesem Befund zugehörig sind wohl zwei große
Sandsteinplatten, die im Mittelschiffbereich

zwischen dem ersten Pfeilerpaar im Westen freigelegt wurden, so daß es möglich erscheint, daß hier nachträglich eine hölzerne Emporenkonstruktion in die Kirche eingefügt wurde. Die Datierung dieser Maßnahme wird dadurch erleichtert, daß sich, versteckt zwischen dem südlichen vor der Westwand liegenden Fundament und der Westwand selbst, ein Hortfund von 153 Silbertellern fand (Abb. 192).

Die heutige Kirche: Basilika IV wurde weitgehend für den Neubau der heutigen Kirche abgebrochen. In das neue Baukonzept wurden lediglich die Westwand einbezogen, der Turm an der Nordseite und die Fundamente samt Basen der Arkadenstützen. Sowohl die Nordwand als auch die Südwand wurden – wiederum ein Hinweis auf statische Mängel – einschließlich ihrer Fundamente neu errichtet.

Datierungen: Die Grabungen erbrachten nur geringes Fundmaterial, das sich in die stratigraphischen Zusammenhänge einordnen läßt. So können gegenwärtig, ohne daß bereits eine vollständige Auswertung des Fundmaterials vorliegt, nur vorläufige Angaben gemacht werden. Die einschiffige Kirche I dürfte im Laufe des 9. Jahrhunderts errichtet worden sein, wobei sich eine Datierung in das späte 8. Jahrhundert gegenwärtig noch nicht ausschließen läßt. Die zweite Kirche, der Kirchensaal mit Annexbauten, läßt sich anhand von Fundmaterial nicht zeitlich einordnen, man wird jedoch den Bau etwa dem 10. Jahrhundert zuweisen müssen. Kirche III, die erste Basilika, dürfte dem 11. Jahrhundert zuzuweisen sein, während der Nachfolgebau sicher erst im 12. Jahrhundert entstand und – abgeleitet von der Datierung des Münzfundes – im 13. Jahrhundert eine neue Nordwand und einen Emporeneinbau erhielt. Der heutige Bau stammt aus der Mitte des 14. Jahrhunderts.

Hartmut Schäfer

Literaturhinweis
Schloßkirche St. Jakobus in Winnenden, Festschrift und Dokumentation zur Wiedereinweihung 1982, (1982)

Zwei Ziegelöfen in Öhringen-Michelbach, Hohenlohekreis

Bei Planierarbeiten im Rahmen der Flurbereinigung Öhringen-Neuenstein-Obersöllbach wurden im Gewann Ziegelwiesen, Parz. Nr. 2730 in südlicher Hanglage zum Michelbach die Reste eines Brennofens angeschnitten, der zur Herstellung von Dachziegeln gedient hatte (Abb. 193). Die Freilegung dieses Ofens und eines weiteren, neben dem ersten, wurde im Frühjahr 1982 mit Unterstützung des Flurbereinigungsamts Künzelsau durchgeführt (Abb. 194, 195). Ein dritter Ofen ließ sich in seiner Lage ermitteln; er wurde jedoch nicht untersucht, sondern konnte insgesamt erhalten werden.

Die aufgefundenen Brennöfen sind dadurch charakterisiert, daß sie – im Gegensatz zu anderen, aus dem späten Mittelalter und der frühen Neuzeit bekannten Anlage – nicht völlig in den Boden eingetieft waren. Vom Hang ausgehend hatte man eine waagerechte Fläche in den Hang hineingegraben, auf der drei parallel verlaufende, als Heizkanäle dienende »Tonnengewölbe« errichtet wurden, die aus dichten Reihungen von Steinbögen bestanden. Zwi-

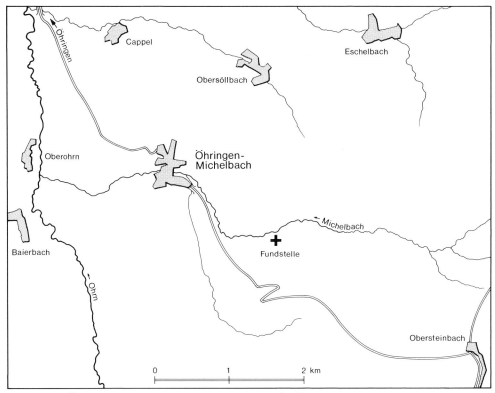

Abb. 193   Öhringen-Michelbach. Lageplan der Fundstelle

schen den einzelnen Steinbögen ließ man kleine Zwischenräume, durch welche die Hitze aus den Feuerkanälen in den darüberliegenden Brennraum gelangen konnte.

Die über den Feuerkanälen liegende Brennkammer war teilweise in den Boden eingetieft, teilweise frei aufgebaut, wobei die Wände aus dem anstehenden Erdmaterial und aus mit Lehm verstrichenen Steinen und Dachziegeln gebildet wurden. Hinweise darauf, wie hoch die Kammer war und wie sie nach oben geschlossen wurde, konnten nicht ermittelt werden. Das Brenngut wurde auf der Oberseite der Feuertunnel-»Gewölbe« möglichst platz-

sparend angeordnet. An einer Stelle, wo man aneinandergebackene Ziegel, d. h. Fehlbrände, bei der Aufgabe des Ofens zurückgelassen hatte, ließ sich beobachten, daß die lufttrockenen Lehmziegel auf ihren Schmalseiten stehend gebrannt wurden (Abb. 196).

Die Befundsituation spricht dafür, daß die drei festgestellten Ziegelöfen gleichzeitig betrieben wurden. Die zugehörige Lehmgrube konnte

Abb. 194   Öhringen-Michelbach. Schematisierter Befundplan und Rekonstruktion

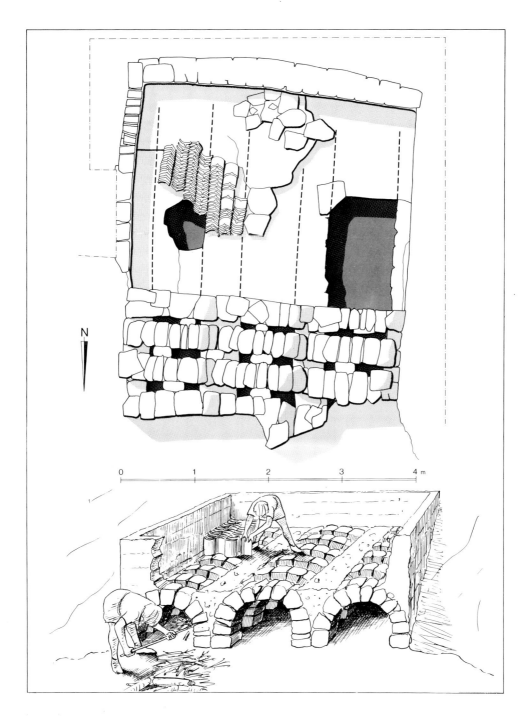

Abb. 195   Öhringen-Michelbach. Ziegelofen 1 von Norden

Abb. 196   Öhringen-Michelbach. Ziegelofen 2, Fehlbrände von Dachziegeln

etwa 25 m südlich der Fundstelle bei Planierarbeiten beobachtet werden.

Der in Michelbach festgestellte Ofentyp ist seit dem 15. Jahrhundert bekannt, in gleichartigen Öfen wurden auch Fußbodenplatten gebrannt.

Das bei der Befundaufnahme in Michelbach angefallene Fundmaterial reicht für eine Datierung der drei Brennöfen nicht aus.

Hartmut Schäfer

Die Burg der Bischöfe von Speyer in Bruchsal, Kreis Karlsruhe

Die ehemalige Burg der Bischöfe von Speyer, etwa in der Nordostecke der mittelalterlichen Stadt gelegen, wurde im März 1945 so weitgehend zerstört, daß nur der Bergfried (Abb. 197) erhalten werden konnte. Die geplante Bebauung mit einem Bürgerzentrum samt Tiefgarage war der Grund für eine Untersuchung wenigstens der Kernbereiche von März 1980 bis Mai 1982. Dabei standen folgende Fragen im Vordergrund:

1. Gibt es Anhaltspunkte dafür, daß sich der Königshof Bruchsal auf dem Gelände der späteren Burg befunden hat?

2. Erforschung der baulichen Entwicklung der Kernburg und soweit möglich auch von Teilen der beiden Vorburgen.

3. Prüfung der Frage, ob sich aus Befund und Fundgut Aussagen zur Funktion der Burg als Nebenresidenz der Bischöfe von Speyer machen lassen.

Die Grabungen erreichten bei ca. 4 m unter der heutigen Oberfläche den gewachsenen Untergrund, einen graugrünen Verwitterungslehm des Muschelkalks. Als älteste Reste wurden Streufunde und einzelne Bauspuren einer Besiedlung angetroffen, die nach Ausweis der Keramikfunde grob gesprochen in die Zeit zwischen 800 und 1000 zu datieren ist. Es handelt sich dabei sicher nicht um Reste des Königshofes selbst, möglicherweise aber um die Überbleibsel einer kleinen Siedlung, die in

Abb. 197 Bruchsal. Bergfried der ehemaligen Burg der Bischöfe von Speyer mit Bauinschrift über der Eingangstür, von Osten

229

Verbindung zu ihm gesehen werden kann. Nach Aufgabe der Besiedlung an dieser Stelle um 1000 bleibt das Gelände zeitweilig ohne Bebauung. Die ältesten Reste der Burg bestehen in einem teilweise erfaßten Steinbau von ca. 10 x 15 m (Abb. 198). Er bestand aus grob zugerichteten Kalksteinen, die in der Technik des opus spicatum (Fischgrätmauerwerk) verbaut waren. Nahe der Südwestecke war noch eine Tür mit Sandsteingewände zu erkennen. An der Nordwestecke schloß eine Mauer gleicher Technik an, die entweder zu einem Anbau gehörte oder als Rest einer ersten Ringmauer anzusprechen wäre.

Weitere, sicher dieser Periode zuzuordnende Befunde konnten nicht festgestellt werden. Die Datierung kann nur unter Vorbehalt erfolgen, da das Fundmaterial noch nicht ausgewertet ist. Demnach scheint der Bau in der zweiten Hälfte des 11. Jahrhunderts bis um 1100 entstanden und nur kurze Zeit benutzt worden zu sein, was sich einigermaßen mit den Aussagen der spärlichen Schriftquellen decken würde.

An die Stelle der ersten Anlage trat bald nach deren Untergang eine zweite, wesentlich erweiterte. Sie bestand aus einer unregelmäßig viereckigen Umfassungsmauer (max. Seitenlänge 41 m), an deren Nordseite ein gut erhaltener Steinbau von 10 x 16 m Seitenlänge an-

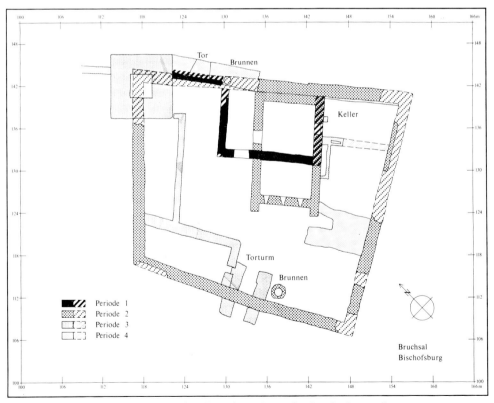

Abb. 198 Bruchsal. Befundplan der ehemaligen Burg der Bischöfe von Speyer

Abb. 199   Bruchsal. Blick auf den Palas der Periode II von Süden

gelehnt war (Abb. 198 und 199). Das Keller-geschoß dieses Baues, der als Saal oder Palas angesehen werden kann, war gut erhalten. Er hatte einen Eingang an der Südwestseite; Re-ste einer Wölbung waren nicht zu erkennen, so daß er wohl mit einer Balkendecke versehen war. Etwa in seiner Mitte wurde nachträglich ein Brunnen eingebaut.

Das Tor zur Burg befand sich vermutlich an der Südwestflanke. Unmittelbar daneben gab es einen weiteren Brunnen, während weitere

Bauten, die vermutlich aus Holz bestanden, nicht festgestellt werden konnten.

Das Fundspektrum von Phase II reicht vom 12. bis zum 14. Jahrhundert, ohne daß schon Einzelheiten mitgeteilt werden können.

Zerstörung und nachfolgende Erneuerung die-ser Anlage könnten in Zusammenhang mit Kämpfen stehen, von denen für das Jahr 1328 berichtet wird. Am Beginn der Erneuerungs-maßnahmen steht die Errichtung des noch vorhandenen Bergfrieds durch Bischof Ger-

231

Abb. 200   Bruchsal. Ansicht von Burg und Stadt von Samson Schmalkalder (1689) von Norden

hard von Ehrenberg im Jahre 1358, wie eine Inschrift über dem Eingang noch heute belegt (Abb. 197). In Anlehnung an den Bergfried entstand ein L-förmiger Bau, der bis zum Tor reichte und nach den Schriftquellen bald die Funktion eines Palas übernahm, obwohl der ältere an der Nordseite weiterbestand. An den Winkelbau angelehnt wurde ein Torturm, der die Sicherung des Zuganges verstärkte. Weitere im Ostteil der Burg anzunehmende Bauten wurden durch tiefgreifende spätere Veränderungen beseitigt.

Die letzte mittelalterliche Aus- und Umbauphase setzte im 15. Jahrhundert ein und betraf hauptsächlich den Ostteil. Im Anschluß an den älteren Saal entstand ein teilweise unterkellerter Bau, der etwa die Nordostecke einnahm und nach Süden etwa in Verlängerung zum älteren Saalbau endete. Möglicherweise im Zusammenhang mit diesem Neubau wurde an der Nordseite neben dem Bergfried die Ringmauer teilweise abgetragen, nach außen ver-schoben, verstärkt und ein neues Tor sowie ein Brunnen in der Mauerstärke eingebaut, der von der Hofseite her zugänglich war.

In dieser Zeit wurde auch der Hof gepflastert, wie sich noch auf weite Strecken feststellen ließ. Damit war die mittelalterliche Bauentwicklung zum Höhepunkt und Abschluß gekommen. Sie dürfte in dieser Form bis weit ins 17. Jahrhundert hinein bestanden haben, wie Samson Schmalkalders Ansicht von 1689 (Abb. 200) zeigt.   *Dietrich Lutz*

Literaturhinweise
R. Heiligenthal, Baugeschichte der Stadt Bruchsal vom 13. bis 17. Jahrhundert, Z. f. Gesch. und Architektur, Beih. 2, 1909. – Die Kunstdenkmäler des Großherzogtums Baden, 9. Bd., 2. Abt. (Amtsbez. Bruchsal), bearb. v. H. Rott, 1913. – D. Lutz, Keramikfunde aus dem Bergfried der ehemaligen Wasserburg in Bruchsal, Kr. Karlsruhe, Forschungen und Berichte der Archäologie des Mittelalters in Baden-Württemberg 6, 1979, 189–202. – H. Schwarzmaier, Bruchsal und Brüssel. Zur geschichtlichen Entwicklung zweier mittelalterlicher Städte, Oberrheinische Studien 3, 1975, 209–235.

Ortsregister

Bildnachweis

Dr. J. Aufdermauer, Kreisarchäologe, Singen: Abb. 52, 53

Brugger-Luftbild, Stuttgart: Abb. 45, 71

Badisches Landesmuseum, Karlsruhe: Abb. 8

Institut für Vor- und Frühgeschichte der Universität Tübingen: Abb. 55

Institut für Urgeschichte der Universität Tübingen: Abb. 13, 14

Hermann Huber, Giengen: Abb. 20–24

Landesdenkmalamt Baden-Württemberg, Abt. Bodendenkmalpflege, Gaienhofen-Hemmenhofen: Abb. 26–37

Landesdenkmalamt Baden-Württemberg, Außenstelle Freiburg: Abb. 6, 7, 9, 10, 40–43, 60–70, 87–89, 92–93, 139–142, 149–155, 163–165, 186–188

Landesdenkmalamt Baden-Württemberg, Außenstelle Karlsruhe: Umschlagbild, Abb. 4, 79–86, 90–91, 110–129, 166, 177–180, 197–200

Landesdenkmalamt Baden-Württemberg, Stuttgart: Abb. 3, 5, 16–19, 25, 38, 39, 46, 47 (G. Weißhuhn), 54, 58, 59, 72–74, 75 (G. Weißhuhn), 76, 94–101, 105–109, 130–135, 143–148, 157–160, 173–176, 181–185, 189 196

Landesdenkmalamt Baden-Württemberg, Außenstelle Tübingen: Abb. 1, 2, 15, 44, 48–51, 77, 78, 156, 161, 162, 171, 172

P. Marzolff, Heidelberg: Abb. 167–170

Reiss-Museum, Mannheim: Abb. 56–57, 136–138

P. Rokosch, Freiburg: Abb. 11, 12

Universität Freiburg, Abt. Provinzialrömische Archäologie: Abb. 102–104

Der Förderkreis für die ur- und frühgeschicht- liche Forschung in Baden und die Gesellschaft für Vor- und Frühgeschichte in Württemberg und Hohenzollern wollen die interessierte Öf- fentlichkeit mit den großen Denkmälern unse- rer südwestdeutschen Vorzeit vertraut ma- chen. Sie versuchen dies durch Veröffentli- chungen, durch Lichtbildervorträge im Lande, durch Exkursionen im In- und Ausland und durch jährliche Zusammenkünfte zu errei- chen. Die beiden Vereinigungen arbeiten eng mit der Bodendenkmalpflege des Landes- denkmalamtes zusammen. Sie sind gemein- nützige Vereine, die ein Maximum an Infor- mation bei einem Minimum an Kosten vermit- teln wollen. Helfen auch Sie durch Ihren Bei- tritt mit, das Wissen um das große historische Erbe unseres Landes zu fördern und dem dro- henden Verfall bedeutender Kulturdenkmäler entgegenzuwirken!

Auskünfte und Rat erteilen:
Gesellschaft für Vor- und Frühgeschichte in Württemberg und Hohenzollern, Landes- denkmalamt Baden-Württemberg, Abteilung Bodendenkmalpflege, Zentralstelle, beide 7000 Stuttgart, Schillerplatz 1, Fernruf (07 11) 21 93/29 80 und Förderkreis für die ur- und frühgeschichtliche Forschung in Baden, Lan- desdenkmalamt Baden-Württemberg, Abtei- lung Bodendenkmalpflege, Außenstelle Frei- burg, beide 7800 Freiburg, Adelhauser Straße 33, Fernruf (07 61) 3 27 19 und Landesdenk- malamt Baden-Württemberg, Abteilung Bo- dendenkmalpflege, Außenstelle Karlsruhe, Amalienstraße 36, 7500 Karlsruhe, Fernruf (07 21) 1 35 53 00, Außenstelle Tübingen, Schloß, Fünfeckturm, 7400 Tübingen, Fernruf (0 70 71) 2 29 90, Institut für Vor- und Frühge- schichte der Universität Tübingen, 7400 Tü- bingen, Schloß, Fernruf (0 70 71) 29 24 15